KB119588

개념으로 배우는

로르샤흐

종합체계에서 수행평가체계로

우상우 저

Rorschach Learning Based on Concepts

학지사

투사가 작동되었다는 것이 적응의 기준에서 좋고 나쁨의 가치를 가지지는 않는다. 투사 과정에는 개인이 세상을 인식하고 의미를 부여하고 의사결정을 내리는 과정이 담겨 있다. 개인의 투사 과정을 옳고 그름의 기준으로 구분하지 않고 그 과정에 담긴 치열한 적응의 노력을 정교하게 분석해 나가면서 개인의 고유성에 한발 더 다가가야 할 것이다.

머리말

로르샤흐 학습 과정에서 '개념'을 정확하게 이해한다는 것은 무슨 의미일까? 가볍게 던진 이 질문이 여러분에게 자극이 될 수 있을지는 모르겠다. '개념'은 자연스럽게 형성된 세상을 이해하는 도구이기 때문에 자신이 알고 있는 개념이 어떠한지를 검토하는 것조차 어려운 일인 것이다. 한 가지 바람은 이 순간부터 로르샤흐의 개념을 정확하고 깊이 있게 이해하면서 머릿속에 쌓여 있는 기존의 로르샤흐 관련 '찌든 지식 먼지'를 닦아 내고 로르샤흐의 진정한 매력을 느끼게 되었으면 하는 것이다. 특히 심리평가 수행의 본질에 대해 진지하게 배울 기회를 얻지 못했던 학습자에게는 잔소리 같은 방대한 설명들이 귀찮고 쓰게 느껴질 수 있을 것이라 염려가 되지만, 건강하고 친절한 '자문'과 '제안'을 드린다는 마음으로 세심히 노력하였다.

나는 태어난 이래로 세상에 존재하는 다양한 지식을 얻게 되면서 막연한 의문이 있었다. "그 지식 내용을 만들고 정리한 사람들이 전하려고 했던 '그것'을 내가 정확하게 이해하고 있을까?"였다. 그들에게 직접 물어보는 방법이 최선이겠지만 현실은 이미 가까운 과거부터 수년 또는 수백 년 전 고인이 된 사람들이거나 직접 소통하기 어렵고 불가능한 분들이 대부분이었다. 차선책으로 지식 생산자들이 전하려고 했던 '그것'을 최대한 정확하게 이해하기 위해 그들의 입장

에서 보려고 하면서, 동시에 이 현재 시점에서 내가 얻을 수 있는 '그
것'과 관련된 다양한 정보를 참조하여 추론해 보기도 했다. 어떤 개
념을 이해하기 위해서는 수분에서부터 수년이 걸리기도 하였으며,
어떤 개념은 인생에서 새로운 경험을 하고 오랜 심사숙고의 시간을
보내면서 더 깊어지고 정교해지기도 하였다. 반대로, 어떤 개념은
'그것'을 선명하게 알아 갈수록 지금까지 잘못 알고 있었던 지식도
있었으며, 오히려 더 모호해지는 개념도 있었다. 심지어 언어로는
정확한 설명이 불가능한 것이 존재한다는 것도 깨달았다. 어떤 경우
든 그 과정의 대부분에서 그들이 전하려고 했던 '그것'의 실체에 좀
더 가까이 다가가게 되면서 보다 선명하게 '그것'을 이해하게 되기도
하고, 이제껏 잘못 이해한 것이 구체적으로 무엇인지 정확히 알 수
있었다. 그리고 어떤 개념은 언어로 설명하고 이해하기보다 그 자체
를 '느끼는 것'이 가장 정확하게 '그것'을 경험하는 방법이라는 것을
알게 되었다. 지식을 얻게 될수록 주위 사람들에게 겸손해지는 것이
아닌, 사람뿐만 아니라 세상의 모든 현상과 현실에 겸허해질 수밖에
없었다.

　대학 시절 로르샤흐를 처음 만나면서 새로운 방식으로 인간의 마
음과 행동을 설명하는 개념들이 신선하게 느껴졌었다. 하지만 첫 만
남에서 강력한 신선함을 느꼈음에도 불구하고 로르샤흐가 무엇을
말하고 있는지 알 수 있기보다 그럴 듯한 수많은 기호와 그 기호들
로부터 생성되는 다양한 점수와 지표들 그리고 그것들과 연결된 심
리적 속성을 설명하는 개념들에 '멋있음'만 느꼈던 것은 아닌지 스스
로 의심이 되었다. 그러면서도 속으로는 수많은 로르샤흐 정보의 복

잡성을 어떻게 이해해야 하는지 몰라서 그저 답답하게 느끼기도 했다. 로르샤흐 공부를 시작한 이래로 어느새 수많은 시간을 훌쩍 보내면서 나도 모르게 그 답답한 마음이 한결 편안해져 있음을 느꼈다. 그 시간 동안 심리평가를 다루는 실무 및 교육 장면에서 다양한 선후배 동학들을 만나 오면서 모호하고 복잡했던 로르샤흐 개념들이 체계적으로 정리되었고, '현실에서 드러나는 심리적 속성'과 '로르샤흐 결과'들의 관련성이 보이면서 '현실에 적응하는 개인'이라는 의미가 무엇인지 이해되었다. 누군가는 이러한 변화가 임상적 경험이 쌓여서라고 말하는 분들도 있었지만 이러한 변화에 대한 나름의 구체적이고 분명한 이유가 있다. 내가 로르샤흐의 매력과 가치를 알게 되고 좀 더 정확하게 로르샤흐를 활용할 수 있었던 방법은 로르샤흐에서 다루는 개념을 정확하게 이해하는 것부터 시작하는 것이었다. 결국은 이 책을 통해 로르샤흐 학습자에게 로르샤흐 개념을 이해하는 바른 방향을 제시해 주고 싶다는 바람을 굳힐 수 있었다.

너무나 안타깝고 슬픈 일이지만, 자신이 심리평가 영역의 경험자라는 이유로 로르샤흐를 교육받는 수련생들에게 막연한 불편감과 두려움을 조성하는 분들도 봐 왔고, 자신을 좀 더 전문성 있는 전문가처럼 찬미하도록 만드는 도구로서 로르샤흐를 사용하는 전문가도 봐 왔다. 하지만 이보다 더 안타까운 점은 충분한 근거 없이 로르샤흐를 활용한 심리측정 자체를 비난하거나 로르샤흐를 옹호하는 사람들을 한물간 시대에 집착하는 집단이라 매도하는 사람들이 여전히 적지 않다는 것이다. 그들이 로르샤흐를 비난하는 이유가 개인적 사연이 있어서인지 소속집단의 분위기 때문인지(아니면 로르샤흐를 다루는 사람들의 피해망상인지) 따져 묻기보다 이제는 로르샤흐가 다루는 실체가 무엇인지 정확히 알아 가는 것이 우선이라고 생각한다. 로르샤흐를 정확히 알아 가는 방법이 한 가지만 있는 것도 아니며 어떤 정해진 답이 있는 것도 아니다. 그리고 이 책에서 소개하는 방법이 최고의 방법이라고 할 수도 없다. 다만, 이 책이 강조하고 있는 것은 '로르샤흐가 담고 있는 개념을 정확하게 이해하고 정리할 기회를 가져 보자'는 것이다. 하지만 이러한 나의 시도가 로르샤흐를 정확히 이해하는 분위기를 만드는 데에 가치 있는 일이라 할지라도 여전히 '내가 모르고 있다는 것을 모른다는 부족함'에 대한 부끄러움은 감출 수가 없다. 이 시도가 나뿐만 아니라 로르샤흐에 관심을 가진 여러 동학에게 작은 파동이 되어서 로르샤흐의 가치를 제대로 알아 가는 큰 물결로 일어나길 진심으로 기대하고 있다.

이 책은 크게 세 영역으로 구분되어 있다. 첫째, 심리평가 수행의 본질을 정리하고 심리평가 수행에서 로르샤흐 기법 활용의 가치(1장, 2장)를 살펴보는데, 가장 먼저 심리평가 수행이 무엇인지 정확하게 인식하고 있어야만 평가자의 한계와 유용성을 알 수 있을 것이다. 둘째, 로르샤흐를 활용한 심리평가에서 기본적으로 숙지해야 할 개념(3장, 4장, 5장, 6장, 7장, 8장, 9장)을 제시하는데, 로르샤흐 절차가 가진 고유한 특징과 핵심개념을 이해할 수 있을 것이다. 셋째, 로르샤흐 수행평가체계를 이해하기 위한 핵심개념(10장)을 제시하고 있다. 특히 10장에서는 아직 많은 이가 낯설게 느끼는 로르샤흐 수행평가체계의 해석영역에 포함된 개념을 정확하게 이해해 볼 기회를 가질 수 있을 것이다. 모든 장의 내용을 기술하면서 충분히 기술이 되지 않은 것에 여전히 불편함을 느끼지만, 최대한 심리평가 수행의 본질에서 벗어나지 않기 위해 노력하였다. 그러면서 동시에 단순한 검사결과 값의 의미를 '골라 뽑기식'으로 사용하지 않도록 강조해야 겠다는 노파심에 너무 방대한 설명을 하지 않기 위해 큰 노력을 해야만 했다.

이 작업의 가치는 지금까지 로르샤흐 학습에서 놓쳤던 분명한 개념이해를 도와줄 수 있다는 것이며, '단순한 검사 실시방법에 대한 학습'과 '골라 뽑기식'의 피상적이고 일반적인 해석의 위험성을 알리는 데에 있다. 단순한 검사 실시방법 및 기호화 그리고 피상적인 해석에서 벗어나 로르샤흐가 담고 있는 개념을 정확하게 이해함으로써 실제 삶에서 개인의 적응 모습과 연결 지어 이해하는 것이 중요하다는 것을 한결같이 강조하고자 하였다. 각각의 개념은 정확한 '실시'와 '기호화' 및 '채점'을 위한 목적을 넘어서 수검자가 살아가는 '지금 순간'에서 현상을 정확하게 설명할 수 있을 때 더욱더 유용한 도구가 될 수 있다.

마지막으로, 이 도전적인 '글 작업'을 완성하기 위해 수많은 분이 물심양면 응원과 도움을 주셨는데 그들의 응원과 지지가 있었기 때문에 포기하지 않고 완성된 결과를 볼 수 있었다. 글로 다 표현하지 못하는 감사한 분들이 너무나 많지만, 가장 먼저 아낌없이 응원해 준 '희망찰 모임'에 감사를 드린다. 그리고 나의 글을 살펴주시고 두 번째 저서를 출판할 수 있게 해 주신 학지사 김진환 대표님과 한승희 부장님, 편집을 위해 고생해 주신 유가현 과장님께 감사를 드린다. 그리고 이 책의 개념을 다듬는 데에 큰 기회를 준 『R-PAS 온

라인 해석가이드』 한국어판 버전의 번역 과정에서 번거로운 행정업
무 및 작업 절차를 친절하게 안내해 주고 지원해 준 R-PAS.org 매니
저 Mark Lafferty에게 감사를 전한다. 이 책을 통해 로르샤흐 활용에
건강한 관심을 가지고 생산적 비판과 함께 더 성장하게 될 로르샤흐
사용자들에게 이제까지 내가 받은 응원 이상으로 응원해 드릴 것을
약속한다.

우상우

차례

01

심리평가
수행의 가치

심리서비스 제공 장면에서는 심리평가 수행이 보통 초기 회기에 이루어진다는 점에서 다른 심리서비스보다 훨씬 더 중요한 수행이라 할 수 있다. 선행된 평가의 결과에 따라 이후 본격적인 개입 방향이 달라지기 때문이다. 임상심리 영역 실무가들의 전통적 활동 장면인 병원 장면에서 심리평가 수행은 필수적인 절차였으며, 학교, 기업, 군대, 법정 등 다양한 영역에서도 그리고 이제 어느 정도의 규모를 갖춘 수많은 개업 상담 및 심리치료 서비스 기관에서도 심리평가는 당연히 진행되어야 할 절차로 인식되고 있다. 이제는 심리서비스의 소비자들도 온순하게 전문가의 지시를 따르는 것을 넘어 자신이 원하는 구체적인 심리평가 서비스를 요구하기도 하고 심지어 검사 방식 및 검사 종류를 구체적으로 요구하는 일도 있다. 하지만 이러한 변화에 상응하는 심리평가자의 전문적·윤리적 태도는 충분히 강조되지 못하고 있는 것 같다. 특히, 심리학 및 심리평가의 본질을 정확하게 이해하지 못한 채로 실무 장면에서 심리평가 수행을 하는 다양한 정체성을 가진 실무가들이 많은 실정에서는 정확한 심리평가에 대한 이해와 윤리적 태도는 더욱더 중요한 것이다. 잘못된 심리평가 수행을 하는데도 불구하고 스스로 자신이 실무에 오랜 기간 종사해 왔다는 이유로 '충분히' 잘하고 있다고 생각하여 심리평가자로서 더 성장하려는 노력을 그만둬서는 안 된다. 특히, 자신이 적절하게 심리평가를 수행하지 못한다는 것을 직면하는 것이 부담스러워서 작동되는 방어적 태도를 경계해야 한다. 어느 순간이라도 최선의 능력을 유지하기 위해 노력해야 하고, 나아가 보다 더 전문적인 역할을 하기 위해 매 순간 노력이 중요하다는 것을 명심해야 한다. 그래서 심리평가의 전문적인 개념이나 활용법을 다루기 전에 자신이 심리평가의 본질을 정확하게 이해하고 있는지를 필수적으로 점검해야만 한다. 심리평가 수행의 전체 과정에서 심리평가 서비스의 본질이 무엇인지 잘 인식하고 있지 못한다면 자신도 모르게 소비자들에게 필요하지도 않은 부적절한 서비스를 제공하게 될 수도 있으며 자신이 무엇을 위해 심리평가를 하고 있는지조차 잊어버린 채 '심리검사 기계'로서 역할만 하게 될 수도 있다. 지금부터 심리평가 수행의 기본개념을 정리하면서 심리평가자로서의 태도를 점검하는 시간을 가질 수 있을 것이다.

Q 생각 상자

병원 장면과 개업 장면 각각에서 심리평가자로서 자신의 윤리적 태도를 점검해 보세요. 심리평가의 의뢰목적에 따른 심리평가를 하려고 하고 있나요?

1 심리검사와 심리측정 그리고 심리평가

대학과정에서 심리평가를 처음 접했을 때부터 '심리검사'와 '심리측정' 그리고 '심리평가'가 다르다는 것을 확실히 배워 왔을 것이다. 하지만 시험 정답을 찾기 위한 개념 구분에 그치는 일도 있으며 실제 심리평가 수행 장면에서 이들 개념의 차이를 엄격하게 훈련받거나 깊이 있는 성찰을 요구받는 일도 거의 없었을 수도 있다 (너무나 당연한 내용이기 때문에). 하지만 심리평가를 다루는 다양한 영역에서 여전히 '심리검사'와 '심리평가'를 정확하게 구분하지 않고 사용하기도 하는데, 이로 인해 소통 상황에서 오해가 발생할 수도 있다. 예를 들어, '종합심리검사(full battery)'와 '종합심리평가 (comprehensive psychological assessment)'를 구분하지 않아 '심리평가'를 심리검사 도구의 모음집과 같다고 오해하기도 한다. 더 심각하게는 심리검사의 결과를 평가결과라고 의심의 여지없이 검사결과를 내담자에게 던져 버리기도 한다. 몇몇 지도감독자나 전문가는 이러한 개념이 너무나 기본적이라서 '제대로' 배운 사람은 당연히 잘 알고 있다고 굳게 믿고서 애초에 이 개념조차도 오해하는 사람들은 온당치 않은 유사 실무가나 유사 자격을 가진 사람들의 문제라고 치부하기도 한다. 정확히 이해하고 있는 실무가가 더 많지만, 그렇지 않은 실무가들도 적지 않았다. 해당 개념에 대한 정확한 이해가 없는 유사 실무가들이 많다 하더라도 실제 심리서비스 장면에서 만난 임상심리 전문가 및 다년차 수련생들에게서조차도 이러한 기본적인 오해가 있음을 쉽게 확인할 수 있다. 그렇기에 어떤 정체성을 가진 실무가인가를 따지는 것과는 별도로 모든 심리평가 실무가들에게 심리평가의 기본개념을 충분히 강조할 필요가 있을 것이다.

　심리검사를 다루는 대부분 교과서에서 '심리검사'는 우선, 특정 검사 도구를 가리키는 개념으로 설명하고 있다. 간혹 교과서에서도 일상의 소통 장면에서 사용할 때와 마찬가지로, 심리검사를 심리평가의 의미로 기술하기도 하지만, 이는 심리평가를 일상적으로 설명하기 위해 대략 기술한 것이거나 의도적으로 투박하게 사용한 기술로 볼 수 있다. 심리평가 영역에서 심리검사라 말할 때는 기본적으로 '심리검사 도구'를 가리키는 것이다. 만약 심리검사의 '측정할 수 있는 방식'으로서 속성(정보수집 방식)을 강조할 때는 '평가적 면담'

이나 '행동관찰' 수행도 심리검사에 포함할 수도 있지만 일반적이지
는 않다.

'심리측정'은 심리검사 등의 도구 및 방식을 통해 심리적 속성을
측정하는 것을 말한다. 우선, '표준화 검사'에 포함되는 믿을 만한 심
리검사는 검사가 만들어진 이유나 목적을 분명히 밝혀야 하고 이러
한 내용은 검사 매뉴얼에 제시되어야 한다. 특정 심리검사가 측정
하려고 하는 심리적 속성은 심리검사의 정체성이 될 수 있으며 해당
심리검사가 그에 따라 사용되어야 하는 목적이 된다. 엄격히 말해,
검사가 개발되고 제작된 목적에 맞게 그 검사를 사용하여 해당 심리
적 속성을 측정하는 작업이 '심리측정'이다. 실무 장면에서는 흔히
'심리검사를 한다'라는 표현이 좀 더 자연스러운데 이 경우에도 '심
리검사'를 실시하는 수행이 '심리측정' 수행임을 정확히 알고 있어야
할 것이다.

이상 개념을 정리해 보면, '심리검사'를 공부한다는 것은 [1. 검사
도구 개발 필요성 및 목적: 해당 심리검사 도구를 만들게 된 이유가
무엇인가? 2. 개발과정: 신뢰성과 타당성을 확보하면서 도구를 만든
방법은 무엇인가? 3. 실시방법: 누구를 대상으로 어떤 상황에서 어
떤 방식으로 측정하는 것인가? 4. 측정 속성: 측정한 결과는 무슨 의
미가 있는 것인가? 5. 규준: 무슨 근거로 측정결과의 근거는 무엇인
가?]를 공부하는 것이다. 일반적으로 심리검사는 '검사시행'을 의미
하는 경우가 많다. 반면, '심리측정'을 공부한다는 것이 측정 도구의
개발 방법을 익힌다는 것을 의미하지만, 실제 수행 장면에서는 '도
구를 실제로 시행해 보는 수행'을 익힌다는 의미로 사용되는 경우

가 일반적이다. 검사를 '실시'하는 수행과 '심리측정'의 의미가 비슷하긴 하지만 각각을 정확하게 구분함으로써 해당 개념을 사용하면서 발생할 수 있는 불필요한 오해를 피할 수 있을 것이다. 예를 들어, 현재 '로르샤흐 검사'는 Hermann Rorschach가 제작하고 지금까지 전해 내려온 잉크 반점 카드 10개를 말한다. '로르샤흐 측정법'은 여러 이론적 입장과 사용자들에 따라 달리 사용해 왔고 최근에는 '종합체계(Comprehensive System: CS)'와 '수행평가체계(Rorschach Performance Assessment System: R-PAS)'를 통한 측정법이 혼용되고 있는데 이러한 사용 체계를 의미하는 것이다. 세계적으로 R-PAS 사용 비중이 더 커지고 있다.

실제 심리평가 과정에서 사용하는 '심리검사/심리측정'의 의미는 의뢰받은 물음에 답을 해 주는 데에 도움이 될 것이라 예상되는 수검자의 '정보를 얻는 수행', 즉 '정보수집' 수행을 의미한다. 심리검사를 사용하는 방법뿐만 아니라 내담자의 정보를 얻기 위해 활용할 수 있는 여러 가지 다양한 방법이 있으며 각각 측정법마다 고유한 특징을 갖고 있다. 대표적인 정보수집 방법은 심리검사와 함께 면담, 행동관찰 등이 있다. 먼저, '면담'을 사용한 정보수집 방식은 수검자에 대해 가장 광범위하고 개별 특수적인 정보를 얻어 내는 방법이며 면담자의 능력에 많은 영향을 받는 방법이기도 하다. 면담자의 능력 수준은 면담방식의 구조화 수준을 조절하는 것으로 어느 정도 보완할 수 있다. 정해진 질문과 질문의 순서를 어떻게 하는가를 조절하여 구조화 수준을 높이게 되면 면담자의 개인적 영향을 줄일수 있다. 다음으로 '행동관찰'은 수검자의 실제 적응 장면에서의 모습을 횡단적으로 추정할 수도 있고 평가과정에서 드러난 개별 '정보 간의 불일치 단서'를 얻는 데에 유용한 방법이기도 하다. 특히, 내 담자가 대인관계적 상황에서 겪고 있는 문제에 어떠한 요인이 영향 을 미치고 있는지 검토할 때 유용한 정보를 얻을 수 있다. 정보수집 의 대표적인 방법으로서 '심리검사'도 마찬가지로 '의뢰된 목적에 답 을 해 줄 수 있을 것이라 기대하는 정보를 얻기 위해 진행'되어야만 하며, 특정 심리검사의 결과가 해당 문제에 답을 해 주는 데에 도움 이 될 수 있을 것이라 예상될 때 해당 검사를 선별 및 실시해야만 한 다. 먼저, 의뢰목적에 따라 검사를 사용해야 할 필요성을 검토하고, 일단 실시하기로 했다면 어떤 검사 도구가 의뢰문제에 답을 하는 데 에 가장 적합한 도움을 줄 수 있을지 결정해야 한다. 다시 말해, 특 정 검사가 실시되었다면 그 수행은 의뢰목적에 대한 구체적인 답을 줄 수 있는 정보를 제공할 수 있다는 것이 전제되어야 한다는 것이 다. 하지만 이러한 검토과정도 없이 종합심리검사 세트를 기계적으 로 진행하는 '과잉 검사시행'은 윤리적인 문제를 갖는다. 그래서 평 가자 스스로가 먼저 심리평가에 대해 정확한 윤리적 태도를 갖추고 실무에 임해야 하며 더불어 소비자들의 권리를 보장받을 수 있는 제 도와 규정을 지켜 가면서 심리평가 서비스 영역에서의 전문적이고 안전한 수행을 해야 할 것이다.

한편, 면담과 행동관찰이 합리적인 이론적 기준에 따라 진행되는 것이라면 심리검사는 해당 검사가 개발된 목적과 측정하고 있는 심 리적 속성에 따라 결정되고 실시된다는 점에서 다르다. 또한 모든 측정 상황이 다 그런 것은 아니지만, 보통 면담과 행동관찰은 이론

이나 정신병리적 지식에 근거한 내
담자에 대한 가설적 설명을 '확인'하
려는 목적도 있긴 하지만 심리평가
과정에서는 면담과 행동관찰이 '탐
색적인 수행'으로서 가치가 더 크다
고 할 수 있다. 이에 반해 오히려 심
리검사는 검사자가 검사를 통해 측

Q 생각 상자

심리검사를 확인적인 수행으로 사용하면 어
떤 가치가 있을까요? 심리검사가 환자/내담
자의 알 수 없는 심리를 알려 줄 수 있을 것
이라는 마술적 믿음으로 실시하는 것에 어
떤 위험이 있을까요? 모든 심리검사 실시
과정에 탐색적인 작업이 필연적으로 이루어
지겠지만 탐색적인 작업의 결과는 부수적인
이득으로 보는 것이 안전하지 않을까요?

정되는 정보가 어떤 유형이며 어떤 특징을 가졌는지 사전에 평가자
가 확실히 인지하고 있다는 점에서 탐색적이기보다는 '확인적인 수
행'이라 볼 수 있을 것이다.

마지막으로, '심리평가'는 심리검사나 심리측정이 의미하는 정보
수집을 위한 수행이 아닌 복잡한 일련의 절차 및 수행 과정 전체를
의미한다. 간단하게 말하면, 심리평가는 심리치료처럼 실제 장면에
서 제공해야 하는 서비스 중 하나이며 의뢰자로부터 요구받은 문제
에 대한 답을 제공해 주는 전문적 수행이다. 즉, 심리평가는 의뢰받
은 문제에 대해 의뢰자에게 합리적이고 근거 있는 최선의 답변을 제
시해 주는 작업인 것이다. 달리 설명하면, 심리평가는 의뢰된 문제
에 대해 타당한 가설을 만들고 합리적인 방식으로 가설을 검증하는
심리학 연구 과정과 마찬가지로 '개인의 심리를 합리적으로 연구하
는 과정'이라고 할 수 있다. 여기서 의뢰문제는 'Referred Question'
을 번역한 것인데 의뢰자가 평가자에게 요구한 '질문, 물음, 문제'
이다. 이러한 물음을 수검자가 보이는 부적응과 관련된 문제점
(problem)이나 골칫거리 또는 적응 장면에서 내담자가 겪고 있는 특

정 이상심리로 인식하는 혼선을 막기 위해 '의뢰문제'를 '의뢰목적'으로 부르고 있다. 'Question'을 '문제'로 직역을 하게 되면 실제 장면에서 의뢰자가 평가자에게 요구한 물음을 내담자가 겪고 있는 증상이나 불편감이라 잘못 이해하는 불필요한 문제가 생긴다. 한 예로서 '심리평가보고서'에 '의뢰문제' 또는 '의뢰사유'라는 이름으로 항목을 사용했기 때문에 해당 항목에 기술되는 내용이 부적절해지는 일도 있다. '의뢰한 물음'을 기술하지 않고 수검자의 호소 문제나 증상을 기술하는 경우가 왕왕 있다. 자신이 속한 기관의 담당자가 심리평가 실무자에게 의뢰문제를 '의뢰사유'나 '의뢰문제'로 기술하게 했더라도 실무가는 '의뢰문제'가 평가자에게 요구한 물음이라는 것을 분명히 알고 있어야 할 것이다. 다시 강조하지만, 모든 심리평가는 해당 심리평가가 진행되어야 할 목적이 정해진 경우에만 시작될 수 있다. 구체적이고 분명한 의뢰내용이 없다면 수검자 또는 보호자나 담당 선생님 등의 관계자와 협의를 통해 의뢰문제를 함께 만들어 낸 다음에서야 평가가 진행될 당위성이 갖춰진다. 이러한 당연하고도 필수적인 원칙을 전혀 고려하지 않는 경우가 있는데, 이로부터 발생한 문제에 대한 법적·윤리적 책임은 피할 수 없을 것이다.

　심리평가의 목적은 의뢰자 및 의뢰 기관에 따라 내용과 형태가 다양한데, 어떠한 방식과 내용이라 할지라도 의뢰자가 구체적인 의뢰목적을 제시해 줄수록 구체적인 도움을 받을 수 있다. 심리평가가 진행되는 전통적인 영역은 병원 장면이며 이때 의뢰자는 보통 환자의 담당의가 된다. 병원 장면에서의 의뢰목적은 담당 환자의 증상유무 및 정도 그리고 가능 진단에 대한 감별 및 판별의 증거를 확인하려는 것이 일반적이다. 상대적으로 병원 장면에서 심리평가 의뢰 목적은 어느 영역에서보다 병원 체계에 맞추어져 명확하고 분명한 형태를 갖추고 있다. 이에 반해, 상담 및 심리치료 서비스를 제공하는 개업 장면에서는 보통 내담자 본인이 평가대상이 되면서 동시에 심리평가의 의뢰자가 되고 종종 가족, 지인, 회사나 학교 등의 기관이 함께 관계될 수도 있다. 일반인으로서 내담자가 의뢰하는 문제는 본인이 당면한 평가 맥락에 따라 훨씬 더 모호한 형태를 가지는 경향이 있는데 어떤 경우는 표면적으로 드러나지 않은 개인적이고 비의식적 목적을 가진 경우도 흔하다. 그래서 영역에 따라 평가 수행의 중요성이 달라지지는 않지만, 의뢰목적을 분명하게 설정하는 작업이라는 점에서는 병원 장면에서의 심리평가보다 개업 장면에서의 평가가 어려우며 더욱더 세심한 노력을 기울여야만 할 것이다.

보통 상담 및 심리치료 장면에서 일반적이고 추상적인 방식의 의뢰문제는 반드시 평가적 면담을 통해 충분히 명료하고 구체적인 진술로 만들어 가야만 한다. 예를 들어, "내 성격을 알고 싶어요."라는 일반적이고 추상적인 문제를 제시할 경우 "언제부터 자신의 성격을 알고 싶었습니까?" "이번에 특별히 성격을 알고 싶어지게 된 계기가 있으신가요?" "본인 스스로 자신의 성격이 어떻다고 생각하시나요?" "주위 사람들에게 자신의 성격에 대해 어떠하다고 말씀 들으신 건 있으신지요?" 등의 다양한 질문을 하면서 탐색해 볼 수 있을 것이다. 만약 자신의 성격을 알고 싶다는 의뢰문제를 그대로 수용하여

Q 생각 상자

"내 성격을 알고 싶어요."라고 의뢰문제를 제시하는 내담자에게 의뢰문제를 명료화할 때 해 볼 수 있는 질문을 생각해 보세요.

바로 평가 절차에 들어가게 된다면 피드백해 줄 평가결과의 범위를 설정하는 것에서부터 곤란을 겪게 될 것이며 개인에게 직접적인 도움이 되지 않는 일반적 결과 전달에 그칠 가능성이 커질 것이다. 결국 의뢰문제는 수검자가 적응하고 있는 장면에서 실제적이고 구체적인 어려움이나 궁금증이 담기도록 협의해야 하고 이후 그에 따른 구체적이고 개별적인 도움이 될 수 있는 피드백을 제공해 줄 수 있을 것이다.

의뢰목적이 중요한 또 다른 이유는 심리평가 절차에서 진행되는 모든 전문적 수행은 해당 의뢰목적에 답변할 수 있어야 한다는 목표에 준해서 진행되기 때문이다. 우선, 평가자와 내담자가 구체적으로 협의한 의뢰목적에 답을 해 주는 데에 필요한 정보를 얻어야 하고, 수집된 정보를 사용하여 심리학적 원리와 경험적 근거를 바탕으로 합리적 가설을 만든 다음, 도출된 가설과 개인이 당면한 맥락을 함께 고려하여 의뢰목적과 관련된 현재 수검자의 적응과 부적응의 가치를 점검해 보게 된다. 그리고 최종적으로 검토된 가설은 면담을 통해 실제 수검자에게 직접 확인을 하면서 가설을 더욱더 정교하게 다듬어 가며 의뢰목적에 합리적인 답을 제시해 주는 것이다. 의뢰목적에 답을 해 주는 과정에서 내담자는 자신의 문제에 대해 정확하고 깊이 있는 이해를 하게 되고 적응적 변화를 위한 구체적인 노력 방법을 제시받을 수 있을 것이다. 또는 치료적 도움을 받는 데에 동기를 높여 줄 수도 있고 내담자의 안녕에 도움이 될 수 있는 개인적 의미를 만들어 주거나 실제 변화를 위한 구체적 노력 방안을 제안해 줄 수도 있다. 이렇듯 심리평가는 평가 수행의 전 과정에 걸쳐 의뢰목적을 기준으로 순서의 위반 없이 단계적으로 수행되는 것이다.

심리평가 과정에서 로르샤흐를 활용하게 되면 행동관찰, 즉 실제 문제해결 수행에서 드러나는 개인의 고유한 반응과정을 측정할 수 있고, 이러한 행동 정보를 활용하여 수검자의 심리 작동에 대한 가설을 만들고 개념적으로 설정된 해석의 틀에 맞게 이해할 수 있다. 로르샤흐를 활용하는 평가자가 로르샤흐의 결과 수치만을 활용하는 단편적인 심리검사 도구로 인식하거나 반응한 주제의 상징에 초점을 두는 등의 정신역동적 접근으로 활용하는 측정방법으로만 인식하고 있다면 로르샤흐가 가진 본질과 가치를 평가절하하게 되는 것이다. 우리가 할 수 있는 최선은 로르샤흐의 본질을 정확히 이해하면서 로르샤흐 기법이 가진 특징과 로르샤흐를 실제 장면에서 사용할 때 반드시 알아야 할 사항을 명확하게 이해하는 것이다. 앞으로 다루게 될 로르샤흐 개념들은 원론적이고 기초적인 기본 기술문으로 사용될 것이며 정확한 개념에 기초하여 유용한 해석적 가설을 만들어 가는 데에 도움을 받을 수 있을 것이다.

2 심리평가의 오해로 인한 위험성

심리평가는 심리학적 지식에 근거하여 진행되는 '개인에 대한 과학적인 가설검증 과정'이라 할 수 있다. 과학적 절차에 따른 심리평가 결과는 개인이 '삶의 중요한 의사결정 상황'에서 그나마 믿을 만한 합리적인 근거로 인정될 수 있다. 그래서 심리평가 과정은 과학적인 심리학 연구 과정과 같은 순서로 진행되는 합리적이고 과학적인 수행이 되어야 한다. 심리학 연구의 첫 시작은 연구문제를 설정하는 것으로부터 시작하여 다양한 관련 이론과 누적된 관련 지식을 검토한 후 최종 가설을 설정한다. 그리고 설정된 가설을 검증하기 위해 타당하고 신뢰할 만한 방식으로 관련 자료를 수집하고 분석하여 가설의 진위를 확인한다. 검증된 결과는 연구 맥락과 학문의 흐름에 맞게 다양한 의미를 부여해 보고 이로부터 얻은 경험적 지식을 이용해 학문적·실제적 장면에 도움을 줄 수 있는 방향을 제시해 주는 것이다. 이렇듯 심리학 연구 과정은 순차적이고 논리적인 과정인데 이러한 과학적 절차를 개인의 심리를 이해하는 심리평가 절차에 고스란히 적용해 볼 수 있다. 심리평가도 평가목적을 분명히 가지고 있고 그 목적을 이루는 데에 적합한 정보를 수집하여 심리학적 지식에 따라 합리적 가설을 만들어 낸다. 이렇게 만들어진 가설은 수검자와 함께 진위를 탐색하는 과정을 거쳐 실제 수검자의 삶에서 적응과 심리적 안녕에 도움이 되는 유용한 방법을 제시해 준다.

  심리평가 과정을 요약해 보면 다음과 같다. 첫째, 심리평가가 진행되어야 할 목적을 분명히 하기, 둘째, 의뢰목적에 도움을 줄 수 있는 범위의 정보를 수집하기, 셋째, 수집된 정보에 심리학적 지식을 적용하여 의뢰목적에 맞는 가설 만들기, 넷째, 설정된 일반적 가설의 진위를 수검자와 함께 검증하기, 다섯째, 검증된 가설을 수검자의 심리적 안녕에 도움이 될 수 있도록 의미를 부여하여 전달하기 등의 과정을 거친다. 만약 이상의 수행을 하나라도 적절하게 수행하지 못한다면 심리평가의 합리성과 타당성에 중대한 오류를 범하게 된다. 내담자에 대한 100% 정확한 예측은 하지 못하겠지만 합리적 근거에 따라 충분히 수용할 수 있고 내담자에게 도움이 될 수 있는 평가서비스를 제공하기 위해 최선을 다해야 할 것이다.

　각 절차에서 반드시 고려해야 할 상항은 다음과 같다. 첫째, 심리평가 목적을 분명히 하지 않아 내담자에게 일반적인 결과 전달을 하게 되어 내담자에게 적합한 도움을 줄 수 없게 된다. 매우 안타까운 일이지만 현장의 실무가 중에는 심리평가 목적을 탐색하려는 의도 자체가 없는 사람도 있고 심리평가 의뢰목적을 상담목적이나 주호소 문제로 여기는 사람도 있다.

　둘째, 의뢰목적을 확인하였다 하더라도 그 물음에 답을 해 주는 데에 도움이 되지 않는 정보를 얻는 경우가 있는데 평가자의 호기심을 채우기 위한 정보수집, 참조기준이 없는 일반적 정보수집에 그치게 된다. 면담으로 정보를 수집할 때 '사실적 정보'만 가득하고 내담자의 의뢰목적에 답을 하는 데에 '도움이 될 만한 정보'는 거의 없을 수도 있다. 수집해야 할 정보의 내용과 범위는 의뢰목적을 이해하는 데에 도움이 되는지에 따라 정해지며 이때 참조하는 기준은 심리학적 지식, 즉 심리학적 이론 및 연구를 통해 누적된 경험적 근거여야 한다. 정보수집을 할 때 평가자는 내담자의 아주 사적인 정보를 구한다는 점에서 적절한 '윤리적 태도'와 '책임감'을 가져야 할 것이다.

　셋째, 가설을 만드는 과정은 평가자 자신의 개인적 삶의 지혜 및 주관적 관점으로만 내담자를 이해하지 않도록 하고 가설을 만들게 된 근거는 심리학적 지식으로부터 마련되어야 한다. 평가자의 정체성은 무속인이나 삶의 지혜를 가진 연장자의 결정에 따르는 것이 아니라 과학적 의사결정을 따르는 데에 있어야 한다.

넷째, 설정된 가설은 이론과 경험적 근거를 바탕으로 도출한 일반적 진술이기에 추가로 개별 특수적 접근을 통해 해당 내담자와 소통하며 가장 가능성이 큰 '내담자/환자 맞춤 가설'로 다듬어 가야 한다. 이 가설을 다듬는 과정을 통해 내담자의 심리 작동을 가장 잘 설명할 수 있게 되고 내담자 스스로 깊이 있는 성찰을 할 수 있도록 해 주는 것이다. 이 과정을 거치지 않고 도출된 일반적 가설을 그대로 통보하게 되면 평가자 스스로가 인식하지 못한 채로 내담자를 세뇌하거나 우격다짐 받으려는 위험한 개입을 하게 된다.

다섯째, 심리평가의 목적이 의뢰된 물음에 답을 주는 것이긴 하지만 그 자체로는 내담자/환자의 심리적 안녕과 적응에 실제적인 도움을 주는 것은 어렵다. 합리적인 답을 얻은 후에 스스로 건강한 대처를 하지 못하고 일반적 방식이나 민간요법으로 해결하려는 내담자를 방임해서는 안 된다. 신체적 불편감에 대한 진단을 받거나 설명을 듣는다고 해서 그 자체로 병이 낫지는 않는다. 이후 작업까지 친절한 설명과 안내를 해 주는 것이 평가자의 몫이라 생각해야 한다. 개인에 따라 자신의 불편함에 대한 이해와 설명만으로 낫는 경우가 있긴 하지만 대부분 경우 이후 잘못된 처치로 인한 위험에서 벗어날 수 없다. 간혹 설명과 이해 자체가 자신에게 긍정적인 관심과 돌봄, 수용으로 경험될 수 있는데 이는 평가자와의 대인관계적 경험으로부터 얻게 된 부가적 이득과 관련된 것이고 표면상의 치료적 효과를 보이기도 한다. 그렇기에 일반적 답을 전달하는 것을 넘어 개별 특수적으로 검증된 가설에 건강한 의미를 부여하고 앞으로 내담자의 안녕에 도움이 될 수 있는 심리적 처방을 제시하는 것까지가 심리평가 수행의 완성이다.

안타깝지만 이런 수행절차를 지키지 않고 단순히 심리검사의 결과값이 수검자의 특성이라 확신하거나 강요하는 일도 흔히 볼 수 있다. 참으로 답답한 일이지만, 심리평가의 본질을 이해하지 못한 실무가 중에서는 자신의 심리평가 역량 향상을 위해 정기적으로 심리평가 교육을 받기도 하는데 '검사결과와 직접 관련되는 내담자의 심리적 특징'만을 알려 주기를 강사에게 요구하는 일도 있다. 이러한 태도는 심리평가 학습자가 가져서는 안 될 태도이며 내담자에게 도움이 되는 평가서비스를 제공해 주기 위해 심리평가의 각 과정을 정확히 수련받고 실천하려는 노력이 무엇보다 중요하다는 것을 명심해야 할 것이다.

3 로르샤흐에 대한 오해 및 가치

로르샤흐 잉크 반점 검사는 오랜 시간 동안 수차례의 수정 작업을 거치면서 더 정교하고 더 탄탄한 경험적 근거를 갖추어 온 검사이다. 하지만 1974년 이전까지 존재했던 다양한 로르샤흐 사용법들을 통합시킨 Exner의 작업에도 불구하고 수년 전까지 로르샤흐 검사의 과학적 근거가 부족하다는 이유로 비판적 입장에 선 연구자와 실무자가 늘어났었다. 심지어 로르샤흐의 심리검사로서 존재를 부정하면서 치료 및 법정 장면에서 사용을 금지하도록 요청하는 등 로르샤흐는 심리측정 영역에서 사장될 것이라 예상하는 사람들도 많았다. 이러한 비판에는 합리적 예상만이 아니라 맹목적 비난도 포함되었으며, 전문가 중에서도 로르샤흐를 오랫동안 골칫거리라 여긴 사용자들의 피로도가 높아지면서 암묵적으로 사장되길 바라는 사람들도 있었다.

이들의 비난 및 비판 중에서는 로르샤흐의 초기 발전 역사에 집요하게 집착하거나 Exner의 CS가 가진 측정론적 한계점을 공격하는 데에 초점을 두고 있었다. 하지만 현재 방대한 자료를 활용한 메타분석을 통해 기반을 다진 새로운 로르샤흐 체계인 수행평가체계(R-PAS)는 향상된 신뢰성과 타당성이 검증되어 고유한 측정법으로서의 가치를 갖게 되었다. 로르샤흐 연구회의 연구자들은 Exner의 사망 이전부터 종합체계의 한계점을 진지하게 인식하고 있었으며 이를 보완하기 위해 다양한 작업의 필요성을 주장하였다. 새로운 체계로 거듭나기 위해서는 체계적이고 탄탄한 방식의 총체적 작업이 필요했지만 Exner의 업적을 지난 역사로 남겨 두는 것이 쉬운 일은 아니었다. 그러는 동안 Exner의 사망으로 종합체계는 로르샤흐의 역사에 깊이 새겨진 한 획으로 남게 되었고 마침내 큰 변화의 실제적 도전이 시작되었다.

Meyer 등이 2007년에 로르샤흐에 대한 국제 규준을 발표한 후 6년가량의 끈기 있는 작업을 이어 온 결과, 2011년 워싱턴 D.C.에서 개최된 미국 심리학회에서 Meyer 등이 '로르샤흐 기반 행동평가'의 새로운 성과를 공개하며 로르샤흐의 새로운 체계 R-PAS가 소개되었다. 이 시점부터 새로운 체계의 반가움과 함께 새로운 로르샤흐 연구의 현실적 탄력이 붙게 되었다. 현재 R-PAS 매뉴얼은 2023년 기준 10쇄가 출간되었고 공식적으로 R-PAS®에 등록된 R-PAS 사용 국가는 59개국이다. 그리고 R-PAS.org에 7,400명 이상의 온라인 회원이 등록되어 있으며, APA 공인 임상심리학 박사 프로그램에서 77%가 R-PAS 교육을 하고 있다(van der Hurk et al., 2022). 현재 로르샤흐 실무에서의 사용과 연구 동향은 Exner의 종합체계보다 R-PAS에 집중되어 있으며, 2022년 기준 R-PAS를 사용한 연구는 47회, 종합체계를 사용한 연구는 6회로 점차 R-PAS를 사용한 연구로 이동하는 추세이다.

국내의 경우를 좀 더 살펴보면, R-PAS가 공식적으로 세상에 소개된 2011년에 Exner의 유작인 종합체계가 번역되어 지금까지 사용하고 있고, R-PAS의 존재를 인식하고 있으나 아직은 대학원 장면과 실제 장면에서 R-PAS의 체계적 교육은 시작에 불과한 상황이다. 하지만 2023년 1학기 덕성여자대학교 상담산업대학원에서 R-PAS 정규 강좌가 개설되었고, R-PAS 매뉴얼 한국어 번역판이 조만간 출간될 것으로 기대되는 등 멀지 않은 시기에 R-PAS의 중요성 및 가치를 자연스럽게 수용하게 될 것으로 보인다. 하지만 학교 및 실제 장면에서 지도감독자와 로르샤흐를 배우고자 하는 수련생이 가진 로르샤흐에 대한 막연한 오해와 불편감이 로르샤흐 학습이 난해하고 불필요하다는 인식을 키워 왔는데, 이러한 불편감은 로르샤흐의 본질을 잘 이해하지 못해서 생긴 오해라 할 수 있다. 이러한 로르샤흐에 대한 잘못된 인식이 있지만, 모순적이게도 임상심리전문가 수련 장면에서 수련생에게 로르샤흐 활용능력을 강조하며 핵심수련 항목으로 지도하기도 한다. 이제 CS를 넘어 R-PAS의 가치가 세계적으로 인정되고 있는 이상 막연한 오해를 가지고서 로르샤흐를 비난하며 평가절하할 수만은 없음을 인정해야 할 때이다.

한편, 로르샤흐 사용 과정에서 '실시'와 '기호화' 그리고 '해석'이 터무니없이 어렵다는 막연한 오해도 있다. 우선, '로르샤흐의 수행'과 관련된 개념을 명확하게 구분하는 것이 중요한데 '실시' '기호화' '채점' '해석' '가설설정' '가설검증'으로 구분하여 설명되어야만 한다. 사실, 로르샤흐의 '실시'와 '기호화'의 난해함은 지능검사나 신경심리검사 등 다른 수행검사들과 크게 다르지 않은 수준이라 할 수 있으며, 특별히 R-PAS의 실시방법 및 기호화 방식은 종합체계에서보다 확연히 달라진 구체적 기술을 포함하고 있기에 사용자에게 오히려 다른 수행검사를 '실시'하는 것보다 더 어렵지 않게 실시할 수 있게 되었다. '채점' 또한 100% 전산화되어 웹상에서 일련의 클릭만으로 정확한 채점이 가능하다. 특히, R-PAS.org에서 전 세계의 사용자들에게 통일된 기호화 지원서비스 및 채점서비스를 제공하기에 사용자가 개별적인 채점 작업을 하면서 발생할 번거로움이나 문제를 손쉽게 해결하고 있다. 이뿐만 아니라 '해석' 과정은 로르샤흐 절차에서 드러나는 반응과정의 실제 행동을 기초로 해석 가이드를 제공함으로써 개인이 가진 실제적 적응 행동과 직접적 관련을 지어 해석할 수 있게 되었다. 이렇듯 측정과 해석의 과정이 더 정교해지면서 R-PAS에 따른 로르샤흐 기법의 활용은 더욱더 수월해지게 된 것이다.

측정된 자료를 통합하여 가설을 설정하고 검증하는 과정은 다른 평가 상황에서와 다르지 않으며 로르샤흐 측정법이 가진 난해함으로

만 볼 일은 아니다. 실제로, 로르샤흐 활용에서 느끼는 난해함은 개인의 숙달 능력을 차치하고서도 다음과 같은 몇 가지 요인에 기인한다. 첫째, '심리검사'와 '심리평가'를 정확히 구분하지 않고 학습하게 되거나 평가보다 검사에 초점을 둔 교육경험에 있을 수 있다. 둘째, 학교 및 실무 장면에서 제공되는 로르샤흐 교육과정에서 지도감독자의 개인적 숙달 수준 및 활용 방식에 따라 학습의 질이 달라진다. 셋째, 더 나아가 자신이 수련 받은 전문성을 객관적으로 검증받을 수 있는 경험을 하는 것이 어렵다는 점도 영향 요인이 될 수 있다. 실제로, 학교 및 현장에서 지도감독자들의 로르샤흐에 대한 연구 및 활용 흥미, 실무 장면의 특성, 과거 교육경험에 따라 로르샤흐에 대한 이해도가 상당히 다르다. 실제 장면에서 활동하는 임상심리 전문가 중에서도 로르샤흐 사용을 어려워하여 자신의 수련생에게 로르샤흐에 대한 적절한 교육 및 지도/감독을 해 주지 못하기도 한다. 국내에서 로르샤흐 교육은 1990년대 중반 한국어판 종합체계가 출간된 후에서야 널리 이루어질 수 있었던 사정을 고려했을 때 이러한 상황이 어느 정도 이해될 수 있다 하더라도 임상가 개인의 역량 향상을 위한 노력은 멈추지 않아야 할 것이다.

지금의 로르샤흐가 가진 가장 중요한 가치는 '표준화된 체계적인 수행평가의 도구'라는 데에 있다. 수검자가 요구받은 문제를 해결하는 동안 실제로 보였던 일련의 행동을 통해 당면 환경에서 개인의 심리적 기제가 어떻게 작동하는지를 살펴볼 수 있다. 이뿐만 아니라 투사법을 활용해 얻게 된 결과는 개별 특수적 접근에 유용한 자료로 활용할 수 있다. 로르샤흐는 특정 이론에 기반하여 개발된 검사가 아니기에 개인을 이해하는 데에 도움이 되는 방향으로 다양한 '설명의 틀: 이론'을 자유롭게 적용해 볼 수 있는 것이다. 일차적으로, 실제 드러나는 개인의 행동을 정확하게 기술한 정보에 다양한 이론을 적용하여 개인이 당면한 환경과 상호작용하는 방식에 대해 개별 특수적인 설명을 제공해 줄 수 있다. 이후 개인의 부적응과 관련된 진단적 인상을 만드는 목적으로 활용할 수도 있지만 로르샤흐의 가치를 충분히 활용하지 못한 아쉬움이 남는다. 로르샤흐를 활용한 심리평가의 가치는 '개인이 주위 환경과 상호작용하는 과정에서 작동되는 고유한 개인의 심리 작동의 모습'을 이해할 수 있다는 것에서 빛이 난다.

현재 로르샤흐는 지속적인 연구와 함께 'CS'에서 'R-PAS'로 전환되는 등의 유용한 검사 도구로서의 타당성과 신뢰성을 꾸준히 갖춰 왔으며, 기타 검사의 발달과 마찬가지로 현재에 머무르지 않고 새로운 발견을 적극적으로 수용하면서 여전히 발전해 나가는 중이다.

02

심리평가를
위한 기본개념

1 현상

현실에 존재하는 것들을 우리는 어떻게 그것이 실재하는 것
이라고 인식할 수 있는가? 로르샤흐뿐만 아니라 역사시대
이후의 모든 지식을 습득할 때 가장 우선시하여 필수적으로 알아
야 할 것이 있는데 바로 '존재'와 '현상'에 대한 것이다. '존재하는 것'
은 이미 저마다의 현상으로 존재하는데 특정한 현상으로 드러나 있
거나 드러낼 수 있다. 즉, 우리는 존재하는 것과 맞닥뜨리게 되면 그
존재의 현상을 지각한 것이다. 그리고 존재하는 것은 모두 현상되어
있으며 현상되거나 현상시킬 수도 있다. 보통 '현상'의 뜻을 정확하
게 구분하지 않고 '느낌적 느낌'으로 적절하게 받아들이게 되거나 인
식해 버리게 되는데 실제로 '현상'은 어떤 특징을 강조하느냐에 따라
두 가지 의미로 구분해 볼 수 있다. 하나는 '드러난! 상태'이며 또 하
나는 '드러난 상태!'이다. '드러난! 상태'로서 현상(懸象)은 실재하는 것
을 어떤 방식으로든 인간이 지각할 수 있도록 '드러낸' 또는 '드러난'
측면을 강조한다. 이 의미는 phenomenon의 의미와 유사하며 존재
하는 본질적 '그것'을 드러나게 하는 기능적 면에 초점을 둔 것이라
할 수 있다. 반면, '드러난 상태!'로서 현상(現狀)은 현실에 나타난 '모
습' 자체를 강조하며 event, present의 의미와 유사하다. 이는 결과
물로서 실제 장면에 발현된 현실적으로 드러난 '그것'에 초점이 맞춰
져 있다.

어떠한 의미의 '현상'이든 간에 특정한 현상은 의식적으로든 비의
식적으로든 알아차릴 수 있는 자극의 값(價)을 지니고 있다. 인간은

출생하기 전 태아기의 특정 시점부터 자기 자신이 아닌 모든 외부의 것, 즉 자신을 둘러싼 외부현실에 존재하는 모든 자극과 접촉하고 관계를 맺고 유지하는 등 '지속적인 상호작용의 연속선'에 위치하게 된다. 이러한 자극과의 상호작용은 생존을 유지시키는 필연적인 반응기제이면서도 생존을 위한 의무이기도 하다. 여기서 현상은 상호작용의 대상(object)이 된다. 결국 현상은 개인이 접촉할 수 있고 경험할 수 있는 '자극'이다. 자극으로서 가치를 가질 수 있는 현상, 즉 우리가 감각하고 인식할 수 있는 현상은 말 그대로 '실재'하고 있다. 그런데 존재한다 해도 감각하기 어렵거나 감각이 불가능한 현상이 있는데 대표적인 예로 감정과 같은 심리적 경험이다. 누구나 자신의 감정이 어떠한지 너무나 잘 경험하고 있지만, 그 감정을 감각할 수는 없을 것이다. 달리 말해, 감각할 수는 없지만 생생하고 생동감 있게 경험할 수는 있다. 감각할 수 없다고 해서 생각이나 느낌, 감정 등의 현상이 실재하지 않는다고 여기는 것은 자신이 경험을 부정하는 것이다. 이러한 생각이나 느낌 또한 실재하는 현상인데, 다만 감각 가능한 물리적인 속성을 갖지 않을 뿐이지 분명히 경험으로 확인되는 것이다.

로르샤흐에서는 물리적 속성의 여부가 아닌 개인을 둘러싼 모든 현상을 다루며 구체적으로 개인이 속한 삶의 장면에 존재하는 모든 현상에 관심을 두고 있다. 현상의 범위는 한 존재의 물리적 경계 바깥 면(외부현실)에서 이루어지는 접촉 또는 상호작용 그리고 경계 안쪽 면(내부세계)에서 이루어지는 접촉 또는 상호작용을 아우른다. 이는 단순히 유기체의 피부 안팎을 나누는 것으로서 피부 외부에 존재

하는 현상들과 피부 내부에 존재하는 현상들이다. 내부에 존재하는
현상은 전기적 신호들이나 신경전달물질의 작동 기제를 포함하기도
하는데 그 세포들의 구조에 따른 기능적 이해를 넘어 총체적으로 드
러나는 심리 내적 현상을 의미한다. 심리 내적 현상들을 소위 '심리',
'마음'이라 부르기도 하며 구체적으로 사고나 감정 등의 경험을 말
하기도 한다. 이렇듯 로르샤흐 절차
에서 제시되는 잉크 반점 및 검사자
의 태도나 검사지시는 외부환경에
서 제공되는 자극이 되고 이렇게 제
공된 요구에 반응하면서 수검자의
심리 내적 작동이 시작된다. 반대로,
이미 수검자가 지닌 심리 내적 상태
나 작동방식이 외부환경의 자극들
과 접촉하고 상호작용하는 방식을
결정할 수도 있다.

> **Q 생각 상자**
>
> 현상은 개인이 경험 가능한 존재하는 모든
> 것이라 할 수 있는데 경험 주체의 주관성을
> 가정하고 있습니다. 로르샤흐 수검자가 검
> 사시행 장면에서는 어떠한 현상들이 존재
> 할까요? 그리고 검사 상황을 넘어 수검자의
> 인생 중 검사를 받게 된 시기에는 어떤 현상
> 들이 존재할까요? 그리고 그 현상들과 접촉
> 하는 방식과 접촉 상태가 어떠한지 생각해
> 봅시다.

　현상의 의미를 정확하게 이해하는 것은 로르샤흐 이해에 핵심이
라 할 수 있다. 로르샤흐 잉크 반점 자극은 실제 현실에 존재하는
'현상(現狀)'이며 이것을 지각한 수검자의 주관적 경험은 '현상(懸象)'
으로서 언어화된 반응으로 보고하게 되어 있다. 우리는 수검자가 잉
크 반점에 맞닥뜨린 순간 그 현상을 어떤 현상으로 지각하고 있는지
에 관심을 가져야 한다. 검사자는 로르샤흐 검사 과정에서 벌어지
는 모든 현상에 주의를 기울이면서 드러난 현상을 최대한 있는 그대
로 기록해 둬야 한다. 로르샤흐 과정에서 현상은 주체로서 수검자

가 '드러내거나' 수검자로부터 '드러내지는' 모든 언어적 · 비언어적 현상을 포함한다. 로르샤흐를 통해 얻어야 할 자료는 수검자의 모든 반응이며 이러한 반응의 양태는 언어적이거나 비언어적인 행동으로 구분한다. 만약 로르샤흐 과정에서 드러난 현상을 모두 정확하게 기록 또는 기억하지 못한다면 수검자의 실제 모습에서 무엇인가 빠져 있거나 더해져 있는 가상적인 인물의 자료가 될 것이다.

기본적으로 검사상황에서 드러난 모든 반응, 즉 현상을 '기록'하거나 '기억'해야 하지만 검사의 목적에 상당히 거리가 먼 현상까지 기록하는 것은 효율적이지 못하며 모든 것을 기록한다는 것 자체가 불가능한 것이다. 일반적인 예로, 검사실에 책 먼지가 날아다니다 수검자의 코를 자극해서 재채기한 행동까지 기록하고 기억해야 할 필요는 없다(드물지만 어떤 경우는 중요한 행동일 수도 있다). 드물긴 하지만 검사 당시에는 주요한 현상이라 여기지 못했던 사소한 행동이 이후 평가과정에서 핵심적 근거였음이 밝혀질 때도 있기에 수검과정에서 드러나는 모든 현상에 민감한 주의를 기울여야 한다. 구체적으로 관심을 가져야 할 행동 항목의 예로는 앉아 있는 자세와 변화, 움직임 종류 및 속도, 시선 처리, 언어적/비언어적 행동이 나타난 시점 및 맥락, 언어적 반응내용 등이 있다. 특히, 검사자가 임의로 수검자의 언어적 반응을 대체하거나 다듬어 버리는 것은 상당히 위험하다. 수검자가 사용한 단어, 말투와 사투리, 말 속도, 문법 등은 있는 그대로, 드러난 현상 그대로 기록해야만 한다. 종종 수검자의 언어적 반응에 비문이 많고 조리 없는 구술일 때가 있는데 검사자가 수검자의 반응을 정리하고 이해한 후 정확한 문법으로 다듬어 기록

하지 말아야 한다. 또는 수검자가 잉크 반점에서 본 것, 즉 반응내용만 적어 두기도 하는데 완전히 잘못된 기록이다. 이러한 기록은 CS와 R-PAS 모두에서 잘못된 것이라 지적한다. 이는 실제 현상을 조작한 행위가 되기에 수검자의 반응을 다듬지 말고 나타난 그대로 기록해야 한다. '반응 기록지'는 '보고서'가 아니라 검사 과정에서 드러난 반응을 '기록'한 것이다.

한편, 잉크 반점을 보고 반응을 해야 하는 '문제해결 과정'에서 현상은 '자극과 지시' 그리고 이에 대한 언어적 '반응'으로 드러난다. 수검자의 답변은 로르샤흐 검사결과에서 핵심 자료로 사용되는데, 정답이 존재하는 것이 아님을 잘 알고 있음에도 검사자가 수검자의 반응을 받아들일 때 수검자의 반응이 평범하게 느껴지지 않았음이 검사자 자신도 모르게 표정이나 부가적 언급을 통해 드러나 버리면 수검자의 수검 태도에 영향을 주기도 한다. 수검자의 반응으로 검사자가 지시방식이나 실시 태도를 바꾸지 말아야 하고 구체적인 지시는 실시규정에 따라 제시되어야 한다. 수검자의 반응으로 인해 검사자의 개인적 불편감이 자극되어 검사 진행을 망쳐 버릴 수도 있다. 예를 들어, 수검자가 "코로나~ 코로나~(동요 〈얼룩송아지〉 멜로디에 얹어 흥얼거림) 코로나바이러스가 여기 있는 생명체들한테 전염되고 있어요. 코로나 맥주가 땡기네요. 선생님은 코로나 맥주 먹어 보셨어요?"라고 했을 때 검사자가 당황해서 헛웃음을 보이거나 표정을 일그러트리는 등의 행동을 자신도 모르게 해 버린다면 수검자는 이러한 검사자의 모습에 불필요한 영향을 받게 된다. 이에 더해 이 반응을 기록할 때 '코로나 바이러스가 다른 생명체를 감염시키고 있다'

라고 검사자가 임의로 수검자의 반응을 요약해 버린다면 이 기록은 실제 수검자의 모습을 정확히 설명할 수 있는 근거로는 사용할 수가 없게 된다. 수검자의 눈에 띌 만한 행동을 이상하고 비전형적이며 기괴한 모습으로 여기지 않아야 할 것이다. 수검자의 반응이 부적응적 특징을 의미하는 것인지는 이후 평가과정을 거친 후 결정될 것이다. 수검자가 보고한 반응내용이나 언어화/비언어화 행동방식이 검사자에게 편안하게 받아들여지지 않는다면 검사자의 다양성에 대한 관점을 점검해 보는 것이 필요하다. 특별히 로르샤흐 실시과정에서는 수검자가 경험하는 현상을 검사자가 '있는 그대로' 봐 줄 수 있는가가 중요하다.

2 개념과 구성개념

　누군가가 특정 현상을 인식했다면 그 현상에 부여된 이름을 알고 있다는 것이다. 즉, 우리 머리 위에 있는 '하늘'을 보면서 자동으로 '하늘'이라는 단어를 떠올릴 수 있다는 것이다. 천태만상 현상 중 특정한 현상을 누군가에게 설명해야 할 때, 이 순간 그 현상에 부여된 이름이 없거나 그것의 이름을 모르고 있다면 어떨까? 대부분은 명백하게 그 현상을 인식할 수 있으나 언어로 내뱉을 수 없어서 상당히 답답할 것이다. 일반적이지 않지만 이러한 특정 현상을 특정 '이름'으로 부르지 않아도 불편해하지도 않고 애초에 굳이 이름을 불러야 할 필요성을 느끼지 못하는 사람도 있다. 이러한 경우는 개별적

인 이해가 필요한데 이를 문제시할
것이 아니라 현상을 인식하는 개인
의 고유한 방식으로서 이해해야 할
사람도 있다.

다행히도 웬만한 천태만상 현상
들은 그에 상응하는 이름이 존재하

는데 그 언어화된 이름을 통틀어서 '개념'이라고 부른다. 즉, 특정 현상에 부여된 이름(언어, 단어)이 개념인 것이다. 실재하는 현상에 최초로 누군가가 이름을 붙인 당시에 우연히든 계획적이든 어떤 이유도 관계없이 해당 현상을 정의한 시점과 '작명가'가 존재한다. 예를 들면, 즐겨 먹는 식재료 중 '김'이라고 불리게 된 것이나 '스마트폰'이 '스마트폰'으로 불리게 된 것, 아이돌 그룹의 이름을 정하는 것뿐만 아니라 지금껏 확인된 바 없는 우주 행성에 이름을 붙이는 것 등 거의 모든 물건 및 현상, 인간 심리 작동 현상들 모두 해당 이름을 부여한 시점과 '개념 부여자'는 존재한다. 하지만 어느 시점에서 누가 그 현상에 이름표를 붙였는지 명확히 알 수 있거나 이래저래 추정해 볼 수 있긴 하지만 안타깝게도 확실히 알기 어려울 수도 있고, 어떤 경우는 확인 불가능하다.

이러한 한 조각 단어가 개념이며 그 조각들을 조합하여 구체적이고 자세하게 '서술된/기술된 개념'을 만들기도 한다. 기본적으로 개념을 많이 안다는 것은 세상에 존재하는 많은 것들의 이름을 안다는 것이다. 일반적으로 하나의 개념은 그와 상응하는 하나의 현상이 존재하지만 복잡한 현상, 일련의 순서를 가진 현상, 다양한 현상들이 통합된 의미 덩어리 등 광범위한 현상에 대해서는 여러 개의 다양한 개념들을 사용하여 엮어 짜내야 하는데 일반적으로 말하는 '개념화' 작업이다.

한편, 다양한 현상만큼이나 다양한 개념이 존재하고(개념이 현상보다 많을 수는 없다) 어떤 현상은 물리적 속성이 있을 수도 있고 감정과 같은 물리적 속성이 없는 현상일 수도 있다. 현상이 지닌 물리적 속성 여부에 따라 두 가지 개념으로 구분하는데, 물리적 속성을 가진 현상의 개념을 '물리적 개념'이라고 하고, 물리적 속성이 없는 현상의 개념은 우리가 의도를 갖고 만들어 놓은 개념, 구성해 놓은 개념, 구축해 놓은 개념이기에 '구성개념'이라 부른다. 로르샤흐를 다루는 과정도 그렇듯이 심리적 현상 대부분은 물리적 속성이 없기에 대부분 개념은 구성개념이며, 이러한 구성개념은 누군가가 의도에 따라 약속해 둔 구성한 개념이기에 이름을 붙인 자의 의도가 무엇인지를 정확하게 이해해야지만 그에 상응하는 현상을 정확하게 이해할 수 있다. 현시점에서 자신이 알고 있는 '단어'라서 당연히 그 개념의 의미를 정확하게 알고 있다고 생각하기 때문에 해당 구성개념이 가진 진짜 의미를 오해, 오용하는 일이 발생한다. 즉, 그 개념이 지닌 실제 현상을 놓치고 '개념'에 갇혀 버리게 된다. 한편, 스스로 다양한 개념을 많이 안다는 것에 의기양양하며 특정 현상의 본질을 정확하게 인식하는 것은 중요하지 않다고 여기기도 하고, 그 현상의 또 다른 언어의 개념(보통의 경우 외국어)을 알고 있다는 것으로 바꿔 말하며 자신이 대단한 무엇인가를 알고 있는 것처럼 우쭐할 수도 있다. 이러한 잘못된 사용을 벗어나 심리평가 장면에서는 개념과 현상

의 관계를 정확히 아는 것이 대단히
중요하다.

　로르샤흐를 활용하여 개인을 이
해할 때는 정확한 개념적 이해가 필
수이며 기본적으로는 현상적 이해
를 해야만 한다(비단 로르샤흐뿐만 아
니라 삶의 모든 장면에서 그렇다). 로르
샤흐에서 구성개념의 정확한 이해가

더 중요한 이유는 로르샤흐를 사용하는 사람들이 로르샤흐의 개념
을 직관적으로 받아들이는 경우가 많기 때문이다. 어떤 경우에는 개
념을 정확하게 전달하지 못해서 검사자가 수검자에게 치명적인 영
향을 줄 수도 있는 문제이다. Exner의 CS에서 다루는 개념을 예를
들어 보면, 경험 실제(Experience Actual: EA), 상황적 스트레스 지표
(Adj D), 특수지표(Constellation Index) 등의 거의 모든 개념은 직관적
으로 이해해서 잘못 해석하거나 지엽적이고 편향된 해석을 할 가능
성이 크다. 앞서 예를 든 개념 중 경험 실제 'EA'는 단어 자체만 가지
고서는 정확한 이해가 어렵다. 그래서 EA를 '실제로 경험한 내용' 또
는 '실제 경험의 결과' '자아의 능력' '자아 강도' 등으로 개념을 지어
지엽적으로 해석하게 되는 일도 있다. 어쩌면 정확한 개념적 이해를
하려고 하지 않은 '권위적 지식 습득의 결과'로 인한 것일 수도 있다.
이뿐만 아니라 Adj D를 '상황적으로 받는 스트레스'로만 이해하고
있거나 '특수지표'들을 각별히 주의해서 점검해 볼 만한 '특수한' 지
표로 이해하고 있는 것 또한 정확한 이해를 그르칠 수 있다. 잘못된

직관적 이해를 해서도 안 되며 해당 개념이 담고 있는 실제 현상이 무엇인지 알아 가려는 노력 없이 맹목적으로 '유사하지만 서로 다른 이론에서 사용하는 같은 개념'을 직접 연결해서 이해하는 것도 경계 해야 한다. 우리가 알아야 할 것은 이미 지정된 로르샤흐 개념들이 담고 있는 '실제 현상'인 것이다.

대부분 경우에서 좋지 못한 표현이지만 일상에서 '너 참 개념 없 다'라는 말을 하기도 하는데 현상과 개념의 본질을 고려해 봤을 때 이는 특정 현상의 개념을 정확하게 모르고 있을 때 하는 말이다. 진 정 개념이 없는 경우는 실재하는 현상이 애초에 없을 때이거나 실 재하는 현상이 있긴 하나 그 현상에 짝지어진 이름을 아직 갖고 있 지 않을 때이다. 앞서 '개념 없다'라는 일상적 표현은 우스갯소리지 만, 개념을 안다는 것, 개념을 장착한다는 것은 개인의 적응적 삶을 영위하기 위해서 필수적 지식이자 능력이다. 그렇기에 어떤 현상이 이미 세상에 존재해 왔고 그 현상이 가진 개념이 보란 듯이 있지만, 자신이 아직 경험해 보지 못한 현상이라면 그 현상의 개념을 모르고 있을 가능성이 크며 해당 현상을 인식하는 것조차도 혼란스러울 수 있다. 이러한 혼란감이 적응 수준을 떨어트리기도 할 것이며, 해당 현상을 이해하는 데에 조금이라도 도움이 될 것 같은 이미 알고 있 는 기존 개념들을 활용하여(동화를 통한 도식의 발달과 같이) 해당 현 상을 인식하려고 할 수도 있다. 이때 낯선 현상의 정확한 개념은 아 니나 현상을 설명하는 데 도움이 될 수 있는 다양한 개념들로 그 현 상을 설명하는, 즉 '개념화' 작업을 할 수도 있다.

개념이 없는 답답한 상황에서 최선의 노력으로서 개념화 작업 외에 또 다른 상황으로는 현상에 상응하는 개념을 가지고 있으면서도 좀 더 정확하고 친절하게 실제 현상을 설명해 보려는 시도로써 구체적이고 세심한 설명을 할 경우이다. 개념화의 수준은 '어떤' 현상을 기술하느냐에 따라 필요 여부가 결정되기도 한다. 특히, 물리적 현상을 이를 때는 비교적 단순하지만, 물리적 속성이 없는 심리적 현상을 이를 때는 상당히 복잡해진다. 대표적 예로, 감정 경험 등 심리적 현상은 물리적 속성을 가지지 않으며 자신이 특정 감정을 경험했을 때 그 감정을 표현하기 위해서는 그 감정과 관련된 정확하고 다양한 개념을 갖고 있어야 할 것이다. 당면 상황에서 '기쁨'을 경험한 누군가가 '기쁘군요'라고 표현했을 경우 개인의 주관적 경험의 실제를 '기쁨'이라는 개념으로 충분히 담을 수 있었을까? 만약 스스로 기쁜 경험이 일반적으로 예상하는 기쁨과 동일선에 놓여 있을지라도 딱 맞지 않는 고유한 경험의 속성이 있다면 실제 경험한 것을 표현하고자 좀 더 세부적이고 구체적으로 설명하게 된다. 기쁘다는 표현이 완벽한 전달은 아니어도 그 정도면 충분히 비언어적으로 표현이 되었을 경우 많은 이들은 그 경험을 굳이 개념화하여 전달하지 않는다.

　대부분 사람은 자신의 감정 경험을 완벽히 담아내는 개념이 아니어도 그 정도면 충분한 선에서 선택된 개념을 사용하는 경향이 있다. 그 이유 중 하나는 감정 등 심리적 경험과 상응하는 개념들 대부분은 해당 순간에 갑작스럽게 만들어 낸 개념이 아니며 이는 오랜 시간 동안 자연스럽고 반복적으로 '조건형성'된 경우가 많기 때문이다(조건정서반응). 특정 감정의 현상에 대해 '기쁨'이라는 개념을 짝지어 두었는데 누가 무슨 의도로 해당 상황에서의 경험을 '기쁨'이라고 정했는지 당사자의 정확한 의도는 알 수 없다. 하지만 오랜 시간 동안 누적된 언어생활의 결과로 현재까지 '기쁨'이라 부르고 있으며 '기쁨'을 경험할 때 자동으로 '기쁨'이라고 개념화하고 표현할 수도 있다. 이런 개념 짓기 과정은 굳이 '기쁨'이라 하지 않아도 되지만 우연히 '기쁨'이라고 이름이 지어진 것일 뿐이다. 이것은 개념의 관습적 특징을 보여 주는 대부분 개념이 오랜 시간 동안 사용되면서 현상과 개념의 조건화가 강하게 유지되어 온 것이다. 물리적 개념, 실제 생활에 밀접한 현상의 개념, 현상에 짝지어진 개념이 '또 다른 개념'으로는 절대적으로 대체할 수 없거나 대체할 필요가 없기도 하고 쉽게 변하지도 않으며 바꾸는 것 또한 쉽지 않다.

　개념의 관습적 특징은 인류, 집단, 시대, 개인사 등을 포함하는 다양한 범위의 문화적 맥락에 의해 만들어진다. 한 개인은 필연적으로 여러 범위의 문화와 맥락 내에서 살아가고 있는데, 거기에는 인류, 국가, 세대, 성인, 대학, 직장, 가정, 친구 등이 포함되며 각 해당 문화 및 맥락이 어떤가에 따라 특정 현상을 지칭하는 개념이 다를 수 있다. 이 경우 어느 문화집단에서 살아가느냐에 따라서 같은 현상이라도 서로 다른 개념을 사용할 수도 있는데, 누군가는 다른 집단이 사용하는 개념을 이질적이고 이상한 것으로 매도한다. 실제로 개인이 속한 집단 내에서 사용하는 개념과 다른 개념을 사용할 때 적응상 문제를 일으키기도 한다. 예를 들면, 한글을 사용하는 집단의 경우 현실의 나무를 '나무'라고 부르지 않고 '다리'라고 부른다면 의사소통 자체가 어려울 것이다. 하지만 친한 사람들과 함께한 과거 어느 여름날 피서지에서 일원 중 한 명이 의도치 않은 상황적 실수로 나무를 '다리'라고 했다면 이후 구성원 모두가 같은 기억을 떠올리며 실제 나무를 떠올릴 수 있을 것이다. '나무'라고 부르는 것을 '다리'라고 부르면서 그들만의 소통 언어로 사용하게 된다. 이러한 방식으로 사용하는 개념을 절대적으로 이상하거나 부정적이라거나 병리적이라 할 수는 없다. 즉, 적응적인 관습적 개념의 사용은 개인이 살아가는 집단 내에서 충분히 예상할 수 있고 어떤 경우에는 암묵적 약속의 형태로 드러날 수도 있다.

하지만 어떤 개념이 해당 소속집단에서 수용된다 해도 또 다른 집단과 비교되는 상대적인 개념이며 심지어 해당 소속집단 외의 집단에서는 부적절한 개념이 될 수도 있다. 한 사람이 친구들과 자리에서 자연스럽게 사용하는 개념이 가족이나 사회적 집단에서는 생경하고 불편하게 만드는 개념이 될지도 모른다. 적응을 위해서는 자신이 소속된 집단에서 수용 가능할 정도의 적절한 개념을 사용할 수 있어야 한다. 예를 들어, 로르샤흐 I번 카드에서 '홀뱅이'라고 반응한 경우 여러분들뿐만 아니라 대부분 사람은 무엇을 말하는 것인지, 즉 어떤 현상의 이름인지를 알기 어려울 것이다. 가장 먼저 '홀뱅이'라는 개념 자체가 낯설어 소통이 어려울 것이며 수검자의 설명을 들은 다음에서야 그것이 '나비'를 뜻한다는 것을 이해할 수 있을 것이다. "홀뱅이네! 홀뱅이! 홀뱅이도 몰라요? 홀뱅~ 홀뱅~ 홀뱅이. 날개 있고. 더듬이 있고. 호랑 홀뱅이도 있고 이건 배추 홀뱅이네요." 이 경우 거의 모든 사람이 전형적으로 '나비'라고 부르는 그 생명체를 수검자도 잘 알고 있으면서 잉크 반점에서 '나비'를 떠올렸지만 너무나 당연하고 자연스럽게 '홀뱅이'라는 개념으로만 사용하는 사람이라면, 그 개인에게 한해서는 '홀뱅이'가 자신만의 개념이며 스스로는 '홀뱅이'가 잘못된 개념이라 여기지 않을 것이다. 설령 아주아주 드물게 '나비'를 '홀뱅이'라고 부르는 경우가 있다 할지라도 실제 나비를 알고 있고 그것을 '나비'라고 부르는 사람들과 실제 소통하는 장면에서는 개념의 차이로 인해 갈등을 겪을 수 있다. 이처럼 '홀뱅이'라는 개념을 사용했지만 진정 '나비'라는 개념도 정확히 알고 있는 사람이라면 그 의도에 따라 적응성 평가는 달라질 수가 있다. 수검 상황을 장난스럽게 여긴 결과일 수도 있고 자신만의 개념 세계를 고수하면서 자연스럽게 여긴 결과일 수도 있으며 병리적 수준에서 '나비'와 '홀뱅이'가 동급의 개념이라고 인식하고 있기 때문일 수도 있다.

검사 상황에서 '개념'에 대한 정확한 이해가 중요한 이유는 수검자가 사용한 개념이 검사자의 개인적 개념 체계를 기준으로 이해해서도 안 되고 엄격한 사회적 기준에 따라 단호하게 정/오답을 가려서도 안 된다. 수검자가 사용한 개념을 맞고 틀림으로 구분하는 것보다 수검자가 사용한 개념이 담고 있는 현상과의 적합성을 먼저 검토한 후 그 개념을 사용한 의도가 무엇이었는지를 세심하게 검토해야 한다. 로르샤흐 잉크 반점에서 전형적으로 보기 힘든, 심지어 거의 모두가 그것을 보지 못하거나 보지 않을 무언가를 보면서 그것의 '개념'을 부여했다면 개념 사용의 문제에 초점을 두기보다 '지각의 왜곡'에 초점을 둬야 한다. 예를 들어, I번 카드에서 '고노와다'라고 반응했을 때(거의 모든 수검자는 I번 카드에서 '고노와다'를 보지 않을 것이고 한글로 '해삼 내장'이라고 말할 일도 거의 없다) 검사자가 순간 당

황할 수도 있을 텐데 우선 검사자가 '고노와다'라는 단어를 몰라서
일 수도 있고 수검자가 설명했음에도 해당 잉크 반점의 어떤 점 때
문에 '고노와다'를 보았는지 도무지 이해가 안 될 수도 있을 것이다.
수검자가 너무나 분명하게 '고노와다'를 봤다면 그 개념을 사용하
는 것은 전혀 이상한 것이 아니다. 오히려 이 반응은 전형적이지 않
은 지각의 문제로 볼 수 있고 나아가 병리적 지각 경험의 문제일 수
도 있을 것이다[I번 카드에서 '고노와다'를 쉽고 빠르게 보기란 어려운 일
이다. 여유 있게 보더라도 보기 어렵다.

로르샤흐에서는 지각의 문제가 아니
라 '개념' 사용의 문제라면 DV(Deviant
Verbalization)로 기호화하고 지각의 문
제일 경우 낮은 수준의 '형태질'로 기호
화하고 있다.]

> **Q 생각 상자**
>
> 자신의 개념 사용습관을 검토해 보세요. '아
> 재 개그'와 같은 유머와 '줄임말' 사용 그리
> 고 엉뚱한 '말실수'로 인해 적응의 가치는
> 어떻게 달라질까요?

　로르샤흐 과정에서 또 다른 개념의 문제는 정확한 개념을 간명하
게 사용하는가와 관련이 있다. 잉크 반점을 대면하는 상황은 실제
삶의 상황에 당면한 것과 같이 특정한 심리적 경험을 유발한다. 경
험 자체에 머물지 않고 그 상황에서 자신의 개인적 경험이 어떠했는
지 언어로 검사자에게 이해시키기까지 해야 한다. 우선은 원활한 소
통이 가능하도록 전달하려는 자신의 경험을 명확하게 표현하는 것
이 중요하다. 인생 경험을 그렇게 간단하게 말할 수가 있는 것이 아
니라고 할 수 있겠지만 원활한 소통을 저해하지 않을 수준에서 가장
효율적으로 전달하는 것은 적응에 강력한 무기가 될 수도 있다(당면
한 상황의 맥락 특성을 고려하는 것은 이후 문제다). 만약 정확하고 분명

한 전달을 위해 아주 세부적 수준의 개념들을 나열했다면 그가 전달하려는 것이 무엇인지 오해 없이 고스란히 들어 줄 수는 있겠지만 실속 없는 정보 나열로 인해 지루함을 느끼게 하는 등 관계의 질을 해치기도 한다. 어떤 경우에는 이러한 소통 방식이 상대의 개인 특성이나 환경 특성에 영향을 많이 받기 때문에 지루함이 아닌 재미로 느낄 수도 있다. 맥락상 외현적으로든 암묵적으로든 협의한 상황이라거나, 효율적 정보전달이 주목적이 아니거나, 구체적이고 상세한 이야기가 전달의 핵심일 경우에는(예: 영화나 연극 소요시간, 음악 감상, 학문적 지식 습득, 여행에서의 일화를 소개하기 등) 효율적이고 명료한 표현보다 세부적이고 구체적인 개념화가 더욱더 소통의 풍성함을 높여 줄 수 있을 것이다. 이를 제외한 대인관계, 사회적/직업적 관계 등의 대부분 상황에서 나타날 가능성이 큰 부작용은 다음과 같다. 첫째, 상대가 그 세부적인 경험을 원하지 않을 수 있다. 둘째, 핵심을 이해하는 것이 어려울 수 있다. 셋째, 잘못된 의도 파악으로 갈등을 유발할 수 있다. 넷째, 장시간 전달 내용을 듣는 동안 불필요한 인지적 부담을 높일 수 있다.

3 투사와 투사법으로서 로르샤흐

심리검사로서 로르샤흐는 Hermann Rorschach의 이름에서 따온 것이며, 현재 잉크 반점을 활용한 심리검사를 대표하는 상징적인 이름이 되었다. 'Rorschach'는 국내에 출간된 서적 및 일상 장면에서

'로르샤흐' '로르샤하' '로샤', 드물게는 '료샤'나 '로어셰크' 등 다양하
게 번역되어 있다. 현재 심리학 영역, 심리평가 영역에서 Rorschach
는 '로르샤흐'로 번역되어 가장 널리 사용되고 있으며, '로르샤하'와
'로샤'도 흔히 혼용하고 있다. 정확한 이름을 찾으려는 노력보다 실
제 로르샤흐의 본질이 무엇인지를 이해하는 것이 더 중요하다. 많은
이들이 로르샤흐가 대표적인 '투사적(projective)' 검사 중 하나라고
알고 있다. 틀린 것은 아니지만 '투사적 검사=로르샤흐'와 같이 단
편적인 공식으로 받아들일 것이 아니라 특정 심리검사가 가진 본질
에 대해 좀 더 분명하게 이해할 필요가 있다.

투사 개념은 오랜 역사를 갖고 있는데 그만큼 많이 오해하고 있
으며 특히, 심리측정법의 하나로서 로르샤흐를 배울 때 '투사'를 정
신역동적 이론에서 사용하는 방어기제의 한 종류로 오해하는 경우
가 많다. 학문 영역에서 다루는 개념을 학습할 때는 개념이 가진 정
확한 개념적 정의와 조작적 정의를 이해하는 것이 중요하다. 로르
샤흐가 가진 투사적 속성을 고려하여 심리검사를 구분할 때 투사
적 검사의 의미는 '투사법을 적용한(활용한, 사용한) 심리검사, 투사
법(projective technique/method) 검사'이다. 이러한 기술은 '투사적
검사'라 부르게 되었을 때 투사를 검사 자체의 고정된 속성으로 이
해하는 것을 경계하도록 하며 해당 검사가 심리 측정방법 중 하나
인 투사법 절차임을 정확하게 인식해야 한다. 특히, 잉크 반점을 투
사법 절차에 활용하는 것이 다른 투사법 검사들과 비교할 만한 점
으로 인정되어 '로르샤흐 잉크 반점 기법(방법)(Rorschach Ink blot
Method: RIM)으로 부르기도 한다. 정신역동적 관점에서 시작된 전

통적인 투사 개념과 분명히 구분하지 못하는 것은 로르샤흐에 대해 아주 근본적이고 일차적인 오해를 가질 수 있게 하며 이러한 오해로부터 발생하는 수많은 무의미한 논쟁에 로르샤흐의 본질을 흐리게 만들 것이다.

투사 개념은 Frank가 '투사가설' 개념을 정리하면서 분명한 이해가 시작되었다. 인간은 덜 구조화(unstructured)되어 있거나 구조화되어 있지 않은 애매하고 모호한(vague/ambiguous) 현상을 인식(perceive/recognize)하는 과정에서 개인이 가진 소망이나 느낌, 경험, 사전 조건형성의 역사, 고유의 사고방식 등을 반영하여 해석(interpretation)하고 이해(understand)하게 된다는 것이다(Frank, 1939). 이러한 투사가설은 개인이 주체적이고 통제 가능한 정신 영역에서 나타나는 현상이 아니라 쉽고 빠르게 작동되는 것이며 자동적이고 비의식적인 영역에서 이루어지는 것이라 가정하고 있다. 현실에서 순간적이고 자동적인 투사적 인식 과정은 자신의 투사적 경험이 투사적 과정을 거친 것임을 인정한 이후 정교한 자기검열을 거치면서 구체적으로 알아차릴 수 있다. 투사가 일어난 자체가 현실을 부정적으로 왜곡한 것이라고 볼 수 없으며, 투사된 결과의 적응성을 이해하기 위해서는 개인이 속한 삶의 조건에 따른 현실성과 관습성의 기준을 검토하는 것이 선행되어야 할 것이다.

로르샤흐 잉크 반점은 투사가 일어나게끔 하는 의도적인 속성을 포함하고 있다. 실제 인간 삶에서 경험하게 될 모든 자극은 분명함과 모호함의 연속선 위에 존재하는 것이며, 이와 마찬가지로 로르샤흐 잉크 반점 중 특정 잉크 반점은 개인적 노력을 거의 들이지 않고도 쉽고 빠르게 정확한 지각이 가능한 속성에서부터 개인적 지각 동기가 없이는 지각하기 어려운 속성까지 포함되어 있다. 만약 대부분 사람에게 관심을 불러일으키는 영역에 초점을 두고 대부분이 흔히 보게 되는 특정 대상을 보고 군더더기 없는 분명한 설명만 했다면 해당 반응에는 개인성(성격, 투사내용 등)이 거의 포함되지 않았을 것이다. 반면, 대부분 사람이 관심을 두지 않는 영역에서 흔치 않은 대상을 지각하고 개인적 설명이나 상황적 이야기 구조를 설정하여 반응하는 경우에는 개인성이 많이 반영된 것이라 할 수 있다. 다시 말하지만, 투사가 일어났다는 것 자체가 좋고 나쁨의 가치를 가지지는 않으며 투사가 일어난 과정을 정교하게 분석해 나가면서 해당 투사가 가진 반응의 고유한 가치가 무엇인지 이해할 수 있는 것이다.

투사의 가치는 응당 개별 특수적 접근의 자료가 된다. 예를 들어, I번 카드에서 W A o F와 II번 카드에서 W A o F는 같은 수준에서 투사가 포함된 반응이라 보기 어렵다. I번 카드의 반응은 대부분 사람이 관심을 두는 반점의 전체 영역에서 흔히 지각하는 동물로 본 것이고 그 방식 또한 쉽고 빠르게 처리되는 반점의 외양적 특징에 따라 반응한 것이다. 하지만 II번 카드에서 이렇게 기호화되었다면 일반적이지 않은 반응이며 지각과정에서 많은 투사 작업이 있었을 것으로 추정해 볼 수 있다. II번 카드에서 'Do Fo A (2)', 'D+ FM^{a}o A (2)'; CS 기호화, 'D A o 2 F', 'D A Sy 2 o FM^a'; R-PAS 기호화 등은 흔히 보고되는 반응이다. 이렇듯이 투사내용이 얼마나 반영되었는가의 문제는 정해진 특정 반응을 말하는 것이 아니라 해당 카드가 가진 자극 속성과 동떨어진 정도에 따르는 것이다. 자극 속성과 반응의 적합성은 이상과 부적응을 단편적으로 구분하는 것이 아니며 적합성 자체를 의미할 뿐이다. 예를 들어, 실제 인간 삶에서 겪을 수 있는 스트레스 상황에서 스트레스를 인식하지 못하는 것보다 그 스트레스를 정확하게 인식하는 것이 더 자연스러운 것이다. 심지어 과도하거나 특이한 스트레스 경험이라 하더라도 그에 상응하는 수준의 상황이라면 충분히 양해 가능한 자연스러운 반응이라 할 수 있다. 비록 그 경험이 죽고 싶을 만큼 힘들고 혐오스러운 것일지라도 말이다.

4 수행검사로서 로르샤흐

로르샤흐 검사는 심리검사로서 다양한 속성을 가지고 있으며 이에 따라 여러 방식으로 분류될 수 있는데 가장 핵심적 분류는 '수행검사(performance test)'라는 것이다. 주어진 상황에서 수검자 스스로가 특정 반응을 생산한다는 넓은 의미에서는 거의 모든 심리검사가 수행검사에 포함될 수 있다. 하지만 심리검사의 분류에서 수행검사의 의미는 특정 과제를 제시하고 이를 직접적, 즉 관찰 가능한 행동을 통해 문제해결을 하도록 설정된 심리검사를 의미한다. 대표적인 수행검사로는 로르샤흐와 함께 '지능검사'와 대부분의 '신경심리검사' '그림 그리기 검사' 등이 포함될 수 있다.

로르샤흐 검사는 잉크 반점을 사용하고 투사기법을 적용한 수행검사이다. 투사기법을 적용한 측정 과정에서 수검자의 실제 수행을

이해하는 것이 중요한데, 투사 작동의 시작과 마무리까지의 전 과정
에서 드러나는 수검자의 모든 내적 · 외적 경험과 반응을 아우른다.
즉, 문제해결을 위해 표현된 동작이나 행동 수행의 의미를 넘어서
자극을 인식하는 시점에서부터 최종적인 문제해결 행동이 나타나는
전체 과정에 초점을 두고 있다. 최종적으로 표현되는 언어적 · 비언
어적 행동뿐만 아니라 그 반응이 생성되는 전체 과정에 관심을 두고
있다는 것이다. 그래서 로르샤흐 평가기법은 현실에 실제로 드러난
반응과 그 반응이 만들어지게 된 인지적 과정의 관련성을 탐색하고
설명하고자 한다. 이러한 수행검사의 본질에도 불구하고 로르샤흐
에 대해 여전히 많은 오해를 하고 있다. 과거 로르샤흐에 대한 잘못
된 인식은 전적으로 정신분석적 근거를 바탕으로 한 검사이며 인간
의 무의식적 내용을 측정한다는 것으로 잘못 알게 되면서 발생한 것
이었다. 정신분석적 접근이 로르샤흐 기법을 활용할 수 있는 한 가
지 방식이라고 할 수는 있겠지만, 지금 로르샤흐 활용 영역에서 정
신역동적 접근이 주요 활용법도 아닐뿐더러 로르샤흐 활용에서 정
신역동적 접근의 가치에 대해서는 이제 굳이 논쟁할 주제로도 삼지
않는다. 정신분석적 접근뿐만 아니라 어떠한 이론적 접근이라 하더
라도 특정 수검자에게는 아주 적합한 접근일 수 있기에 수검자에 따
라 활용할 수 있는 하나의 전술적 도구로 인식하는 것이 바람직할
것이다. 로르샤흐를 활용하는 것은 이론적 접근과 함께 경험적 근
거에 따라야 하고 최대한 실제 수검자의 삶을 이해하는 것에 초점을
둔 현실적 접근을 추구해야 한다. 이러한 경험적 근거를 바탕으로
재구성되고 발달해 온 수행검사로서 로르샤흐의 정체성은 심리측정

법의 객관성과 경험적 근거가 마련된 표준화된 검사라는 것에 있다.

요약해 보면, 로르샤흐는 수행검사이면서도 투사법을 활용한 경험적 근거기반의 표준화된 측정법으로서 정체성을 갖고 있다. 특히, 로르샤흐 잉크 반점을 활용한 측정에서 투사법을 적용하는 방식은 수검자의 수행에 더욱 주의를 기울이게 하였다. 그리고 로르샤흐에서 수행의 의미는 투사가설이 작동되는 시작부터 최종적 행동의 발현까지 포함하고 있다. 수검자의 경험환경 내에 현상을 제시하는 순간부터, 즉 검사실에서 로르샤흐 카드를 제시받는 순간부터 개별 카드마다 반응하는 수검자의 행동 그리고 최종적으로 검사가 완료되는 시점까지의 투사 작동을 측정하려는 것이다. 그 과정에서 개인의 투사 자료는 수검자의 언어화된 행동과 신체 반응, 안구운동 및 자세 유지 및 변화 등의 비언어화된 행동으로 드러나기에 수검자가 보인 모든 반응에 주의를 기울여야 한다. 로르샤흐 과정에서 벌어지는 수검자의 모든 반응은 유용한 가치를 가지는 정보임을 명심해야 할 것이다.

로르샤흐 수행 과정 전반에 걸쳐 투사 현상이 일어나는데 구체적으로 살펴보면, 수검자가 잉크 반점을 직면하게 되는 그 지각의 순간부터 시작이 된다(사실, 로르샤흐 검사가 준비되었다면 검사자의 사전 지시부터 시작된다). 실제 카드를 전해 받는 그 순간에 지각이 된 이후에는 잉크 반점에서 어떤 정보를 최종 반응에 써 먹을지 검열 및 선별 과정을 거치게 된다. 이 과정은 외적 행동으로 드러나지 않기에 수검자의 인지적 과정을 세심히 관찰해야 한다. 이후 최종 반응을 하면서 수행이 완성되는 것이다. 이 인지적 과제를 해결하는 과정에서 드러난 수검자의 행동과 최종 반응의 관련성을 탐색하는 것이 R-PAS의 본질이다. 만약 검사 수행 전 과정에서 수검자의 수행에 관심을 두지 않고 최종 행동의 결과인 기호 및 점수에만 몰두하게 된다면 수행검사로서의 로르샤흐 검사의 본질을 흐리게 되고, 결국은 내담자에게 적절한 도움을 줄 수도 없을 것이다.

5 심리검사의 객관성과 주관성 그리고 투사

심리검사는 측정방식, 측정내용, 측정범위 등의 독립적 기준으로 구분할 수 있다. 심리검사의 대표적인 구분방식을 잘 알고 있어야 심리평가 과정에서 적합한 심리검사를 선정할 수 있게 된다. '의뢰 문제에 답을 주는 데에 도움을 줄 수 있는 심리검사'의 선정과정은 검사를 오용하거나 과도한 사용을 막을 수 있으며 검사 선정의 근거를 마련해 두는 것이기도 하다. 이뿐만 아니라 수검자에게 경제적이고 합리적인 서비스를 제공해 줄 수 있으며, 정보의 불필요한 중복 수집을 최소화할 수 있고, 서로 다른 측정방식을 사용하여 목표 영역의 심리적 특성을 다면적으로 수집할 수 있다는 장점이 있다.

오랜 시간 동안 많은 이들이 질적 기준에 따라 심리검사 분류를 해 왔는데 대표적으로 '객관적 검사'와 '주관적 검사'로 구분하는 방법이 있다. 하지만 이러한 구분은 이상적이고 편의상 구분에 불과하다. 측정 기법이 발전하고 정교해짐에 따라 하나의 검사 도구가 다양한 속성을 다루게 되는 일도 있으며 하나의 검사가 단일한 방식으

로 무언가를 측정한다는 것은 불가능에 가깝다. 지능검사만 하더라
도 지능의 정의에 따라 측정범위가 달라지며 지능 측정 과정에서는
인지적 능력뿐만 아니라 비인지적 속성까지 필연적으로 측정된다.
이렇듯 객관적 검사와 주관적 검사로 질적인 구분을 하는 것은 현실
적으로 분명한 구분기준이 될 수 없다. 사실, 객관성이나 주관성은
동일 연속선상에서 양극단에 자리하고 있는 속성이다. 모든 심리검
사는 이 연속선상의 특정 위치에 존재할 수 있다. 한편, 객관적-주
관적 검사 분류를 측정된 결과의 양태로 구분하기도 하는데 이러한
구분도 현실적이지 못한데 측정결과의 양태뿐만 아니라 검사시행의
전체 과정에 포함된 다양한 조건을 고려하여 구분하는 것이 바람직
하다. 기존 검사들은 검사 자극 및 검사지시에서 고유한 객관성 및
주관성 수준이 설정되어 있으며 검사 실시과정에서 의도적으로 조
절할 수도 있다.

　구체적으로 살펴보면, 수검자의 반응 양태를 기준으로 객관적 검
사와 주관적 검사를 구분해 보면 반응 범위를 제약하여 질적으로
구분된 선택을 하도록 제작된 검사를 객관적 검사로 구분해 왔다.
이러한 구조화된 반응방식은 수검자가 관여할 수 없는 정해진 선택
지 내에서 수검자가 직접 선택해야 한다. 이에 반해 주관적 검사는
자극에 대한 수검자의 반응을 제약하지 않거나 자율적인 반응을 허
용하는 검사를 말한다. 이러한 의미에서 주관성은 엄밀한 정신 물
리학적 측정을 지향하는 심리측정가들에게 비판을 받는 속성이기
도 했다. 하지만 이러한 전통적인 방식으로 객관적 검사와 주관적
검사를 구분하는 것은 합당한 기준이라 할 수 없다. 아무리 객관적

검사라 하더라도 수검자의 반응에는 개인의 내적 심리 작동이 반영되기 때문에 객관적 형태로 측정결과가 나오더라도 그 속에는 주관적 속성이 자연히 반영된다. 이러한 개인의 주관성은 반응 당시 개인의 의식적이거나 비의식적인 의도에 따라 최종적으로 반응에 영향을 미치게 된다. 지능검사에서도 개인의 주관적 속성이라 할 수 있는 동기 수준이 영향을 미치며 해당 검사가 측정하고자 한 지적 능력만을 측정할 수는 없다. 그래서 질적으로 명백히 구분되는 객관적 검사는 존재할 수 없고 존재할 것이라는 믿음이 만들어 낸 개념적이고 이상적인 구분인 것이다. 그렇기에 객관적 검사와 주관적 검사로 양분하는 질적 구분 방식은 현실적이지 않은 잘못된 구분법이며 이러한 구분에 따라 주관적 검사를 잘못된 검사라고 비난하는 것 또한 바람직하지 않은 것이다. 오히려 측정 과정에서 검사의 주관성으로 인해 수검자가 반응하는 과정에서 개인의 고유한 패턴이 반영되는데 이러한 정보는 개인을 이해하는 데에 유용한 도움이 되기도 한다. 그렇기에 주관적 검사를 단순히 평가절하하며 배척하는 것은 '객관적 검사'와 '주관적 검사'의 잘못된 검사 구분으로 인한 것이라 할 수 있다.

지금부터 심리검사에 대해 '질적 구분'을 버리고 객관성 또는 주관성을 '양적 수준'으로 구분해 볼 것이다. 객관성은 검사가 지닌 구조화 수준에 따라 달라질 수 있는데, 예를 들어 웩슬러 지능검사는 상당히 높은 수준으로 구조화되어 있는 아주 '높은 수준의 객관성'을 지닌 검사라고 할 수 있다. 심리검사의 측정 과정에는 검사 자극이 가진 속성, 검사지시, 처치-반응과정, 채점, 해석적 가설 등이 포함된다. 각각의 과정마다 구조화 수준을 달리하여 객관성/주관성 수준을 조정할 수가 있다.

첫째, 검사가 가진 자극 속성 자체가 덜 구조화되었을 경우 주관성 수준은 높아진다. 이는 단일 검사 자체가 가진 특징으로도 볼 수 있겠지만 단일 검사 내에 포함된 개별 자극 수준에서도 객관성과 주관성 수준을 다르게 설정할 수도 있다. 보통 언어적 자극을 다루는 검사들은 필연적으로 어느 정도의 주관적 반응을 유발하는데 이는 개인이 살아온 문화적 환경의 영향으로 형성된 개념을 다루기 때문이다. 예를 들어, 지능검사의 소검사 중 기하학적 도형이나 단순 숫자를 다루는 소검사보다 언어적 자극을 다루는 소검사가 개인의 주관적 경험을 더 자극한다. 검사 내의 개별 자극 수준에서 객관성과 주관성의 차이의 예로, 문장완성검사에서 '대개 아버지들이란 ____' → '내 생각에 가끔 아버지는 ____' → '내가 바라기에 아버지는 ____' → '아버지와 나는 ____' 이상의 문항들은 문장에 설정된 주체와 자신의 관여 수준에 따라 객관성 수준이 달라진다. 주제통각검사에서도 1번에서 10번까지 그림은 11번부터 20번까지 그림보다 지각적으로나 상황적으로 좀 더 객관적이며 16번 그림은 어느 그림보다 더 주관적인 자극이다.

둘째, 검사지시로 인한 객관성-주관성 수준의 변화는 수검자가 반응할 수 있는 범위의 제약조건에 따라 달라진다. 지능검사의 지시와 MMPI를 포함한 자기보고식 검사는 합목적적 수행을 요구하고 그에 따라 고정된 반응을 하도록 지시한다. 특히, 지능검사는 연습문제를 제시하는 등 정확한 지시에 따라 수행할 것을 강조하는 검사이다. 이와 함께 로르샤흐 잉크 반점 검사 또한 '무엇을' '어디서' '어떻게' 보았는가를 말하도록 반응 범위를 제약하며 이와 관련된 정보를 진술하지 않을 시 조건에 부합하게 설명하도록 지시한다. 이뿐만 아니라 집-나무-사람 그림검사도 그릴 대상을 설정하고 정해진 '그것'을 그리도록 지시한다. 이러한 지시는 전적으로 주관적인 것이 아닌 특정 수준의 객관성을 갖추고 있는 것이라 할 수 있다.

셋째, 수검자의 '반응과정'은 그 자체로 측정 자료로서 유용한 것인데 반응의 주관성을 없앨 필요도 없으며 완벽히 없애는 것도 불가능하다. 지능검사와 같이 정답을 찾는 검사에서는 주관성이 개입되지 않는 것처럼 보일 수 있지만 사실 정답을 찾아가는 문제해결과정 동안 개인의 독특한 지각, 처리, 개념화, 의사결정을 포함하는 개인의 고유한 심리적 작동이 일어난다. 앞서 지능검사에서 언어적 자극을 다루는 소검사를 예로 들었던 것처럼 같은 언어적 자극을 제시하더라도 최종 반응에는 주관적 속성이 반영되는 경우가 많다. 예를 들어, '나태하다'의 뜻을 묻는 경우(표준발음으로 정확한 전달이 되었음) "애를 지우는 거예요"라고 반응했다면 자신의 실제적 · 잠재적 · 내적경험이 현실적 자극을 왜곡하여 지각 및 처리하게 만든 것이라 볼 수 있다. 그리고 어휘 문제 중 '배추'에 대해 "김장할 때 배추가 있어야지요. 김장 보통 일이 아닌데 선생님 댁은 김장하셨어요?"라고 반응하기도 한다. 이러한 부가적인 농담의 출현이 검사 당시 그 시점에서 수검자의 정보처리, 사고방식, 방어양상 등의 개인적 정보를 담고 있을 수 있다. '투사법을 활용하지 않는 수행검사'들과는 다르게 로르샤흐와 같이 '투사법을 활용한 수행검사'는 반응과정에서 개인의 고유한 반응 방식 및 내용을 의도적으로 유발해 내려는 검사이다.

넷째, 채점 및 해석 방식에서 객관성 수준은 측정결과의 유형에 따라 달라지는데 지능검사, MMPI, 로르샤흐처럼 '숫자'나 '지표' 등의 형태가 될 수 있고 문장완성검사와 같이 '글자'가 될 수도 있으며 그림검사처럼 '그림'이 될 수도 있다. 검사마다 결과의 유형을 정해 두고 있지만, 심리치료 장면에서는 치료적 목적을 위해 평가자의 의도에 따라 측정결과의 유형을 자유롭게 바꾸어 활용하기도 한다. 과거 초기에 그림검사는 지능을 측정하는 목적으로도 사용된 역사가 있으며 당시 그림에 표현된 구성과 구조 그리고 표현방식에 따라 점수를 부여하여 활용하기도 하였다. 여전히 일부 평가 장면의 실무가 중에서는 문장완성검사에서의 반응을 표현된 갈등의 정도에 따라 채점한 양적 점수를 활용하기도 한다. 한편, 해석에서 객관성은 평가 의뢰목적에 따라 달라진다. 신경심리평가 등의 명확한 진단 및 분류가 요구되는 장면에서는 검사결과의 객관적 수치에 기반한 해석이 좀 더 강조되고, 심리치료 장면에서는 치료자가 설정한 치료적 접근 방식에 따라 내담자의 주관적 경험에 초점을 둔 해석이 더 유용할 수 있다. 예를 들어, 지능검사 결과를 활용할 경우 신경심리학적 평가를 위한 목적과는 다르게 결과 수치에 한정하지 않고 반응과정에서의 행동방식에 초점을 두고 치료적 목적의 피드백을 제공할 수도 있다.

그렇다면 객관성/주관성 수준과 투사는 어떻게 관련이 되는가? 분명한 것은 질적 기준으로 투사법 검사를 분류할 수는 없다. 투사

법 검사는 수검자로부터 투사가 일
어날 수 있게끔 검사 자극 속성 및
검사지시를 의도적으로 조정해 둔
검사이다. 이런 점이 '측정방법의 하
나로서 투사법 검사'의 고유한 정
체성이라 할 수 있다. 사실, 의도하

지 않았다 하더라도 반응과정에서 투사가 일어나지 않는 측정 과정
은 없다. 다만, 그 정도의 투사는 평가목적상 무시해도 될 수준의 미
약한 투사인 것이다. 그래서 투사가 유발되도록 의도적으로 장치
해 둔 검사를 '투사법을 활용한 심리검사' 또는 '투사법이 적용된 심
리검사' 등으로 표현하는 것이 적합한 것이며 이를 줄여 '투사법 검
사'로 표현할 수도 있다. 흔히 '투사적 검사'로 부르기도 하는데 이는
'projective'를 '투사적'으로 직역한 것이며 이러한 번역으로 인해 오
랜 시간 동안 객관적 검사와 비교되는 개념으로서 투사적 검사로 인
식하게 만드는 데에 일조하였다. 로르샤흐는 '투사법이 적용된' 또
는 '투사법을 활용한' 검사로서 하나의 고유한 측정방법으로 이해하
는 것이 바람직하다. 그리고 로르샤흐 검사는 수행검사로서 문제해
결 과정 동안 작동되고 발휘되는 수검자의 고유한 반응양상 및 반응
과정에 초점을 두는 측정법이자 심리검사이다.

03

로르샤흐 학습을
위한 기본개념

1 종합체계와 수행평가체계

E xner의 종합체계(Comprehensive System: CS)는 1974년 원
판이 소개된 이후 수차례 수정 및 개정이 되었다. 2006년
Exner가 사망하기 한 해 전 마지막 종합체계의 개정판이 출판되었
다. 길고 긴 로르샤흐 역사의 시간 동안 끈질긴 연구를 통합하여 측
정론적 건전성을 향상시켜 왔으며, 이로부터 실무 영역에서도 CS의
가치를 수용하며 연구적으로나 임상적으로나 유용한 이득을 얻을
수 있었다. 하지만 로르샤흐의 거듭된 발전적 변화 과정에서도 로르
샤흐를 사용하는 데에 무언가가 온전히 채워지지 않고 충분히 해결
되지 않는 부적합한 점이 있었다. 이러한 부적합함이나 부적절함을
CS의 한계로 인식하고 광범위한 변화를 준비하려는 노력이 있었지
만 많은 사용자가 이러한 CS의 한계점을 자신의 평가적 능력으로 보
완하며 사용해 왔다.

CS가 유지되어 온 동안도 많은 비평가가 로르샤흐 활용에 대해
경험적 근거의 부실함을 들어 비판을 해 왔다. 여러 가지 비판에 대
해 로르샤흐 연구회에서도 새로운 변화의 흐름을 가지려고 했지만
로르샤흐의 전통을 유지하려는 분위기 속에서 CS의 대대적인 변화
를 위한 직접적 관여의 결과물은 찾아보기 어려웠다. 하지만 변화
를 위한 지속적인 노력이 있었고 이후 새로운 체계가 탄생하게 된
것이다. 역사의 의미는 미래가 부여하는 것이다. Exner가 사망한 이
후 시점에서는 CS의 고질적 문제들을 있는 그대로 수용하고 재검토
하며 CS에 대해 새로운 접근을 자유롭게 할 수 있는 분위기가 형성

되었다. 마침내 R-PAS 저자인 Joni L. Mihur와 Gregory J. Meyer, Donald J. Viglone, Robert E. Erard, Philip Erdberg, Luciano Giromini는 기존 CS에 대해 광범위하고 체계적인 검토를 진행하였고 2011년에 로르샤흐 수행평가체계(Rorschach Performance Assessment System: R-PAS)가 모습을 드러내게 되었다. 현재 R-PAS는 로르샤흐 사용 영역에서 세계적 흐름으로 자리 잡는 과정에 있지만, 국내에서는 CS를 활용한 심리평가에 친숙하고 여전히 CS의 활용과 관련된 다양한 교육이 개설되고 참고서가 출간되는 상황이다. 국내에서도 R-PAS의 매뉴얼 작업이 진행 중이며 머지않은 시일에 한국어판 매뉴얼이 출간될 계획이 있다. R-PAS가 시대의 흐름이라면 우리가 얼마나 R-PAS에 대해 이해하고 있는지 냉정하게 인식하고 보다 정교해진 새로운 도구에 익숙해지기 위한 노력을 해야만 할 것이다.

새로운 로르샤흐 체계인 R-PAS의 가장 큰 특징은 CS가 가진 여러 한계와 문제점을 다루고 변화시킨 결과물이라는 점이다.

첫째, 방대한 자료를 활용한 메타분석 연구보고서가 있으며 이 경험적 근거가 현재 R-PAS의 근간이 되었다. 이로부터 나타난 획기적인 변화가 바로 로르샤흐로 측정된 결과치, 즉 CS보다 더 탄탄한 경험적 근거를 바탕으로 한 5개 영역의 결과 자료의 구조를 갖추게 된 것이다.

둘째, 세부적이고 정교한 집단 구분으로 광범위한 작업을 하면서 CS보다 더 정확도가 높아진 집단 규준을 갖추게 되었다. 사실, 이후 연구들에서 밝혀지기도 했지만, 실제로 CS는 결과의 의미 수준을 구분 짓는 규준이 촘촘하지 못하여 평범한 경우인데도 병리적 의미가 있는 것으로 과잉해석되는 경향이 있었다.

셋째, 실시방법에서 최적화된 반응 수로 고정하였다. 이는 CS 결과를 사용하기 위해서는 충분한 반응을 얻어야 한다는 실시방법상의 불편감이 있었는데, 이 점을 고려하여 실험 및 통계적 결과에 따라 각 카드당 기본적으로 2개의 반응(수검자가 원한다면 3개 반응도 가능함)을 하도록 제약하게 되었기 때문이다.

넷째, CS에서 기호화 과정은 현실에서 개인의 실제 적응 모습과 불일치하거나 기호화 조건과 어느 정도 일치하면 도매금으로 기호화하기도 했다. 로르샤흐 프로토콜은 수검자가 살아가는 현실의 모습을 정확하게 반영해야 한다는 전제하에 기호화를 해야 하는데 기호화 조건의 성김이 있었지만 보완할 만한 대안을 제시하지 못하고, 울며 겨자 먹기 식의 기호화를 해 온 것도 부정할 수 없다. 기호화 공식은 기호화를 위한 가이드이며 반응과정에서 나타난 실제 수검자의 모습을 고려해야 한다는 원칙을 잊어서는 안 된다. R-PAS에서는 기호화의 불일치를 줄이기 위한 세심한 작업이 이루어졌고 그 결과 CS와 비교해서 기호화 과정에서의 측정자 간 차이를 상당히 줄일 수 있게 되었다. R-PAS 매뉴얼에 실시 전 과정에서 구체적인 지시를 안내하고 있으며 실시과정에서 발생할 수 있는 수검자의 반응에 응대하기 위한 구체적인 안내사항을 포함해 두었다.

다섯째, 정교하게 진행된 여러 연구로부터 다양한 통계적 자료와 경험적 근거를 얻을 수 있었는데 이렇게 마련된 근거로부터 해석의 체계성과 현실적인 설명력이 향상되었다.

R-PAS의 결과 활용에서 눈에 띄는 성과는 다음과 같다. 첫째, 원점수나 비율점수가 아닌 표준점수를 사용하게 되었다. 둘째, 반응과정, 즉 수행과정에서 나타나는 실제 현상에 초점을 두고 해석할 수 있다. '수행과정의 현상'이라는 것은 검사 수행에서 드러난 수검자의 전략이나 고유한 해결방식 또는 오류양상 등의 반응과정에서 나타난 수검자의 실제 반응 행동을 말하는 것이다. 결국 로르샤흐 결과 수치에 집착하는 해석에서 실제 수검자의 반응 행동과 수치의 관련성을 깊이 있게 고려하여 훨씬 더 현실적인 해석이 가능해졌다. R-PAS의 중요 개념은 이후 장에서 자세히 다루고 있다.

R-PAS를 활용한 로르샤흐 검사는 기호화, 채점, 해석을 위해 새로운 실시방법과 기호화 방법 그리고 새롭게 구성된 결과지를 사용한다. 실제 검사 상황에서 수검자의 반응을 기록하는 순간을 제외하면, 모든 과정은 r-pas.org 홈페이지 내에서 작업이 가능하게 되어 있다(자연스러운 진행을 위해서는 충분한 연습이 필요하지만, 실시간 기록도 홈페이지 내에서 처리할 수 있다). 결과지는 크게 다섯 가지로 나눌 수 있는데 R-PAS 기호 계열표(Code Sequence), 프로토콜 수준 결과치(Protocol Level Counts & Calculations), 요약 점수 및 프로파일(Summary Scores and Profiles), 조합점수 산출표(EII-3 and Composite Calculations), 전체 요약 점수표(Summary Scores for All Variables)가 포함된다. '기호 계열표'에는 옵션을 지정하는 방법에 따라 기호만 표시할 수도 있고 '반응 단계'와 '명료화 단계'에서 수검자의 실제 반응 기록을 함께 표시할 수도 있다. '프로토콜 수준 결과치'는 반응 수준에서의 기호를 사용하여 빈도치와 비율점수로 산출한 결과값을 표

로 제시한 것이다. '요약 점수 및 프로파일'은 해석의 핵심 결과로 활용하며 두 개 페이지로 제시된다. 1-페이지에 포함된 변수들은 탄탄한 경험적 근거를 가진 변수로서 '중심이 되는 해석적 가설'을 만드는 자료로 활용한다. 2-페이지에 포함된 변수는 '1-페이지의 자료로 만들어진 가설을 다듬고 보충할 수 있는 변수'로서 앞으로 추가적인 경험적 근거가 요구되지만, 사례에 따라서는 유용한 의미를 추론할 수 있는 변수들을 포함하고 있다. 두 페이지에 포함된 모든 변수는 '수검행동 및 관찰내용' '관여 및 인지적 처리(Engagement and Cognitive Processing)' '지각 및 사고 문제(Perception and Thinking Problems)' '스트레스 및 심리적 불편감(Stress and Distress)' '자기 표상 및 타인 표상(Self and Other Representation)' 등 다섯 개의 영역에 각각 구분되어 있으며 각 페이지의 서로 상응하는 영역에 포함된 변수들을 함께 고려하여 해석적 가설을 만들어 간다. 이상의 결과 제시 방식 및 형식은 앞으로 R-PAS의 결과 처리 방식이 향상되는 것에 따라 달라질 수도 있다. '조합점수 산출표'에는 프로토콜 수준의 변수가 산출된 과정을 보여 주며, '전체 요약점수표'는 R-PAS에서 계산된 모든 변수의 원점수, 백분율, 표준점수를 담은 표를 제시해 둔 결과지이다. 어떤 결과를 활용하느냐에 따라 평가자가 표시할 결과지를 선별하여 표시 및 출력할 수 있다. 이 책에서는 로르샤흐 활용에서 반드시 정확하게 이해해야 할 개념을 정리하는 것에 초점을 두고 있으며 R-PAS의 구체적 활용 및 해석 관련 정보는 R-PAS 매뉴얼 및 관련 서적을 통해 확인할 수 있다.

2 CARD PULL

CARD PULL은 로르샤흐에서 가장 중요한 개념이면서도 적절한 한 단어로 번역하기 가장 어려운 개념이다. 여러 책에서 '카드속성'이나 '자극속성' 등으로 번역되어 있지만, 이 단어들은 CARD PULL의 의미를 모두 담을 수 없다. CARD PULL을 이해하기 위해서는 '로르샤흐 카드'와 상호작용하는 수검자로서 '개인'의 관계를 이해해야 한다. 카드가 수검자에게 어떠한 '경험을 불러일으키거나 이끌어 당기는 현상'을 말하는 것이다. 수검자의 경험은 '경험의 주체로서 개인'이 하는 경험이지만 사실 그러한 개인적 경험이 주체적이지 않고 무언가로부터 경험되어 버린다는 '피동성'을 가진다. 단순히 말하면, 로르샤흐 카드에 대한 수검자의 경험이라는 것은 카드를 만남으로써 '경험하게 되어 버린 것'에 불과하다. 이러한 경험의 피동성과 종속성 자체가 좋고 나쁨의 가치를 갖는 것이 아니고 인간 경험에서 자연스럽게 나타나는 현상이다. 이러한 현상을 설명하는 또 다른 개념인 Evocative는 무엇인가를 환기하게 만든다거나 불러일으킨다는 의미가 있다. CARD PULL이 가진 의미와 마찬가지로, Evocative는 특정 자극과의 상호작용으로 개인이 특정 경험을 하게 된다는 의미에서 같다. CARD PULL은 자극을 주는 대상을 강조하고 있는 반면에 Evocative는 이러한 현상을 강조하고 있는 개념이라 이해할 수 있다.

> **Q 생각 상자**
>
> 경험의 피동성에 대해 깊이 생각해 보길 바랍니다. 나의 '경험'은 주체적일까요? 피동적일까요? 경험의 주체와 경험의 발생 출처를 어떻게 가정하느냐에 따라 우리 경험의 새로운 측면을 이해할 수 있을 것입니다.

로르샤흐 과정에서는 잉크 반점의 CARD PULL이 수검자에게 불러 일으킨 경험이 무엇인지에 관심을 두고 있다.

그렇다면 카드가 개인에게 구체적으로 어떤 경험을 하게 이끌고 있을까? 수검자가 로르샤흐 카드를 만나면서 겪게 되는 경험은 인간이 살아가는 현실 장면에서 겪을 수 있는 일상적인 상황과 유사한 측면이 있다. 인간의 경험이라면 인생에서 새로운 사람을 만나게 되고, 학교에 가야 하고, 직업 생활을 하는 것뿐만 아니라 당장 자격취득을 위해 스펙을 쌓고, 식사 메뉴를 고민하고, 사회적 이슈를 듣게 되고, 좀 더 경제적인 소비를 위해 최저가를 검색하는 등 순간의 모든 것을 포함한다. 실제 상황에서 의식하지 못한 채로 이러한 경험을 매 순간 하게 되는 것처럼 로르샤흐 자극을 만나는 순간에서도 자연스럽고 자동으로 특정 경험을 하게 된다. 10개의 로르샤흐 잉크 반점 자극은 수검자가 만나게 될 '경험환경'이며, 각각 카드는 수검자에게 저마다의 고유한 경험을 불러일으키는 속성을 가지고 있다. 이러한 면에서 CARD PULL을 '카드속성' 또는 '자극속성'이라 할 수 있을 것이다. 그런데 CARD PULL을 카드/자극속성으로 번역할 경우 CARD PULL이 가지고 있는 본질적 현상을 온전히 담아내기에 부족함이 있고 '카드가 가진 속성'만을 의미하는 것으로 단순하게 이해할 가능성이 있다. 이에 반해 '경험 환기' '경험 유발' '이끌어 당김' 등은 비교적 현상을 잘 담아낼 수 있는 용어이지만 직관성이 부족하고 표현상의 어색함이 있기에 CARD PULL을 그대로 사용하는 것을 권장한다. CARD PULL은 특별히 로르샤흐에서 주로 사용하는 개념이지만 특정 자극이 개인에게 특정한 경험을 유발하고 있다는 의미를 공유하는 다른 검사에서도 적용할 수 있을 것이다. CARD PULL 을 일반적으로 '자극속성'이라 바꿔 부를 때도 단순한 자극이 가진 요소나 속성 자체를 말하는 것에 그치지 말고 CARD PULL이 가진 본질적 의미를 상기할 수 있어야 할 것이다.

카드가 가지고 있는 속성에 이끌려 수검자가 특정 경험을 한다는 것이 어떠한 방식으로 실제 삶에서 한 개인의 심리 작동을 추정할 수 있다는 것일까? 인간의 실제 삶의 경험과 로르샤흐 장면의 CARD PULL에 의한 경험이 어떤 관련이 있는지 직관적으로 이해하기 어려울 수 있겠지만 두 가지 상황의 관련성을 이해하는 것은 상당히 중요하다. 우리 인간 존재가 매우 다양한 환경에서 자유롭게 살아가고 있다고 생각할 수도 있겠지만 달리 생각해 보면 그 넓고 다양한 환경 중 아주 제한적이고 극소수의 환경과 관계하며 한평생을 살아가고 있음을 깨달을 수 있을 것이다. 시간적 · 공간적 제약에서 벗어날 수 있는 인간은 없기 때문이다. 당장 하루 동안 또는 일주일, 일 년, 수십 년, 살아온 모든 날을 돌이켜 보더라도 인간이 경험해 온 환경은 무한하지 않았을 것이다. 이 세상에 양적으로 무한히 존재하는 환경이 있다 하더라도 한 개인의 경험은 자신이 살아온 시간 내에서 제한적인 경험에 불과하다. 현재 경험의 총체는 과거 경험의 범위 내로 한정되는 것이다. 이러한 개인이 살아온 다분히 개인적인 경험의 내용은 고유한 가치를 가지고 있지만, 경험의 종류는 인간 삶의 영역에 한정되어 있다. 그렇다 하더라도 아주 개인적이고 문화 특수성이 큰 경험을 제외하면 대부분 인간은 충분히 공유할 만한 경험을 하면서 살아간다. 다양한 경험을 해 본 사람이라 해도 그 다양한 경험은 '인간'으로서 경험할 만한 경험일 뿐이다. 인간종, 다양한 동물 등은 모양이 다양하지만, 서로 다른 나라에서 살고 있더라도 거의 같다고 봐도 무방한 형상의 자연 만물과 소통하며 살아가고 있다. 로르샤흐 잉크 반점에는 이러한 인간 삶에서 경험할 만한 자극의 종류들이 담겨 있다. 그중에서도 가장 흔히 인간상과 동물상을 포함하고 있으며 그 외에도 충분히 경험할 수 있는 반응내용 항목을 포함하고 있다.

로르샤흐가 가진 '수행절차'와 '잉크 반점' 10개는 수검자에게 특정 경험을 이끌어 당긴다고 앞서 설명하였다. 인간이라면 '대부분이 경험할 것이라 예상할 수 있는 경험'에서 '개인의 고유한 경험'의 연속선에서 경험의 질이 달라질 수 있다. 우선, 로르샤흐 잉크 반점에는 누구나 경험할 것이라 예상 가능한 경험을 이끌어 당기는 속성부터 그렇지 않은 속성까지 모두 포함되어 있다. 같은 잉크 반점에서도 누군가는 보편적으로 경험할 것이라 예상되는 경험을 하지만 누군가는 다분히 개인적인 고유한 경험을 할 수 있다. 로르샤흐 절차가 가진 분위기, 카드 실물의 재질, 크기 등부터 각 카드의 순서까지도 CARD PULL이 될 수 있다. 그리고 특정 카드가 가진 반점의 구성이나 위치 등 구조적인 속성일 수도 있고 색감이나 명암 등의 속성일 수도 있으며 단순히 반점이 가진 고유한 형태적 속성이 될 수도 있다.

예를 들어, 낯설고 신기하게 느껴지는 '로르샤흐 검사'의 절차 자체가 특별한 경험을 유발할 수 있다. 시기적 측면에서 보면 I번 카드는 시커먼 데칼코마니 잉크 반점을 처음 직면하게 되는 상황이다.

이러한 '첫 만남' 그리고 '어두운 자극속성'에서는 일반적으로 즐겁고 유쾌한 경험을 하는 경우가 거의 없는데 불쾌한 것까지는 아니라 할지라도 편하게만 느껴지지 않는 또는 다소 언짢은 경험이 이끌릴 수 있을 것이다. 이와 반대로 불편해하지 않고 새로운 경험에 설렘을 느낄 수도 있고 또는 처음으로 실제 잉크 반점을 맞닥뜨리게 된 순간의 가벼운 당황스러움 또는 탐색적 호기심 등이 이끌려 당겨 나올 수도 있다. 수검자의 실제 경험은 내적 경험이기에 외부로 드러나진 않으며 최종적으로 정신적 관리 과정에서 경험 자극의 의미를 부여하여 최종 반응을 하게 된다. 상황에 따라서 최종 반응을 하게 된 과정은 수검자의 표정, 자세, 움직임 등으로 추론할 수도 있다. 현실에서도 마찬가지인데 충분히 예상되는 상황에 당면했다 해도 무언가와 처음 상호작용해야 하는 상황에서는 가벼운 당황스러움, 호기심, 설렘 등의 경험을 할 수 있겠지만 결국 당면 상황에 적응하기 위해 스스로 감정을 가다듬고 상황을 파악하기 위해 이런저런 생각을 해 보는 등의 노력을 하게 될 것이다. 하지만 당면 상황의 자극에 강한 압박감을 느껴 버리면 전반적인 수행 저하가 나타날 수도 있다. 이 모든 경험은 상황이 가진 속성, 즉 CARD PULL에 의해 이끌린 반응이다. I번 카드가 가진 속성뿐만 아니라 10개 각각의 카드가 수검자의 경험을 이끌어 당기는 고유한 속성이 무엇인지를 정확히 알고 있는 것이 중요하다. 무엇보다 CARD PULL은 수검자의 반응을 해석할 때 기본적인 참고기준이 될 것이다.

3 기호와 채점, 점수 그리고 지표와 척도

　로르샤흐 사용에서는 일반적으로 '기호'와 '점수'를 엄격하게 구분하지 않지만 두 개념의 구분이 중요한 때가 종종 있다. 실제로, '기호'와 '점수'를 혼용하는 경우가 흔한데 넓은 의미상 표현으로서 '상징적 표식'을 모두 기호라고 할 수 있다. 로르샤흐 과정에서는 좀 더 구체적이고 분명하게 '기호' 개념을 구분하는데 기호(code)는 검사 상황에서 드러나는 수검자의 언어적 · 비언어적 행동과 상응하는 약속된 표식이다. 모든 기호는 수검자가 반응한 언어적 · 비언어적 행동을 변환시킨 것이기에 기호의 정확한 의미를 이해하기 위해서는 기호가 담고 있는 실제 현상을 정확하게 알아야 한다. 수검자가 보인 실제 수행이 어떤 기호와 변환 가능한지 정확하게 알고서 해당 수행을 기호로 변환시키는 과정을 '기호화(coding)'라고 한다. 만약 현실의 현상을 정확하게 기호화하지 못한다면 그 기호를 사용하는 앞으로의 모든 과정에서 심각한 오류가 생길 것이다. 잘못된 기호화로 시작하여 잘못된 채점이 되고 그렇게 채점된 점수를 사용하여 잘못된 가설을 만들게 되어 실제 수검자의 모습과는 다른 존재를 추론하게 될 것이다.

　기호화의 중요성에 지레 겁을 먹고 어려워하는 학습자가 많다. 하지만 기호화 수행 자체에 집착하지 않고 해당 기호가 어떤 현상을 담고 있는 것인지 이해하려는 것에 좀 더 집중하면 기호가 품은 현실의 모습이 자연히 그려질 것이다. 아무리 정확하게 기호화를 했다 해도 그 기호가 가진 기호화 공식에만 맞춘 것이라면 '가치 없는 깔

끔한 기호화'를 한 것에 불과한 것일 수도 있다.

점수(score)는 숫자의 형태를 가진다. 기호도 숫자의 형태를 가질 수 있지만 로르샤흐의 대부분 기호는 문자이며 점수는 기호들을 셈하여 산출한 숫자 형태를 가진다. 그리고 각 점수에 이름을 부여하여 효율적으로 소통을 할 수 있다. 점수 자체로는 점수의 정체성을 표현할 수 없어서 점수에 특정 이름을 붙이게 된다. 명명된 이름은 보통 문자이며 기호 자체가 점수의 정체를 드러내는 이름이 될 수도 있다. 보통 '기호'의 빈도의 수는 '점수'가 되며 그 '점수'를 이를 때 해당 '기호'는 산출된 점수의 이름이 되기도 한다. 기호들의 빈도를 셈하는 수행을 채점(scoring)이라고 하는데 한글 표기는 '점수화'가 좀 더 적합한 표현인 것 같지만 개념 사용의 친숙성을 고려하여 '채점' 또는 '점수'라 부르는 경우가 많다. CS 결과표 중 '점수 계열표' 또는 '채점 계열표'는 점수들을 반응 순서에 따라 표 형식으로 제시한 결과지이다. 이 채점/점수 계열표에는 수검자가 반응한 모든 기호가 포함되어 있기에 이를 (의미상) '기호화 목록'이라 부르는 것도 가능하다. 이 기호화 목록은 점수 채점을 위한 기초 자료이기도 하며 로르샤흐 실시 시간 및 순서 그리고 자극-반응 상황을 담은 '실제 반응을 정리한 계열표'이기도 하다.

한편, 지표(index)는 특정 현상을 가리키는 표식이다. 대표적인 예로, CS에서 '특수지표(constellation indexes)'가 있는데 해당 지표의 이름만 봐서는 그에 상응하는 현상이 무엇인지 이해하기에 어려움이 있다. 지표의 이름은 특정 현상을 직관적으로 정확하게 떠올리기가 쉬운 것일수록 좋다. 좋은 지표의 이름은 현상의 발생 과정을 쉽게 추론하게 해 주며 그 추론내용이 실제 발생 과정을 담아 '정보 가치'가 높은 것이 좋은 지표 이름이다. 하지만 '특수지표'는 특별한 무언가를 측정한 것이라는 '결과상태'에 초점을 둔 것이라서 지표가 가리키는 실제 현상의 발현 과정을 쉽게 추론하기 어렵다. 그래서 특수점수 이름이 가진 '특수성'에 과도한 의미를 부여하여 해당 지표가 유의한 점수를 보일 때 심리 작동의 병리를 과잉 추정하게 할 위험이 있다. 'Constellation'은 '성운', 즉 '별자리'를 의미하는 것인데 산발한 별들의 위치의 임의적 지점을 묶어 윤곽을 구성한 후 특정 의미를 부여하고 이름을 붙인 것이다. 별자리가 만들어진 과정처럼 '특수점수'도 여러 점수의 의미와 정도를 관련지어 의미를 부여한 지표를 만들고 그에 상응하는 이름을 붙인 것이다(CS의 특수점수는 별자리와는 다르게 임의로 의미를 묶은 것이 아니라 통계적·이론적 근거에 따라 묶은 것이다). '별자리 지표'가 더 기술적인 이름이지만 한글 단어가 가진 의미가 실제 심리적 현상을 직관적으로 전달하기 어려워 '특수지표'라고 차선을 선택했을 수도 있다. 어쨌건 특수점수로 불러온 누적된 소통의 시간이 있기에 특수점수라 부를 수밖에 없다 할지라도 그 지표가 형성된 과정과 절차를 잘 알고 있어야 할 것이다.

마지막으로, '척도'는 특정 현상을 측정하는 기준 또는 눈금 등 규준의 의미를 담고 있다. 척도의 조건은 현상 간의 차이를 확인할 수 있는 등급 또는 범위가 있다는 것이다. CS에서 결과치들은 척도의 역할을 하는 변수도 있지만, 그 규준이 기술통계치를 활용한 기준이라 개인에게 측정한 점수를 특정 표본 내의 대상들과 정밀하게 비교하는 것에는 제한점이 있었다. 반면, R-PAS에서는 경험적으로 반복

검증된 점수들을 중심으로 표준점수를 산출하였고 해당 수검자의 점수가 갖는 개인 간 차이까지 확인할 수 있게 되어 있다. 앞으로 R-PAS의 더 많은 연구가 누적될수록 결과에 포함될 척도의 종류가 추가되거나 정교하게 구분될 가능성이 크다.

R-PAS 결과지 2-페이지에 포함된 척도들은 현재까지는 일관된 결과의 안정성이 다소 부족한 상태이지만 1-페이지에서 설정한 가설을 다듬고 보완하는 것으로 유용한 활용 가치가 있으며 앞으로 진행될 의미 있는 추가 연구의 방향도 제시해 주고 있다.

4 수반성과 순차적 관련성

수반성(contingency)은 '처치-반응' 그리고 '반응-반응'의 인과적 관련성을 의미하며 이러한 반응의 수반성을 분석하는 것은 수행검사의 주요 특징이라 할 수 있다. 로르샤흐 절차에서 나타난 수검자의 모든 반응은 '의도적이고 체계적으로 설정된 검사환경' 내에서 제시된 처치의 결과이다. 그래서 결과를 분석하고 해석하기 위해서는 수검자의 최종 반응이 어떤 처치 또는 자극으로부터 수반된 것인지를 파악해야만 하며 이러한 수반성에 대한 분석은 다양한 결과를 다루는 통합적 해석의 근간이 되는 것이다. 수검자가 최종 반응을 만들어 낸 이유는 하나의 특정 수반성 공식으로 풀어지지 않으며 수검자가 반응한 과정에서 영향을 받은 여러 요인이 관여된 '다중결정적 행동'이라는 것을 잘 알고 있어야 한다. 너무나 다양한 요인이 작용해서 최종 반응에 수반된 자극을 충분히 찾아내지 못할 수도 있고 수검자의 비의식적 과정으로부터 발생한 행동이라 쉽게 파악이 안될 수도 있다. 수반성을 탐색하는 데에 익숙해지는 한 가지 방법은 로르샤흐 과정에서 드러난 수검자의 모든 언어적·비언어적 반응들이 나타나기 전의 주위 환경의 특징과 세심히 비교해 보는 것이다. 이는 다분히 탐색적 가설검증 방식이기에 많은 시간과 수고가 요구되지만, 반드시 거쳐야 할 과정이고 잘 짜인 수반성 탐색 훈련과정을 거치면서 향상될 수 있다.

수반성을 탐색하는 작업은 수검자의 '방어' 그리고 '적응 및 대처' 행동이 유발되는 상황이 어떠한지를 파악할 수 있는 아주 중요한 작업이다. 그리고 '수반성 탐색'이라 개념화하는 것은 특정 행동과 연결된 특정 원인을 탐색하는 '인과론적 탐색'의 의미가 강하다. 하지만 '순차적 관련성(sequence)* 탐색'으로 개념화하는 것은 여러 사건을 한 줄에 꿰어 관여된 현상들을 한꺼번에 통합적으로 살펴보려는 작업임을 강조한다. 다시 말해, 여러 시간의 흐름에서 순차적으로 발생한 현상들의 관련성을 탐색하여 최종 발생한 행동의 의미를 이

---

* Sequence는 흔히 '계열'로 번역되는데 계열은 Sequence 현상의 본질을 충분히 담고 있지 못하여 정확하고 깊은 이해를 다소 어렵게 한다. 왜냐하면 '계열'은 한 줄기의 '시간 선'에 위치한 사건들을 가정하지 않고 각 사건이 가진 '위치/상태 속성' 간의 관련성에 초점이 맞추어져 있기 때문이다. Sequence 현상을 정확히 담아낼 수 있는 용어는 찾기 어려워 이 책에서는 최대한 정확한 의미를 기술할 수 있는 '순차적 관련성'을 제안하고 있다.

해하는 작업이다. 이뿐만 아니라 시간 구조 위에 얹힌 자료를 한꺼번에 통합하여 분석할 수 있게 해 준다. 순차적 관련성 탐색에 활용할 수 있는 재료로서 로르샤흐 결과인 구조변수와 주제 내용 그리고 행동 자료가 있고 로르샤흐 외 다른 검사 자료들도 함께 통합할 수 있다. 이러한 다양한 시간과 다양한 형식의 재료들을 활용하여 서로 간의 관련성을 탐색해 보면서 수검자의 개별 반응마다 담긴 고유한 수검자만의 시나리오를 만들어 낼 수 있을 것이다.

순차적 관련성의 탐색은 마치 나비효과의 처음과 끝을 풀어 이해하고자 하는 노력이면서도 오랜 시간을 쌓아 올린 '탑 쌓기' 과정이라 할 수 있다. 작은 행동들이 모여 하나의 궁극적 행동을 만들어 가는 과정을 통합적으로 이해하려는 수고가 요구된다. 하지만 반응을 위한 전체성의 달성이라는 최종 목적을 위해 '단계적으로 계획한' 주체적인 의도는 '수검자'에게 요구되는 것이 아니다. 고고학자들과 같이 평가자는 수검자의 최종으로 드러낸 반응의 조각을 모아 전체적인 서사를 추론해 나가는 수행을 한다. 아주 드물게 수검자 스스로가 로르샤흐 절차에서 큰 계획을 하여 자신의 모든 반응을 오밀조밀 엮어 내는 사람이 있을 수도 있겠지만 심리평가 수행이 도움을 받고자 하는 '평가 의뢰목적'하에 이루어지는 과정임을 고려해 봤을 때 이러한 반응을 하는 수검자를 만날 가능성은 거의 없다고 볼 수 있다. 즉, '수검자' 스스로가 현재 경험환경 내에서 드러낸 반응이 다음에 올 경험환경을 대비하기 위한 목적을 가지고 한 반응일 가능성은 거의 없다고 본다. 단지 앞선 경험이 현재 당면한 환경에 영향을 미친다는 것을 의미할 뿐이며 현재 경험은 다시 누적되어 이후 경험환경에서 반응에 영향을 미치게 되는 것이다. 당면한 현재 순간의 경험을 위해 사전에 어떠한 계획도 준비도 하지 않을 것이고, 할 수도 없으며, 지금까지의 경험은 단지 앞으로의 상황에 누적된 영향을 미치게 되는 것이다.

　멈추지 않는 시간의 흐름을 살아가고 있기에 앞선 경험은 뒤선 경험에 필연적으로 영향을 미친다. 이 때문에 순차적 관련성의 간격이 보통 시간적 근접성에 수반될 가능성이 크며 어떤 경우에는 아주 성긴 시간 간격을 두고 영향을 미치기도 한다. 예를 들어, I번 카드에서 자극 제시 후 반응이 나타나기까지의 시간(초발 반응시간) 및 반응 소요시간을 30여 초 이상 할애하면서 자신의 경험을 아주 심사숙고하며 검열을 한 뒤 W A o F로 기호화되는 반응을 한 후, II번 카드와 III번 카드 모두 동일 패턴을 보이다가 IV번 카드에서 2초의 초발 반응시간을 가지면서 'W H,Sx – Sy M^a,FD,Y FAB1 PER,MAP,PHR' 반응을 보였다고 가정해 보자. 이 재료들을 다양한 두름으로 여러 가지 묶어 볼 수 있으며, 그중 한 가지의 가능 가설은 I번 카드부터 III번 카드가 가진 CARD PULL에 개인적 경험을 최대한 드러내지 않기 위한 부담이 있었음에도 자신의 경험에 깊이 관여하지 않고 있다가 IV번의 카드가 가진 CARD PULL에서 자신의 경험을 조절하지 못할 정도로 강한 자극을 받아 탈억제된 반응이라는 가설을 세워 볼 수도 있을 것이다. 여기에서는 바로 앞선 III번 카드의 마지막 반응이 IV번 카드의 해당 첫 반응을 만드는 데에 유일한 영향을 미쳤다기보다 장기적으로 부담을 관리하는 데에서 얻게 된 피로감이 적절하게 관리되지 못하여 촉발된 결과라고 볼 수 있다. 결국 IV번 카드의 CARD

PULL로 인해 감당할 수 있는 역치를 넘어서 버렸을 수도 있다. 이 반응은 해당 순간 누적되어 다시 Ⅴ번 카드의 반응에 영향을 미치게 될 것이다.

순차적 관련성의 탐색은 로르샤흐의 모든 반응을 이해하는 데에 필수적이긴 하나 그 순차적 관련성의 정보가 최종적으로 드러난 행동에 적응상 주요 의미를 갖지 못하는 경우도 많다. R-PAS 개념으로 설명해 보면, 기본적으로 검사에 대한 낮은 '관여 수준'을 보이고 단순성 수준이 높고(복잡성 수준이 낮고) 반응 수가 적으며 현실성과 관습성 수준이 높은 반응 경향성은 순차적 관련성 탐색의 가치가 낮다. 결과적으로, 수검자가 특정 한 가지 반응을 하는 과정에서 순차적 관련성은 필연적으로 드러나겠지만 최종 발현된 행동이 주위 환경의 맥락상 너무나 자연스러운 반응일 수도 있으며 이렇다 할 만한 특별한 의미를 부여할 필요가 없을 수도 있다. 이 순차적 관련성을 탐색하는 과정은 절대 단 하나의 공식으로 속단되어서는 안 되며 최종 관심 반응과 관련된 행동 정보, 반응내용 정보, 기타 검사결과 그리고 수검자의 태도를 모두 고려한 통합적 과정이 되어야 할 것이다.

Q 생각 상자

수검자의 반응에 대해 순차적 관련성을 탐색하면서 최종 반응에 개별적 의미를 부여할 수 있는지를 결정하는 것과 '아침에 일어나서 차를 마시고 세수하고 밥을 먹었다'는 일상적인 활동에 특정 의미를 부여할지를 결정하는 것, 이 두 가지 상황을 함께 생각해보세요.
잘못된 방식의 순차적 관련성의 통합은 과잉추정이나 확증편향으로 발전할 수도 있습니다. 순차적 관련성 탐색은 가설 검증적 태도를 갖추고 꾸준한 훈련이 필요합니다.

04

주위환경과의
상호작용

1 주위환경과 자극

로르샤흐에서 '주위환경'은 단순한 자연환경과 같은 일반적인 환경(environment)이나 물리적인 환경(condition) 또는 상황적 환경(circumstance)만을 의미하는 것이 아니라 이를 모두 다 포함할 수 있는 넓은 의미의 개념으로서 '환경(surroundings)'이다. '주위환경'에 대한 정확한 이해는 '경험의 주체로서 개인'에 대한 이해가 선행되어야 한다. surroundings는 무언가의 주위를 둘러싸고(rounding) 있거나 무엇인가의 표면에(sur-) 존재하는 것들을(-s) 현상적으로 표현한 용어이다. 무언가를 둘러싸고 있다면 필연적으로 그 안쪽의 '무언가'를 가정해야 하며 그 무언가가 바로 '경험의 주체로서 개인'이다. '주위환경'은 자신과 상호작용하는 다른 모든 대상이라 할 수도 있고 당면한 상황이나 조건들일 수도 있다. 이러한 대상, 상황, 조건들은 개별 자극의 형태를 띤다.

로르샤흐에서 '주위환경'은 경험의 주체로서 '수검자'와 상호작용하는 총체적인 심리평가 상황을 의미하며 심리평가 상황에는 수검자의 개인 속성, 검사자의 속성, 평가 장면의 물리적 환경, 로르샤흐 절차, 잉크 반점 자극 등을 포함한다. 현실에서는 개인의 실존적 속성이 주위환경의 범위와 양태를 결정한다(개인이 없으면 '없는 개인'이 상대하는 주위환경도 당연히 없다).

주위환경은 두 가지 영역으로 구분할 수 있는데 한 영역은 '외부현실(reality) 환경'이며 또 한 영역은 '내부세계(inner world) 환경'이다. 외부현실 영역에는 물리적 속성이 있는 대상과 상황적 분위기나

Q 생각 상자

모든 존재가 가진 주위환경의 종류는 같습니다. 그렇다면 개인에게 의미 있는 상호작용을 할 가능성이 있는 주위환경의 범위를 생각해 보세요. 자신이 상호작용 가능한 주위환경의 범위는 어떠한가요?

맥락 조건, 상황이 가진 다양한 속성과 같은 자극들이 포함된다. 내부세계 영역에는 개인의 사고를 구성하는 '개념 및 아이디어' 자극과 정서의 재료가 되는 '느낌' 자극이 포함된다. 외부현실에 존재하는 자극들과 내부세계에 존재하는 자극들은 모두 '경험의 주체로서 개인'이 상호작용을 하는 '대상'이며 자극의 형태로 존재하는 것이다. 즉, 이러한 재료들이 담긴 실제적·가상적 공간이 주위환경인 것이다.

주위환경의 범위는 개인이 가진 '심리적 속성'과 개인이 상호작용하는 '환경 조건'에 따라 달라진다. 결정되는 주위환경의 범위를 '자석'의 자성에 영향을 받는 '철가루'로 비유해 볼 수 있는데, 넓은 범위에 흩어져 있는 철가루는 주위환경의 자극과 비유되며 무엇에도 아무런 영향을 받지 않고 떠다니는 자연 상태의 존재라 할 수 있으며, 자석은 그 어느 삶의 순간에 던져진 상태로 살아가고 있는 경험의 주체로서 개인으로 비유될 수 있다. 자연 상태로 흩어져 있는 철가루는 던져진 자석을 둘러싸며 양극의 자성에 따라 적절하고 자연스럽게 힘의 균형을 맞추어 철가루의 위치를 결정하게 된다. 세상에 무한한 자극이 있다 해도 자신이 위치한 지점에서 영향을 주고받을 수 있는 한정된 범위 내에서 개인의 실존을 경험할 수 있는 것이다. 한편, 물리적인 외부현실 영역이 형성되는 것과 같이 심리 내적 영역의 범위 수준이 형성되는 것도 같은 원리에 따른다. 심리 내적 영역에서는 '한정된 자유의지'의 속성을 가지는데 어떤 생각을 해도 되며 어떤 느낌을 느껴도 되지만 개인이 가진 고유한 개인성에 한정된다. 이렇듯 주위환경의 범위는 한 개인의 경험 가능성의 수준에 따라 결정되며 고정된 것이 아닌 개인의 상태 또는 환경의 변화에 따라 실시간으로 끊임없이 변하는 것이다.

로르샤흐 상황이 가진 주위환경에는 로르샤흐 수행과정에서 요구된 과제, 수검자가 인식하고 있는 검사자의 역할, 제시받은 카드와 잉크 반점, CARD PULL, 당시 삶의 사건, 평가 의뢰 맥락 등의 외부현실 자극들이 포함된다. 주어진 로르샤흐 절차 내에서 수검자는 자신이 가진 심리적 능력을 발휘하며 상호작용하면서 이와 동시에 로르샤흐 절차에서 요구받은 자극으로 인해 유발된 생각과 느낌 자극을 경험하게 되는 것이다. 상호작용에서 발휘되는 개인의 심리적 능력은 수검자의 기질, 성격 특성 및 성격 역동, 삶에 대한 요구내용, 신체적 상태, 수검 동기 및 태도, 과거로부터 누적된 경험에 따라 달라지며 최종적으로 '사고할 수 있는 능력'과 '느낌들에 의미를 부여하고 조절하여 표현할 수 있는 능력'으로 드러난다. 반면에 로르샤흐 자극으로 영향받게 되는 내적 경험은 보통 외부현실 차원의 재료로부터 생성되고 확장된 내적 '사고'와 '느낌'이다. 이 모든 구성 재료에 수검자가 부여한 의미를 분석함으로써 수검자가 실제 삶에서 어떻게 적응하고 얼마나 잘 적응하고 있는지를 이해할 수 있게 된다.

검사자는 로르샤흐 절차에서 수검자가 경험하게 될 다양한 주위환경의 조건들에 대해 잘 알고 있어야

생각 상자

로르샤흐 절차가 수검자에게 불러일으키는 경험은 어떤 것일지 생각해 보세요. 그리고 로르샤흐 절차에서 대부분의 사람이 어떻게 경험할지 생각해 보세요.

한다. 이뿐만 아니라 로르샤흐 절차에 포함된 다양한 주위환경의 자극들은 그 자체로서 수검자에게 특정한 반응을 불러일으키는 자극이기 때문에 수검자가 특정 조건과 상호작용하면서 나타낼 만한 특정 반응양상도 숙지하고 있어야 한다. 다시 말해, 수행검사로서 로르샤흐가 수검자에게 불러일으키는 경험이 무엇인지를 정확히 숙지하면서 동시에 대부분 사람은 보편적으로 어떻게 경험하는지를 예상할 수 있어야 한다. 한편, 면담 과정을 거치면서 수검자가 인식하고 있는 평가자에 대한 상이 어떠한지를 살펴봄으로써 수검자의 일반적인 대인관계의 방식을 추론해 볼 수도 있다. 로르샤흐 과정에서 이러한 주위환경의 조건들이 핵심적인 요소가 아닐 수도 있는데, 그렇다 하더라도 본격적인 로르샤흐 절차에서 위협적인 영향을 주지 않도록 주의가 필요하다. 이러한 주위환경은 없앨 수도 없거니와 없애기 위해 부가적인 노력을 할 필요도 없으며 단지 그 영향을 최소화하려는 노력과 함께 그로 인해 발생할 수 있는 반응을 충분히 파악하고 있는 것이 중요하다. 이에 더해, 최근 삶의 사건이나 평가 의뢰 맥락 등 현실 차원의 자극뿐만 아니라 내부세계 자극들도 마찬가지로 없애야 할 것도 아니며 없애려고 한다고 해서 없어질 조건들도 아니다. 특히, 내부세계의 자극들은 로르샤흐 절차에서 수검자가 주관적으로 세상을 경험하는 방식과도 관련되기 때문에 해석의 핵심 재료로 활용할 수 있는 자극이다.

주위환경으로서 로르샤흐 과정이 가진 핵심적인 자극은 로르샤흐 카드와 잉크 반점이며 이 로르샤흐 자극과 상호작용하는 과정에서 수검자가 어떻게 반응하는지에 관심을 둬야 한다. 그래서 로르샤흐에서 주요 주위환경인 각 카드가 가진 잉크 반점의 특징, 즉 로르샤흐 잉크 반점에 담긴 자극의 특징을 정확하게 이해하는 것이 중요한 것이다. 수검자는 '로르샤흐 절차가 지닌 다양한 주위환경'과 '개인이 가진 내적 주위환경'을 상대하며 자신이 요구받은 수행을 잘 해 내야 할 의무를 갖고 있다. 구체적으로 수검자가 '요구받은 수행'은 당면한 검사환경 및 검사 자극들과 상호작용하면서 겪게 될 심리적 경험을 '무엇'으로, '어떻게' '어디에서' 보았는지를 논리적이고 조리 있게 검사자에게 설명해 주는 것이다.

주위환경과 유사한 개념 중 '경험환경'이 있는데 이는 경험의 주체로서 개인의 관점에서 바라보는 주위환경을 의미하며 동시에 최종적으로 경험된 환경의 범위를 의미하기도 한다. 현실의 방대한 범위의 주위환경 영역에서도 실제로 개인이 접촉 가능한 자극에 따라 결정된 '실제 경험 가능한 범위의 주위환경'인 것이다. 로르샤흐 절차에서 주위환경의 범위는 다분히 로르샤흐 카드와 잉크 반점으로 제한되며 수검자의 선택과는 관계없이 일방적으로 제시되는, 즉 경험해야 하고 경험 가능한 범위의 제한된 환경이다. 우리 인간의 삶에서도 매일 같이 선택의 자유는 있지만, 선택의 기준은 이미 당면한 환경 범위 내에서 설정된다. 가정에서 가족들과 상호작용하고 사회적 시스템에 따라 움직이며 타인들과 관계를 형성하고 유지하는 상황 모두가 인간 삶이 가진 제한된 경험환경인 것이다.

2 경험

경험(experience)은 체험과는 다르다. 경험은 일상적으로 체험을 의미하는 경우가 많지만, 체험은 감각기관으로 정보를 얻게 되는 행위 또는 현상을 의미한다. 경험은 이러한 감각기관을 통해 얻게 되는 현상을 의미하는 것을 넘어 개인의 사고와 느낌을 알아차리는 것까지 포함하는 개념이다. 외부현실의 자극들을 감각할 수도 있고 직관적으로 알아차릴 수도 있으며 자신이 생각하고 있는 '사고내용'을 인식할 수 있고 '느낌'을 인식할 수도 있다. 이 모든 알아차림을 경험이라고 할 수 있는데, '외부현실과 내부세계에서 자극과 경험의 주체 간의 상호작용이 일어나는 순간, 즉 내/외부 자극의 존재를 알아차리는 것'이다. 사고의 유형도 느낌의 유형도 아닌 '직감'과 같은 직관적 경험을 제외하면 일반적으로 '경험'은 해당 경험의 주체로서 개인이 사고하고 느끼는 것으로 인식된다. 즉, 주체적으로 경험하거나 경험이 되고 있다는 것은 경험 자극에 대해 사고하거나 느끼고 있다는 것이다. 다시 말해, 사고와 느낌이 경험의 증거가 될 수 있으며 주체적으로 경험을 위해 사용할 수 있는 도구나 방식이기도 하다.

Q 생각 상자

주위환경을 경험하는 방법은 다양합니다. 기본적으로 자극에 대한 '생각'과 '느낌'으로 경험하게 되는데, 개인이 생각하고 느낄 수 있는 능력을 발휘할 수 없다면 어떻게 자극을 경험할 수 있을까요? 사고와 느낌의 유형이 아닌 경험의 가치는 어떻게 이해할 수 있을까요?

대부분의 사람이 일상적이고 당연하게 경험하는 자극을 누군가는 경험하지 않거나 경험하지 못할 수도 있다. 경험이 어려운 이유는 외부현실의 속성으로부터 발생한 것일 수도 있고 개인적 속성으로부터 발생한 것일 수도 있는데 예를 들어, 여러분 앞으로 달려오는 자동차가 있다면 위협적인 상황이기에 웬만해서는 '경험'하겠지만 누군가는 자동차에 적절한 주의를 두지 못하여 사고를 당할 수도 있다. 또는 자동차에 시선이 고정되어 있으나 개인적 고민거리에 압도되어 달려오는 자동차가 아무런 자극의 가치를 갖지 못해 가만히 선 채로 사고를 당할 수도 있다.

　최소한의 적응을 위한 경험 수준은 주위환경이 요구하는 수준에 적합한 정도의 자극 경험이다. 그 이상의 경험은 정신병리의 재료가 되거나 성장의 재료가 될 수도 있다. 높은 수준의 경험이 정신병리의 재료로 쓰이게 되는 경우는 외부현실의 압도적인 스트레스, 통제되지 않게 일어나는 사고나 느낌과 관련이 있다. 반면에 성장의 재료로 쓰이는 경우는 정서적 자극에 함몰되거나 과잉억제하지 않고 설정된 목표를 위해 외부현실에서 관련 자극들을 추구하고 그로부터 생산적 사고를 하는 것과 관련된다. 두 경우 모두 경험의 수준이 상당히 높다고 할 수 있다. 한편, 경험환경의 범위, 종류와 양은 매 순간 처한 현실적 상황에 따라 결정된다. 콩나물시루 같은 지하철 안, 끝도 없이 펼쳐진 초원, 자격시험을 응시하는 시험장, 적당히 소란스러운 카페 공간, 불편한 사람과의 식사 자리 등 다양한 삶의 장면마다 적응을 위한 최소한의 경험 범위는 달라지고 해당 환경에서 요구되는 적응 행동의 종류와 양도 달라지는 것이다.

　로르샤흐 절차에서 수검자의 적절한 경험 수준 및 가치는 잉크 반점에서 무엇인가 봐야 하는 현실적 경험환경을 얼마나 정확하게 알아차리며 그 자극들에 대해 사고하고 느낌을 만들며 어떻게 조절하는지를 검토하는 것으로 추론할 수 있다. 현실에서 경험도 마찬가지로 개인이 당면한 상황을 얼마나 잘 알아차리고 그 상황에 대해 얼마나 적절

히 사고하고 느끼는지가 적응에 큰 영향을 미친다.

3 자동성과 자율성

수검자가 심리평가를 받게 된 배경은 저마다 다르지만, 평가절차에 들어오는 순간 불가피한 피동성을 갖게 된다. 그러한 이유 중에서는 자신을 이해하고 싶은 동기가 있어서일 수도 있고 부모님이나 지인의 강요 및 권유로 평가 장면에 오게 된 것일 수도 있다. 자발적인 의도로 평가 장면을 찾았다 하더라도 로르샤흐를 포함한 대부분의 심리검사 상황은 검사자의 지시에 따른 수행을 해야만 한다. 예를 들어, '기대'와 '포기'와 같은 단어들의 공통점을 말해야 할 수도 있고, 이상한 그림이 무엇인지 말해 달라는 지시에 답해야 하기도 하며, 그림을 그리라는 지시에 따라 그림을 그려야 할 때도 있다. 인간이 실제 삶에서 적응하는 모습도 이와 마찬가지다. 인간으로 태어나 지금까지 생존하고 있다면 생물학적·사회적·심리적 욕구 및 요구를 해결해 왔다는 뜻이다. 배고픔에서 벗어나기 위해 음식을 먹

어야 하고 맡은 직업 및 학업을 해야만 하며 개인적으로 원하는 삶을 위해 취미생활을 하거나 공부도 하면서 나름의 전략을 터득해 나간다. 개인마다 다양한 형태의 행동이 나타나지만 당면한 주위환경의 요구에 대한 의무 행동이기도 하며 스스로가 설정한 목표를 이루기 위한 목적지향적 행동이라는 점에서 같다.

　로르샤흐 절차에서는 검사자가 수검자에게 '잉크 반점의 어느 영역에서 어떠한 점 때문에 무엇을 보았는지 말해 달라'는 일방적인 지시를 하고 수검자는 이러한 지시에 합당한 반응을 해야만 한다. 개인의 평가 맥락에 따라 수검자가 로르샤흐 절차에 임하는 태도가 달라지며 이러한 태도는 반응의 질에 지대한 영향을 미치게 된다. 검사자에게 자신의 마음을 거리낌 없이 보여 주려고 하고 기꺼이 협조하고자 하는 기본적인 태도나 의지가 있더라도 평가 장면에 오게 된 계기나 당면 환경의 요구에 따라 수검 태도는 쉽게 영향을 받을 수 있다. 현실 삶에서 살아남기 위해 항상 자신의 의지로만 행동할 수는 없을 것이다. 어떤 상황은 웬만하면 겪지 않길 바라고 어떤 상황은 하기 싫지만 어쩔 수 없이 감당해야만 하기도 한다. 마찬가지로, 로르샤흐 상황에서도 분명하지 않은 장면에서 분명한 답을 만들어 내야 한다는 부담을 느끼면서도 스스로 경험한 것에 대해 분명한 의사결정을 내린 후 검사자에게 답변을 해 줘야 하는 상황이다.

　인간은 모호한 환경에 당면했을 때 주위환경이 요구하는 조건에 최대한 부합하도록 대처해야 적응에 도움이 되는데 이때 개인은 '습관적이고 자동으로' 자신이 가장 친숙한 행동을 하게 될 수도 있고 '자율적이고 주체적인' 행동을 보일 수도 있다. 자동적인 반응 경향은 비의식적이기도 하며 반사적인 특징을 보이는데 이 경우는 당면한 상황의 자극속성 때문에 유발된 반응일 가능성이 크다. 이러한 CARD PULL로 나타난 반응은 충분히 예상되는 반응이며 습관적이고 자동적인 반응이다. 자동으로 이끌린 반응은 수검자 스스로가 해당 반응 후의 결과를 예상하고 대비한 것이 아니라서 당면한 상황 조건에 따라 적응에 도움이 될 수도 있고 그렇지 않을 수도 있다. 오랜 시간에 걸쳐 특정 행동이 반복적으로 도움이 되는 결과를 얻게 되었기 때문에 자동화된 행동으로 남아 있는 것이다. 그 자동화된 행동이 인간 삶에서 보편적이고 일반적인 상황에서 충분히 예상 가능한 반응이라면 적응에 효율적으로 도움이 되지만 개별적이고 독특한 상황에서 습관화된 반응은 일반적인 인간 적응 장면에서는 유용하지 못할 가능성이 커진다. 예를 들어, 평소와 다른 돌발 상황에서는 그 상황과 관련된 다양한 자극들을 참조하여 그 순간 가장 적합하고 합리적인 의사결정을 하고 행동해야만 만족스러운 결과를 얻을 수가 있다. 돌발 상황에서 친숙하고 자동으로 반응한 것은 절대적으로 적응을 해친다는 게 아니라 충분히 검토하거나 통제된 것이 아니라서 반응으로 인한 결과의 예측 불가능성이 커진다는 것을 말한다. 자동적 반응이 적응 순간에 빠르게 대응할 수 있다는 것은 틀림없지만 고려해야 할 정보의 양이 많거나 복잡한 의사결정이 필요한 상황에서는 피상적이고 순박한 반응이 되어 적응성이 떨어질 수 있다. 이러한 '반응의 자동성'은 로르샤흐 절차에서도 같은 적응상의 가치를 가진다. 자동적 반응은 반응속도가 빠르며 흔히 지각 가능한 대상을 보고 두드러진 자극속성만을 활용하여 손쉽게 반응하려는 경향으로 나타난다. 이러한 높은 자동성 경향은 개인이 당면한 현실 상황에서 도움이 될 수도 있고 그렇지 못할 수도 있기에 개인력을 면밀하게 검토하여 자동성의 가치를 평가해 봐야 할 것이다.

반대로, 현출(顯出)성 높은 자극속성과 접촉하면서도 즉각적으로 반응하지 않고 해당 속성과 관련지어 볼 만한 주위환경의 다른 자극들을 함께 고려하여 통합적으로 경험할 수도 있다. 그리고 자극속성에 의해 일차적으로 유발된 내적 경험을 하였다 하더라도 그 경험을 다듬고 다양한 의미를 부여하여 다양한 관점을 고려한 최종결정을 내릴 수도 있다. 이렇게 통합적이고 복잡한 과정을 거친 반응을 '자율적 반응'이라 할 수 있다. 자율성이 높은 반응은 경험의 순간과 그 경험에 의미를 부여하는 과정에 주체적인 노력을 한 반응이며 잘 통제되고 계획된 반응이라 할 수 있다. 자극과 접촉이 일어나는 그 순간 즉각적으로 반응해야 하는 상황에서는 자동적 반응이 훨씬 빠르고 효율적일 수도 있지만, 자율적 반응도 꾸준히 전략을 습득하고 반복적인 훈련을 통해서 충분히 기민해질 수 있다. 자율적 반응의 가치는 자극과의 접촉 경험을 자신만의 개인적 경험으로 채색할 수 있다는 것이다. 훨씬 자신다운 반응방식이라 할 수 있다. 로르샤흐에서 자율성이 높은 반응은 자신의 성격적 기능이 많이 관여된 반응이며 그만큼 개인의 투사내용이 반영될 가능성이 큰 반응이다.

수검자의 반응을 자동성과 자율성을 기준으로 천편일률적인 해석을 할 수는 없으며 개인이 살아가고 있는 적응 장면에서 실제 행동을 참조하여 이해해야 할 것이다. 예를 들어, 현실 삶에서 수검자의 실제 경험과 행동에 대해 평가자는 공감의 방향을 달리 설정할 수도 있을 것이고, 수용해야 할 행동인지 아니면 교육이 필요한 행동인지를 결정하는 데에도 도움이 될 수 있다. 자동적 반응패턴이 만들어지게 된 삶의 과정을 분석해 볼 수도 있고 좀 더 계획적이고 심사숙고를 통한 의사결정을 위해 적용해 볼 수 있는 전략을 함께 찾아볼 수도 있을 것이다.

4 성격과 성격적 안정성

성격(personality)은 심리학 개념 중에서도 상당히 복잡한 구성개념 중 하나이며 특정한 형태의 구성요소라거나 개인에게서 드러나는 특정한 하나의 현상을 말하는 것이 아니다. 넓은 의미로는 한 개인이 가진 고유한 개인성을 뜻하기도 하며 개인이 발휘하는 적응 능력 및 기능 또는 적응방식을 의미한다. 현재까지 알려진 성격에 대한 여러 정의가 공유하고 있는 특성은 타인과 구별되는 '개인의 전체성'을 가진다는 것이다. 성격은 단일한 특정 심리적 형태를 뜻하는 것이 아니라 한 개인, 즉 '전체적인 심리적 복합체' 또는 '기능의 복합체'라 할 수 있으며 성격 자체가 개인의 '정체성'이 되기도 한다. 이뿐만 아니라 성격은 개인의 독특한 속성(character)이나 비교적 안정적으로 유지되고 있는 개인의 기질(temperament), 또는 고유한 반응방식 및 반응유형(type) 등을 아우르는 전체적인 심리구조 및 심리적 기능으로 볼 수 있다. 다양한 성격의 정의가 공유하는 또 다른 특성은 성격이 '독특성'과 '안정성'을 갖고 있다는 것이다. 개인이 아닌 다른 대상과는 구별될 수 있는 자신만의 고유한 특성을 가지면서 그 특성이 안정적인 상태를 유지하려는 경향을 보인다. '안정성(stability)'은 성격이 변치 않는 개인의 특성이라는 의미가 아니라 '시간이나 상황에서 충분히 예상 가능한 특성'이라는 것을 강조한다. 순간순간 급변하는 특성이 하나의 패턴으로 나타날 경우, 급변하는 특성 자체가 안정적이라고 표현할 수 있다. 성격은 안정적인 특성이면서도 경험을 통해 변화될 수 있는 특징을 갖는다. 안정성을 가진 성격적 특성이 특정 경험을 통해 새로운 방식으로 적응하게 되는 경우인데, 특정 경험의 예로는 개인의 삶에서 의미 있는 경험, 재난 및 외상적 사건, 내적 성찰, 전문적인 심리치료 등이 있을 수 있다. 이상의 특성을 요약해 보면, 성격은 안정적이고 전체성을 가진 개인만의 고유한 특성이라 할 수 있으며 이러한 성격은 주위환경과의 상호작용의 결과로 변화할 수 있다.

좀 더 살펴보면, 성격은 개인이 주위환경과 상호작용을 하는 과정에서 드러나는 총체적인 심리기능이다. 성격이 개인의 정체성이기도 하지만 주위환경과 상호작용을 하는 데에 쓰이는 적응의 도구이자 주위환경을 경험하고 표현하는 방식이기도 하다. 로르샤흐에서는 특히 이러한 적응의 도구 및 방식으로서 성격을 가정하는데 성격의 기능에 초점을 두면 성격이 얼마나 건강한지를 평가해 볼 수도 있고 주위환경과 상호작용 과정에서 개인의 적응유형 또는 선호유형을 이해하는 데에 도움이 된다. 성격이 잘 기능한다는 것은 적응에 도움이 되는 방향으로 문제해결 및 의사결정이 가능하다는 것을 의미한다. 구체적으로 살펴보면, 개인이 가진 성격의 핵심적 도구는

'사고하는 능력'과 '느낌을 느끼고 표현할 수 있는 능력' 두 가지를 포함하며 이러한 사고하고 느낀 것을 외부현실로 '행동할 수 있는 능력'을 포함할 수 있다. 이러한 '생각'과 '느낌'의 도구를 가지고 주위환경의 자극들을 인식하기도 하며 인식된 자극들을 적절한 방식으로 '표현(행동)'하는 것이 성격이다. '경험'과 '표현' 그리고 '해결 수행(행동)'은 오랜 시간에 걸쳐 학습되어 현재 순간의 적응 장면에서도 일관되고 안정적인 경험과 표현의 방식으로 드러난다.

　로르샤흐에서 성격평가의 핵심은 생각하고 느끼며 이를 표현할 수 있는 능력을 측정하고 평가하는 데에 있다. 생각하는 힘(즉, 사고력)과 정서적 자극에서 정서를 느끼고 표현하는 힘(즉, 정서조절능력)이 충분할 때 성격이 강건하다고 볼 수 있고, 이러한 사고와 정서조절의 방식이 안정적인 상호작용의 방식으로 자리 잡은 것을 성격유형이라 할 수 있다. 성격의 힘은 심리적 적응력으로서 경험 자극에 대해 생각하고 느끼고 표현하는 문제해결 능력이기도 하다. 이러한 심리적 능력의 총량은 CS와 R-PAS 각각에서 EA 또는 MC에 반영되고 성격유형은 EBper 또는 M/MC를 참조하여 추론해 볼 수 있다. 로르샤흐 지표에서 성격이 강건하다고 나타난 것이 현실에서 건강하게 적응한다는 것을 직접 설명하지 않는다. 다만, 발휘 가능한 잠재적인 힘이 있음을 시사하는 것이다. 강건한 성격이 실제 현실에서 충분히 발휘되고 있는 경우라면, EB style, M/MC를 고려하여 성격적 힘

Q 생각 상자

종합체계에서 EB와 EBper는 삭제되고 R-PAS에서 M/MC로 대체되었습니다. EB와 EBper 그리고 M/MC 각각의 해석적 가설을 생각해 보세요.
그리고 EB와 EBper가 삭제된 이유를 추론해 보세요.

4. 성격과 성격적 안정성

의 균형에 따라 적응적 가치를 검증해야 할 것이다. 성격유형은 그 자체로서 '좋음'과 '나쁨'으로 구분할 수 없으며 개인이 어떤 상황에서 살아가고 있느냐에 따라 적응적인 성격으로 인정될 수도 있고 부적응적인 성격으로 비칠 수도 있다.

CS에서 성격의 유형은 주위환경을 경험하고 표현하는 방식의 차이로 구분된다. '내향형'과 '외향형' 그리고 '양향형'이 기본적으로 구분되며, 주위환경과 상호작용하려는 노력을 회피하려거나 상호작용에 대한 태도나 동기를 가지지 않으려는 '회피형'을 포함한다. 회피형은 자신의 성격 기능을 상호작용 상황에서 충분히 드러내지 않은 이유가 상황적 태도로 인한 것일 수도 있기에 회피 경향 자체를 개인의 성격유형이라 보긴 어렵지만 이러한 회피적 경향이 오랜 시간 안정적으로 유지되어 온 것이라면 고유한 성격유형으로 이해할 수도 있다.

성격유형은 옳고 그름이 없으며 주위환경과 상호작용의 질에 따라 그 가치가 결정된다. 전반적으로 만연된 내향형과 외향형은 주위환경의 적응 요구 수준이 낮은 상황에서도 고집스럽고 경직된 상호작용의 모습으로 드러날 수 있으나 반대로 주위환경의 요구 수준이 상당히 높은 적응 상황이라면 추진력 있고 대범한 사람으로 드러날 수 있다. 보편적인 인간 삶에서 겪게 되는 스트레스 수준은 극단적이기보다 적절한 범위에 속하기 때문에 일반적으로 만연된 성격유형은 적응적인 상호작용을 해치는 경향이 있으며, 특히 대인관계 상황에서 문제를 겪게 될 가능성이 크다. 보통 주위 사람들이 이들의 경험과 표현방식에 맞춰 주게 되며 만약 주위 사람들이 자신의 성격에 맞춰 주지 못할 때는 자신의 방식을 강요하거나 그 상황 자체를 거부하고 관계를 단절하는 모습을 보일 수도 있다.

성격의 힘은 주위환경과 상호작용의 생산성을 높여 주는 잠재적인 개인적 적응력과 관련이 깊으며 성격의 균형은 상호작용의 방식에서 건강성과 더 관련이 깊다. 한편, 내향형과 외향형의 균형이 어느 한쪽으로 안정성을 가지지 못하는 경우 다양한 주위환경에서 일관적이고 안정적인 의사결정 및 문제해결을 어려워하며 매 상황에서 정서적 경험이 문제해결을 방해하기도 한다. 이러한 '양향형'은 주위환경의 요구에 대해 주체적인 결정을 하지 못하고 다양한 속성의 자극에 쉽게 영향을 받고 신경증적 문제를 발생시킬 가능성이 크다. 하지만 실제 삶에서 성취해 온 결과물들이 양적으로나 질적으로 양호하고 현재 적응 상황에서 맡은 역할을 잘 수행하고 있는 '양향형'의 사람들은 자신의 능력을 적재적소에 발휘하며 상당 수준의 삶의 에너지를 사용하고 있는 사람일 수도 있다.

Q 생각 상자

로르샤흐에서 설명하고 있는 적응적인 성격유형과 자신의 성격유형을 비교해 보세요.

안정적인 성격은 충분한 성격적 힘이 발휘된다는 것(주위환경과 상호작용에서 충분한 사고와 느낌을 만들어 내고 사용할 수 있다는 것)과 성격의 균형이 적절하게 잡혀 있다는 것(당면 상황에서 적절한 방식으로 사고하고 느낌을 조절할 수 있다는 것)을 의미한다. 적응을 위해서는 자신이 가진 성격적 힘을 현실 장면에 드러내야 하고 그 방식 또한 생산적이고 문제해결에 도움이 되는 방식으로 발휘해야 할 것이다. 결국 성격의 건강성은 적응 요구를 해결하는 데에 발생하는 스트레스를 관리할 수 있는 핵심요소이며 자신의 성격 기능을 문제해결에 적절히 그리고 충분히 써 먹고 있다는 것을 의미한다. 반대로, 건강하지 못한 성격의 발휘는 스트레스를 적절히 관리하지 못하여 적응상 문제를 발생시키게 되는 것이다.

5 스트레스

스트레스 개념을 정확하게 이해하지 않고서는 로르샤흐 결과를 정확하게 해석한다는 것은 불가능에 가깝다. 일상적인 스트레스 개념은 다분히 부정적인 경험을 의미하는 경우가 많은데 일상적 개념으로 이해하는 것만으로는 스트레스의 본질을 제대로 이해하기 어렵다. '스트레스'의 사전적 의미를 안다고 해서 스트레스의 본질을 안다고 할 수는 없을 것이다. 스트레스는 로르샤흐의 핵심개념이며 개인의 총체적 적응력과 적응방식, 스트레스 취약성의 양태, 성격유형 등과 관련될 수 있는 아주 광범위하고 복합적인 개념이다. 로르샤흐에서는 스트레스가 일상적으로 심리적 불편감을 의미하기보다 더 근본적인 의미로서 '주관적인 심리적 경험'을 의미한다. 부정적 의미로 스트레스를 받는다는 것은 복잡한 내적 과정을 거쳐 최종적으로 경험하는 주관적인 심리적 불편감을 느끼고 있다는 것이며 내부환경에서의 불안을 최소화하지 못한 결과라 할 수 있다. 스트레스 경험은 주위환경에 있는 스트레스 요인과 접촉한 결과로서 주관적 '관념'과 '느낌'의 형태로 경험된다. 이러한 스트레스의 실제적 인식

방식으로서 관념과 느낌을 양적·질적으로 적절하게 처리하고 조절해 낼 수 있다면 심리적 불편감을 최소화할 수 있다.

스트레스는 삶에 대한 개인의 고유한 경험이자 개인이 살고 있다는 주관적 경험이고 증거이기도 하다. 스트레스를 경험할 주체가 없다는 것은 죽음을 의미하기에 당연히 스트레스 경험 또한 없다. 생물학적으로 살아 있는 존재에게 스트레스를 없애는 것은 목적이 아니며 살아 있는 한 적응에 도움 되는 방식으로 적절히 관리하는 것이 목적이다. 마치 에스컬레이터를 역방향으로 걸어가는 것과 같이 인간의 삶 또한 시간의 흐름에 맡겨 눈만 끔벅거린다고 생존할 수 있는 게 아니다. 적어도 시간의 속도에 맞추어 현재 삶을 유지할 수 있는 속도로 걸을 때 흘러가는 시간에 휩쓸려 가지 않을 수 있는 것이다. 현실 차원을 살아가는 인간종으로 살아가고 있기에, 개인이 타고난 가정의 사연 때문에, 또는 개인적 외상 경험 등 때문에 그 삶의 순간에 특히 더 빠른 속도의 걸음이 필요할 수도 있는데 이 경우 부지런히 걸음을 옮겨야만 겨우 현재의 위치에 머무를 수 있게 된다. 원하지 않았고 예상하지도 못했던 압도적인 삶의 경험을 하게 되는 상황에서는 스스로 전력으로 달려가며 아무리 발버둥 쳐도 한 치 앞으로 나아가지 못할 수도 있다.

다행인 것은 보편적 인간의 삶에서는 한 개체가 생애 초기 때부터 성인이 될 때까지 비교적 안전한 환경에 머물 수 있는 사회적 테두리에서 살아가게 된다. 이러한 보편적인 과정에서 발달단계마다 개인이 감당 가능한 정도의 적응 요구에 대처하는 방법을 반복 학습할 기회를 가질 수 있다. 삶의 보편적 스트레스를 적절히 해결할 수 있는 능력을 갖추게 된다는 것이다. 하지만 살아오는 동안 평범하고 보편적인 경험을 하지 못한 개인은 장차 겪게 될 적응 상황에서 적절한 대처방법을 알지 못하여 적응상 문제를 겪게 될 가능성이 커진다. '경험의 결핍을 인식하는 정도'나 '결핍의 종류'는 개인마다 다르며 낮은 지적 능력, 신체적 장애나 나약한 기질 또는 허약한 체력에 따라 달라질 수 있고 부모의 고약한 양육이나 가정의 구조적 · 경제적 요인 등의 좋지 못했던 가족 상황, 양적-질적으로 빈약한 또래관계, 사회적/자연적 재난 또는 심리적 외상 경험 등에 영향을 받을 수 있다. 만약 이러한 경험이 많아지면 향후 적응해야 할 상황에서 정서적 불안이 쉽게 조성되어 스트레스에 대한 취약성이 높아질 수도 있다. 반면, 흔하지 않지만 이러한 경험의 결핍이 오히려 더 견고한 스트레스 내성을 갖추게 할 수 있는데 대처와 적응 기술의 다양성을 갖는 기회가 될 수도 있다. 심지어 현실적이지 못하고 경직된 성격적 문제와 닿아 있는 부적응적 성격 특성이 보이는 경우라도 스트레스에 대한 내성이 강하다면 주위 사람이나 상황에서 부적절한 모습을 보일 수는 있으나 개인의 적응과 생존에는 큰 이득이 있다.

앞서 스트레스는 없애는 것이 목적이 아니며 쉽게 없앨 수도 없는 것이며 없어져야 할 것만도 아니라고 설명했다. 스트레스는 건강을 위해 또는 자기실현을 위해 운동하는 사람이나 전문성을 향상하기 위해 열심히 공부하는 사람 등 자신의 성장 목표를 위해 도전하는 사람이 경험하는 것이기도 하다. 이러한 스트레스는 단순히 불편하고 불쾌하고 부정적인 경험이 아닌 복잡하고 희망찬 경험이며 기꺼이 참을 수 있는 성장의 고통이면서 그 시간을 견딘 후 찾아오는 절정경험은 오히려 큰 강화물이 된다. 이들에게 스트레스는 위로받고 실제적인 힘을 덜어 준다고 해서 큰 의미가 없으며, 결국 자신이 원하는 목표를 달성해야 해소되는 것이다. 자신의 목표를 위해 노력하는 사람에게 그만하라거나 충분히 했다거나 호들갑 떤다거나 뭐 그리 열심히 살려고 하느냐 등의 말은 오히려 그에 반향(反響)적 태도를 갖추게 하면서 개인적 가치에 더욱더 몰입하도록 만들 수도 있다. 이 경우 스트레스는 그 행위 자체가 자신다운 순간을 살아가는 의미가 된다. 로르샤흐에서는 생존을 위해 해결해야만 할 스트레스와 자신의 성장을 위해 노력하는 과정에서 생기는 스트레스 그리고 살고 있기에 필연적으로 발생하는 스트레스를 다면적으로 고려하고 있다.

로르샤흐에서 제일 먼저 고려해야 할 것은 '실제 삶에서의 적응하는 자신'과 '자신을 둘러싼 주위환경의 적응 요구' 간 상호작용의 모습이다. 적응 요구에 대한 반응형태는 오랜 시간 동안 반복되거나 강력한 경험으로 형성된 것이며 이후 삶에서 자동으로 작동되는 것이다. 그래서 스트레스에 대한 반응은 비의식적인 자동성과 의식적인 자율성을 함께 가지게 된다. 적응 요구를 반영하는 스트레스는 적응을 위해 반드시 해결해야 할 의무적 속성을 가진 스트레스이다. 이러한 스트레스는 심리적 불편감으로 인식되며 심리적 불편감에 관여한 '사고'와 '느낌'은 현실 적응을 위해서 반드시 처리해야 할 재료인 것이다. 이러한 스트레스의 양태로

Q 생각 상자

현재 자신이 경험하고 있는 스트레스의 양태를 분석해 보세요. 특정 스트레스가 한 가지가 아니라 여러 가지 스트레스가 합쳐져 있는 것인지 생각해 보세요.

서 '사고'와 '느낌'의 속성을 크게 두 가지로 구분해 볼 수 있는데 한 가지는 주체적으로 동기화되지 않은 '추동된 내적 욕구' 그리고 현실의 안녕을 지속하는 데에 방해가 되는 '외부현실의 요구'들이다. 우선, 당면 상황의 조건이 자신의 욕구를 채우는 데에 적합하지 않아 개인적 욕구의 압력이 강해져 실제 필요한 적응 수행을 방해하고 있는 경우이다. 예를 들어, 충분한 경제적 상황, 관계적 안정감 및 만족감(불안정하지 않고 불만족스럽지 않은 상태)이 유지되는 상황에서 자신의 업무영역의 지식을 정확하고 깊이 있게 다양한 관점으로 이해할 수 있는 능력을 향상하고 싶다는 바람은 스트레스의 재료가 될 수 있다. 반면, 개인이 충분히 안정적인 삶에서 주위환경의 돌발적인 상황의 변화로 인해 기존 안정적 삶을 잠시 보류해야 하며 당면 상황이 요구한 적응의 의무를 어쩔 수 없이 받아들여야 할 수도 있을 것이다. 이는 다분히 자동적이고 통제되지 않는 불편감을 불러일으키며 시시때때로 침습적인 사고와 느낌을 만든다. 주어진 문제를 해결할 수 있는 현실적인 조건이 제대로 갖추어져 있지 않은 경우라면 자신의 이상적 욕구를 채우기보다 적응을 위한 의무를 다해야만 한다. 예를 들어, 임상심리전문가가 되기 위해 노력하는 과정에서 집안의 반대, 기나긴 성취 과정에서 나이 먹음에 대한 막연한 불안, 무급수련에 대한 양가적 태도 등의 개인적 동기와 관련 없는 반드시 해결해야만 할 의무가 우선이 되어야 한다. 진정 원하는 목표를 이루기 위한 기초를 다지는 데에 과도한 힘을 써야 한다면 그 과정에서 엄청난 인내심이 요구되며 심리적 건강성에 대한 위협을 감수해야 할 수도 있다. 지금 여러분이 어떤 상황에 있든 의무조건에 의미를 부여하지 않고 자신의 욕구를 추구해 나가며 원하는 것을 얻는 과정을 기꺼이 즐겨 하고 그에 합당한 대가를 충분히 받게 된다면 심리적 스트레스는 괴로운 문제가 되지 않는다.

한편, 스트레스 재료는 내부세계에서 최종 경험된 '관념'과 '감정'으로 구분할 수 있는데 관념의 기초 요소는 '개념'과 개념들의 덩어리인 '아이디어'이며 감정의 기초는 '느낌'의 형태를 띤다. 로르샤흐에서 측정되는 스트레스 요인의 형태는 결국 '사고'와 '느낌'이다. 주위환경과 상호작용에서 경험되는 사고와 느낌의 양과 질은 최종적인 스트레스 수준과 적절성을 결정짓는 것으로서 경험 자극에 합당하고 적절한 '사고'와 '느낌'을 가지는 것이 적응적이라 할 수 있다. 이를 위해서 반드시 적응을 저해하지 않는 정확한 '현실검증력'을 유지해야만 하는데, 즉 스트레스를 받을 만한지 그렇지 않은지를 구분하는 기준으로 정확한 '현실검증력'을 검토하는 것이 매우 중요하다. 정확한 현실검증력을 유지하기 위해서는 자극을 경험하는 과정에서 분명하고 응집력 있는 사고를 유지해야 하며, 문제해결을 위한 사고를 사용하는 동안 자연히 발생하는 '느낌'을 적절히 조절해야만 한다. 심사숙고한 의사결정과 그 과정에서 발생하는 느낌을 잘관리했다면 주관적인 심리적 불편감은 최소화될 수 있다. 그리고 양적 측면에서 최종적인 스트레스의 총량은 주위환경의 적응 요구를 얼마나 적절하게 해결해 나갈 수 있냐에 따라 달라진다. 성공적으로 적응 요구에 적절히 잘 대응했다면 주관적 스트레스에 대한 부담은 확연히 낮아지며 해결이 어려울수록 스트레스 부담은 커지게 된다. 스트레스의 총량을 결정짓는 과정에서 해결방식이 적절하지 않다면 불필요한 스트레스를 발생시켜 스트레스 부담을 키우게 된다. 그래서 외부현실의 자극들을 정확하게 파악을 하고 그 자극을 해결하는 데에 가장 최선인 방식으로 의사결정을 하는 것이 중요하다. 결국 경험되는 스트레스는 정확한 '현실검증력'의 유지와 정확하고 적절한 사고 및 감정조절 방식에 따라 달라지는 것이라 할 수 있다.

주관적인 스트레스 경험은 주위환경에 존재하는 특정 자극이 절대적인 스트레스 수준을 가진다거나 보편적인 스트레스 경험이 아니라는 것이다. 현실 장면에서 일상적이고 보편적인 기준에서 높은 수준의 스트레스 상황(예: 정서적 대상과 이별)이라 할지라도 개인의 사고력과 정서조절 능력에 따라 최종적인 스트레스 경험 수준은 낮아질 수도 있다. 스트레스에 대한 내성이 낮은 사람에게는 쌓여 있는 집안일 등의 소소하게 귀찮은 자극조차도 순간의 심리적 안녕을 심하게 해칠 정도로 불편감을 만들어 내는 재료가 될 수 있는 반면에 스트레스 내성이 강한 사람에게는 사회적 재난과 같은 압도적 상황에서도 최종 경험된 심리적 불편감이 압도적이지 않을 수도 있다. 이러한 스트레스 내성에는 현실검증 능력과 개인의 사고력 및 감정조절 능력 그리고 주위환경에 대한 태도가 영향을 미친다. 먼저, 주위환경에 대한 태도는 현실검증력의 차이나 개인적 적응력의 차이와는 별도로 스트레스 수준을 결정하는 요인이 될 수 있다. 실제 적응 상황 또는 로르샤흐를 통한 평가 상황을 탐탁지 않게 여겨 방어적 태도를 갖추게 된 것이라면 그러한 태도가 실제 개인의 삶 또는 로르샤흐 상황에서 스트레스 수준을 높이거나 낮추는 데에 결정적 요인이 될 수 있다는 것이다.

　그리고 스트레스 경험에 영향을 미치는 '현실검증력'의 문제는 적응 장면의 자극들을 부정적인 것으로 해석할 경우 불필요한 사고에서부터 망상까지 이르는 관념적 스트레스를 낳을 수도 있으며 자존감 저하, 우울감 등을 포함하는 정서조절의 문제를 겪게 될 가능성도 키울 수 있다. 반면, 주위환경이 요구하는 적응의무를 정확하게 인식한 경우에는 그 자극이 당연히 현실적으로 합당한 스트레스의 재료인 것이며 이를 해결하기 위해 합리적인 개인의 능력을 기꺼이 발휘하려고 해야 할 것이다.

　로르샤흐에서는 이러한 개인적 능력 발휘의 실제적 기능을 성격으로 개념화할 수 있는데, 즉 현실적이고 강건한 성격은 스트레스 자극들을 적절하게 해결할 수 있는 적응 능력 또는 도구가 잘 기능하고 있음을 말한다. 내부세계에서 일어나는 복잡한 관념과 느낌들은 심리적 불편감의 재료로 쓰일 수도 있고 개인의 성격 기능을 사용하여 적절히 해결하면서 자기 성장을 이루는 데에 가용한 재료로 쓸 수도 있다. 다시 말해, 주위환경의 자극에 쉽게 영향을 받고 주체적인 의사결정을 하지 못하는 것은 높은 수준의 스트레스를 경험하고 있다는 것이며 주위환경의 자극을 주체적이고 현실적으로 분별하여 인식하고 처리하고 표현하는 것은 개인의 안녕을 저해하지 않을 수준의 스트레스를 경험하고 있다는 것을 의미한다. 나아가 성공적으로 스트레스 관리가 되고 현실적 목적을 이루기 위한 생산적인 노력을 더 해내고 있는 경우라면 개인의 성장을 이끄는 목표지향적 삶을 살아가는 것일 수도 있다. 이 경우라면 스트레스는 더는 불필요하고 불편한 것이 아닌 삶의 흥분과 열정으로 경험될 수 있는 것이다.

6 적응요구와 적응의무

적응은 아주 광범위한 의미를 담은 개념이면서 한 개인이 주위환경과 상호작용한 결과의 최종 상태를 의미할 수도 있고 주위환경과 상호작용이 일어나고 있는 순간이나 과정 자체이기도 하다. 또한 성공적으로 생존하게 된 문제해결의 결과이면서도 안정적인 상호작용을 유지하기 위한 과정 및 방식을 의미하기도 한다. '적응'했다면 생존 중이거나 생존에 도움이 되는 과정이 있었다는 것이고 적응이 진행 중인 상황이라면 개인의 적응을 위한 기능이 작동되고 있다는 것이다. 반대로, 적응이 안 되거나 실패한 것은 결과적으로 사멸과 죽음을 의미하기도 하고 생존과 한발 멀어지게 되었다는 것을 말한다. 적응은 생존의 최종 목적이 아니라 수시로 쟁취해야 할 현실의 과업이면서도 생존을 위해 작동되는 현상이다.

인간 존재와 삶의 과정은 피투성(被投性, thrownness)을 가지고 있으며, 인간 적응의 본질은 적응해 보겠다는 한 개체의 의지를 넘어 생존을 위한 당위적이고 자연스러운 현상이다. 인간은 왜 적응해야 하는지 의식하지 못한 채로 적응하고 있고 적응을 위해 행동하고 있다(어찌 보면 적응되어 버리는 것이다). 이러한 관점에서 적응의 본질에 대한 수많은 설명은 저마다 '인간적이고 매력적인' 의미를 부여하는 방식의 차이일 뿐이라고 할 수 있다. 예를 들어, 먹기 위해 산다거나 죽지 못해 산다는 등의 개인적 이유가 있을 텐데, 극단적으로는 존재에 대한 답을 찾는 과정에서 스스로 존재를 무가치하게 느끼거나 존재의 허망함을 느끼면서 적응을 포기하는 사람도 있다. 누군가는 자살 등의 허망한 결말을 짓기도 하지만, 많은 이들이 인간 존재의 피투성을 의식하지 않은 채로 자연스럽게 받아들이고 살아가고 있다. 이 삶에서 감당할 수 없는 채무, 과도한 죄의식, 압도적인 사회적 비난의 잣대 등 압도적인 스트레스를 받을 수도 있는데 적응을 위한 엄청난 의무를 요구받기 때문에 혼자서는 도저히 감당할 수 없을 수도 있다. 적응을 위해 개인이 할 수 있는 것은 실재하는 존재로서 자신을 수용하고 '그럴 만한 방식으로 자기답게' 기능해 나가면서 주위환경의 요구를 최대한 적절히 해결하는 것이 최선이다. 개인이 생존을 위해 감당해야만 할 주위환경의 요구를 '적응요구'라고 하며 개인은 적응요구를 해결하기 위해 적응의 의무를 다하는 것이다. 적응하는 과정에서 작동되는 건강한 심리적 기능은 주어진 문제를 해결하는 데에 방해가 되지 않도록 정서적 자극을 적절히 조절하면서 문제해결에 도움이 되는 생산적인 사고를 활용하는 것이다.

Korchin은 인간의 행동이 동기화(motivated)되는 것이면서 자기지향적(self-orientated)인 특징이 있다고 하였다. 행동은 자기 자신의 내적 동기나 자신에게 가장 적합한 상태에 이르려는 동기로 드러나며 이는 '주체적' 행동이라 할 수 있다. 인간 행동은 생존을 유지하는 데에 도움이 되는 방향으로 동기화되어 있고 개인이 속한 환경 내에서 자기다움에 최적화된 상태의 삶을 유지하고 도달하기 위한 방향으로 드러난다. 즉, 행동은 생존 유지를 위한 목적에 동기화되어 있으며 고유한 개체로서 가장 자신의 상태와 생명 유지에 적합한 방향에 맞추어져 있다는 것이다. 동기화된 행동과 자기지향적 행동 모두 의식적일 수도 있고 비의식적일 수도 있으며 궁극적 목표는 생명 유지와 바람 및 욕구를 만족시키는 데에 있다.

동기화된 행동은 자신의 생명, 자산, 건강, 지위 등을 현 상태로 유지하려는 것과 관련된다. 동기화되어 있다는 것은 한 개인이 존재하기 위한 행동 프로그램이 설정된 것처럼 당위적인 생존 행동방식을 갖는 것이다. 행동의 동인이 생존 여부 및 안정적 상태 유지와 직결되어 있기에 좀 더 자동적이고 필수적인 양상으로 나타날 수 있다. 인간으로서 생존해야 한다는 동기에 의한 행동은 결핍된 욕구를 채우고 충분한 상태를 유지하기 위한 행동이며 생존을 위한 의무적 행동이기도 하다. 이뿐만 아니라 인간은 사회적 동물로서 생물학적 생존을 넘어 개인이 속한 집단 내에서 사회적 생존을 해야만 한다. 예를 들어, 돈을 버는 것은 생존의 목적이 아닌 생존을 위해 해야만 할 필수적 행위로 탈바꿈된다. 돈을 버는 과정이 사회적 체계 내에서 이루어지는 행동이기에 사회적 적응은 생물학적 생존을 위한 필수조건이 되는 것이다. 삶이 개인에게 요구하는 대부분의 행동은 생존을 위한 의무성을 가지며 이 의무를 반드시 다해야만 생존할 수 있다. 적응적 인간은 주위환경이 요구하는 의무조건에 합당하고 합리적으로 행동하며 적절하고 생산적으로 행동하고 있는 사람이다. 적응의무를 다하기 위해 동기화된 행동이 삶의 전반에 자리 잡게 되면 행동의 반경이 좁아지고 행동의 다양성과 주체성이 부족해질 수 있다.

주위환경의 적응요구에 대한 지각 수준은 개인차가 있기에 같은 상황이라 할지라도 누군가에게는 압도적인 스트레스로 경험되지만, 누군가에게는 일상적인 삶의 골칫거리에 불과할 수도 있다. 이러한 지각 차이는 경제력, 지지대상 등 개인이 가진 물리적 환경 조건과 지적 능력, 정서조절 능력, 사고력, 끈기 등 개인의 심리적 조건들에 의해 영향을 받을 수 있다. 어떤 경우든 개인이 압도적인 적응요구를 받게 되면 생존하기 위해 엄청난 에너지를 투여해야만 한다. 그렇지 않으면 생존할 수가 없다. 한 차례 의무를 다한다고 해서 적응이 영구적으로 유지되는 것은 아니다. 한 끼 식사를 거뜬히 해결했다고 배부름이 계속되지 않는 것처럼 매 순간, 매 시기, 연속되는 삶의 과정에서 실시간으로 주어지는 적응의무를 다하기 위해 끊임없이 노력해야 한다. 삶의 적응을 위해 할 수 있는 것은 배가 고플 즈음에 밥을 먹는 것이며, 적응요구가 있을 즈음에 적응 행동을 하면 되고 앞으로 큰 힘을 써야 할 일이 예상된다면 미리 든든히 배를 채울 수도 있어야 할 것이다.

한편, 인간의 행동이 오로지 적응요구에 따른다면 보통의 여타 동물들의 삶과 다를 바가 없을 것이다. 다행히도 인간의 또 다른 행동의 특징은 '자기지향적'인 특징을 갖는다고 하였는데 이 행동은 스스로가 개인적이고 주체적인 목표를 설정한 후 이를 달성하기 위해 행동하는 방식이다. 개인이 지향하는 목표는 주위환경의 요구와 상관없이 스스로가 자기다워지려는 목표이다. 어떤 경우에서든 주위환경의 적응요구를 우선 해결해야 하는 것이 기본적 의무이지만 성장을 위한 자기지향적 행동은 한 개체만의 고유한 행동이며 자기실현을 위한 행동인 것이다. 이러한 행동은 적응요구에 대해 충분히 의무를 다한 뒤에 생각해 볼 만한 목표지향적 행동이기도 하며 적응의무에 조금의 여유라도 생기게 될 때 여차하면 하고 싶어 할 행동이다. 자격증을 취득하고 싶은 것, 부자가 되고 싶은 것, 좀 더 고급스럽게 살고 싶은 것, 로르샤흐를 잘 알고 싶은 것 등 구체적인 것에서 환경관, 인간관, 행복관, 종교관, 우주관 등 관점을 가지려는 것까지 포함한다. 한편, 이렇게 꿈을 위해 행동하고 주관적 행복을 얻으려는 주체적 행동을 한다고 해서 스트레스를 받지 않는 것은 아니며 자신이 설정한 기준을 채우고자 행동하는 과정에서는 필연적으로 엄청난 에너지가 발생한다. 다만, 주위환경의 강제적 요구가 아닌 자초한 스트레스이기에 주위환경을 탓할 수도 없고 탓할 의도도 갖지 않는다. 주체적인 기준에 의한 행동이어도 그에 따른 스트레스를 인정하고 견디는 것이 쉬운 일이 아닐 것인데 극기의 태도로 끈기 있게 행동을 유지했을 때 비로소 성장이 찾아오는 것이다. 신체 프로필을 찍기 위해 혈관이 터지는 고통을 견디고, '임상심리전문가' 자격증에 부합하는 능력을 갖추기 위해 반복된 좌절과 굴욕감을 참아 내기도 한다. 자신이 원하는 목적을 달성하기 위해서는 자신의 부족함에 대한 부끄러움도 있는 그대로 받아들여야 하며 부족함을 채우려는 노력도 함께 해 나가야만 할 것이다.

누구나 자기지향적 행동을 하지만 결국 주위환경이 요구하는 적응의무를 미리미리 얼마나 잘 해결하는가에 따라 자기지향적 행동의 제약 수준이 달라진다. 누군가는 압도적인 적응의무에 부담을 가지면서 동시에 작은 틈을 쪼개어 가며 자기지향적 행동을 해 나가기도 하지만 누군가는 먹고 숨 쉬는 것 이상 적응의무가 없는데도 어떠한 자기지향적 행동도 하고 싶어 하지 않기도 한다. 어떤 사람에게는 이렇게 아무 일도 벌어지지 않고 스트레스를 사서 만들지도 않는 삶이 행복한 삶일 수도 있으며 인정받아 마땅한 것이다. 다양한 인간의 삶을 자기지향적 기준으로 양분하여 자기지향적 행동이 더 가치 있는 것이라고 단정 지을 수는 없다. 현재 삶의 방향을 갖지 못한 사람에게 개인적 삶의 사연을 모른 채 "당신은 왜 그렇게 무가치한 삶을 사냐?"라고 따질 수는 없을 것이다.

로르샤흐에서 적응은 검사가 측정하는 핵심 사항이기도 하다. 한 개인이 얼마나 잘 적응하는지를 알고자 하는 것이며 어떤 방식으로 적응하는지를 알아보려는 것이다. 잉크 반점을 제시하면서 제시되는 지시와 CARD PULL에 '얼마나 적절하게 반응할 수 있는지'를 측정하는 것이며, 반응과정에서 잉크 반점이 가진 특정 영역 및 속성을 지각하여 '무엇을 보게 되었는지'를 측정하는 것이다. 실제 로르샤흐 과정에서 적응요구는 일차적으로 모호한 상황에서 무엇인가를 보도록 요구받는 것이고, 이후 수검자에게 '무엇을, 어디에서, 어떻게 보았는지'를 논리적이고 조리 있게 설명해 주기를 요구한다. 이 반응과정에서 드러나는 문제해결 행동을 통해 수검자의 적응을 확인하고자 한다. 특정 카드가 가진 CARD PULL은 삶의 다양한 장면에서의 자극과 비슷한 역할을 하게 되는데 잉크 반점과 상호작용할 때 개인의 고유한 반응은 실제 삶에서 수검자의 상호작용 방식과 유사하게 드러날 것이라 가정하고 있다. '웩슬러 지능검사'의 '숫자 따라 외우기' 검사에서 숫자를 따라 외우는 능력을 평가하는 것이 아닌 그 문제의 해결 과정에서 수검자가 발휘하게 되는 주의집중력, 숫자를 다루는 능력, 통제적 상황에서 순응하며 인지적으로 작업할 수 있는 능력 등을 평가하는 것과 같다. 이와 마찬가지로, 로르샤흐 과정도 수행과제를 해결하는 과정에서 발휘되는 수검자의 심리적 기능을 평가하려는 것이다.

로르샤흐에서 주위환경이 던져 준 적응요구의 양은 es(CS), PPD(R-PAS)로 반영되며, 특히 원치 않지만 해결해야만 할 의무적 적응요구와 관련이 된다. 한편, 자기지향적 욕구에 따른 적응요구는 스스로 원해서 갖게 되는 스트레스와 관련되는데 이런 스트레스 상황에서 실제적인 행동 발현의 모습은 EA, D, Adj D(CS), MC, MC-PPD(R-PAS) 등에 반영된다. 이 적응요구의 양과 함께 수검자가 살아가고 있는 현실 장면에서 드러나는 실제 행동 간의 관계를 살펴봄으로써 개인의 고유한 적응요구에 대한 적응 노력의 실체를 확인해 볼 수 있고 주관적 스트레스의 강도와 양상을 추정해 볼 수도 있다.

05

행동의 양상

1 자극과의 첫 대면

로르샤흐 실시의 초심자들뿐만 아니라 숙달된 실무가들도 카드를 제시하는 방식에 특별히 신경을 쓰지 않아서 불필요한 문제를 겪기도 한다. 모든 검사가 그렇지만 로르샤흐 실시절차도 의미 없이 진행되는 순간은 단 한순간도 없다. 카드를 제시하는 과정은 수검자에게 의도적으로 설정된 경험환경을 제시하는 것이다. 수검자는 일방적으로 잉크 반점을 다루어야 할 상황에 당면하는 것이며 이처럼 현실의 삶에서도 매 순간 주위환경이 던져 주는 적응의 무를 다해야 하는 상황의 연속이다. 실제 삶에서 수검자의 적응방식을 이해하는 것은 로르샤흐 상황에서 수검자의 태도와 자세, 행동, 대응방식 등을 검토하는 것으로 횡단적 추정을 통해 가능하다. 카드를 제시하는 행위가 단순히 카드를 수검자에게 전해 주는 절차로만 여기려는 태도는 '로르샤흐 잉크 반점 기법'을 기계적이고 단편적인 작업으로 여기는 것이라 할 수 있다.

우선, 카드를 제시할 때는 반드시 손에 들고 보도록 요구해야만 한다. 제공된 카드를 직접 다루기 위해 손에 쥐고 무엇을 보았는지를 말해 주는 것은 그리 높지 않은 정신적·행동적 에너지가 필요하다. 몇 그램에 불과한 카드를 들고 보는 행동은 최소한의 적응과 생존을 위해 삶이 개인에게 요구하는 기본사항이며 자신이 상호작용해야 할 자극들을 자발적으로 받아들이고 자신의 의무를 다하기 위한 기본적 노력이라 할 수 있다. 우울한 사람은 세상이 요구하는 작은 의무 사항조차도 부담스러워하거나 아무런 의미를 부여하지 않음으로써 기본적인 적응의무로부터 도피/회피할 수도 있다. 이들은 로르샤흐에서 요구하는 카드를 직접 손으로 다루어야 한다는 기본적 행동을 충분히 해내는 것도 버거울 수 있다. 만약 수검자에게 '카드를 직접 들고' 봐야 한다는 지시를 하지 않았다면 삶이 주는 기본적인 적응요구를 면제해 주게 되는 것이다. 다시 강조하자면, '카드를 손에 쥐고 보는 정도의 행동'은 기본적인 적응을 위한 최소한의 노력이며 음식을 먹기 위해 입을 벌리거나 치아를 사용하는 수준의 부담인 것이다. 우리가 수검자의 고달픔을 인정하고 수용해 주어 좀 더 편안한 상태로 작업하도록 배려한 결과가 꽤 괜찮은 생산물(반응)을 만들어 냈을 때 수검자의 실제 삶에서 관찰될 수 있는 적응력이 정확히 반영되었다고 할 수는 없다. 수검자가 당면한 현실의 주위환경에서 요구되는 부담만큼 로르샤흐 절차가 가진 그 정도의 부담은 받아들이고 견딜 수 있어야 적응할 수 있을 것이다.

Q 생각 상자

로르샤흐를 사용하는 실무 장면에서 잘못된 방법으로 실시하는 경우가 종종 목격될 것입니다. 카드를 테이블에 내려 두고 보는 수검자에게 수정지시를 하지 않거나 지문이 묻어 있는 카드를 그대로 사용하는 것뿐만 아니라 다양한 잘못된 실시를 볼 수 있을 겁니다. 왜 그런 잘못된 실시가 수정되지 않은 채로 답습되는지 생각해 보세요. 그리고 잘못된 실시이지만 잘못이 아니라고 생각하는 실무가가 있다면 그들은 어떤 근거로 그렇게 생각할지 생각해 보세요.

카드를 직접 들고 다룰 수 있는 것은 밥을 먹기 위해 젓가락을 사용하는 정도의 힘이다. 해당 주위환경의 조건과 개인의 심리적 조건에 따라 부담의 가치를 개별적으로 생각해 볼 수는 있겠지만 인간 삶의 일반적인 주위환경에서 젓가락을 드는 정도의 수행을 시킨다고 해서 "싫다는 사람 왜 자꾸 시키냐?"라며 거부하는 사람을 인정해 주고 떠먹여 주거나 방임 또는 무시를 하는 것은 당사자에게 아무런 도움이 되지 못할 것이고 적응력을 높여 주는 데에 아무런 도움이 되지 않을 것이다.

한편, 검사자가 수검자의 손에 카드를 잘 전달한 후 수검자가 바로 또는 어느 시점에서 바닥에 내려 두고 보기도 한다. 반대로, 검사자가 카드를 엎어 둔 곳에서 카드를 들어 올리는 동안 이미 수검자의 손이 검사자 앞으로 마중 나와 받으려고 할 수 있다. 이뿐만 아니라 카드를 제시하는 상황에서 다양한 행동을 보이는데 해당 행동이 적응요구에 대한 수검자의 일관된 행동 패턴이 반영된 것인지를 살펴보는 것은 수검자의 적응 태도를 이해하는 데에 도움이 된다. 다양한 상황에서 다양한 행동이 존재하는 만큼 특정 공식을 가정하기보다 그러한 행동의 이면에 숨겨져 있는 수검자의 의도 및 습관적 적응 패턴을 이해하기 위해 수검자의 행동에 대한 다양한 가설을 만드는 것이 중요한 것이다. 만약 수검자의 성격이 반영된 습관적인 행동이라 합리적으로 추론할 수 있다면 그러한 행동과 수반된 실제 삶 속에서 주위환경의 자극을 탐색하는 것은 도움이 될 것이다.

2 명료화 노력

로르샤흐 과정에서 수검자가 부여받은 의무는 우선, 검사자가 지시한 '무엇(What)으로 보이는가?/무엇처럼 보이는가?'에 답을 하는 것이며 이후에 '어떻게(How) 그것을 보게 되었는가?' 그리고 잉크 반점의 '어느 부분(Where)에서 그것을 보게 되었는가?'에 답을 하는 것이다. 적응적인 상호작용을 위해서 이상의 질문에 단순하게 답을 한다거나 스스로만 이해되는 개인적인 답을 하는 것만으로는 부족하며 검사자가 충분히 이해 가능한 방식과 수준으로 '잘' 설명해 줘야만 한다. 자신의 경험에 대한 설명에 분명한 근거가 있고, 상대가 편안하게 이해될 정도로 조리가 있고, 충분히 예상되고 추론 가능한 방식이라면, 실제 삶에서 적응적 '경험'과 '행동'이 가능한 사람이라 볼 수 있다. 어디에서 무엇을 어떻게 보았는지를 말해 달라는 요구에 적절한 반응을 하기 위해서는 그 정도면 충분한 개인의 '인지적 능력' 및 '소통 능력'이 필요하다. 수검자 자신의 경험을 명료하게 전달하는 과정에서 고유한 개인적 전략이 반영될 것이고 평가자는 그 반응과정에서 드러나는 수검자의 심리적 작동방식 및 능력을 평가할 수 있을 것이다.

로르샤흐 절차가 요구하는 일련의 수행이 수검자에게 모호하고 낯선 일이기 때문에 초반에 수검자는 어떤 태도로 수행해야 할지 감을 잡지 못할 수도 있다. 투사법 절차가 가지는 모호성으로 인해 충분히 예상 가능한 방어적인 태도를 보일 수도 있으며 의사결정에 대한 불확실감을 불편해할 수도 있다. 검사자는 로르샤흐 과정에서 많은 수검자가 이러한 태도를 보일 수 있음을 잘 알고 있어야 하며 로르샤흐 절차를 불편해하는 수검자의 모든 반응을 부정적으로 과잉해석하지 않도록 해야 한다. 평가자는 로르샤흐 절차가 불러일으키는 일반적인 인간 경험에 대한 기본적 가정을 염두에 두고 눈앞에 있는 개별 수검자의 고유한 경험이 어떠한지 궁금해해 주는 사람으로서 다가가야 할 것이다. 마냥 상냥하고 친절한 태도를 갖추라는 것이 아니라 현재 순간에 수검자의 경험을 오해 없이 있는 그대로 수용하고 특정한 조건에 맞추려 하지 않으면서 수검자가 자신의 경험을 존중받고 있다는 느낌을 경험하도록 대해 줘야 한다는 것이다.

명료화의 목적은 정확한 기호화를 위한 것이기도 한데 검사자가 수검자와 거의 같은 경험을 해 보기 위한 탐색 과정이 되는 것이 중요하다. 불가피하게 기호화하기 어려운 수검자의 설명은 검사자의 세련된 임상적 민감성으로 반응 순간에 작동된 수검자의 인지적 과정을 따라가면서 명료해질 수 있을 것이다. 수검자의 인지적 과정은 순간 드러나는 표정, 눈빛, 몸짓, 말투, 억양, 선택 어휘, 반응시간 등 다양한 행동을 통해 추론할 수 있으며 유의한 행동지표를 탐색할 수 있는 민감성을 기르는 것이 필요하다. 로르샤흐 절차에서 말로 표현하기 어려운 수검자의 비언어적 행동을 통해 수검자의 반응과 기호 간의 관련성을 찾을 수 있을 것이고 CARD PULL과 수검자의 반응 특성 간의 정확한 이해로부터 가장 가능성 있는 기호를 식별해 낼 수도 있다. 앞서 언급했듯이 명료화 과정은 취조당하거나 다그치는 느낌을 주어서는 안 되며, 신뢰할 만한 안내가 필요하다.

명료화 과정에서 특히 '어떻게' 경험하였는가를 밝혀내는 것이 가장 중요하다. 수검자가 '무엇'을 '어디'에서 경험했든 그 경험이 무슨 근거로 하게 된 경험이냐가 적응에 큰 영향을 미치기 때문이다. 그런데 평범한 삶 속에서 어떻게 자신이 그런

> **Q 생각 상자**
>
> 명료화를 위해 필요한 검사자의 임상적 민감성을 기르기 위한 현실적 구체적 노력은 어떤 것이 있을까요? 노력으로는 불가능한 기질이나 어린 시절 경험으로 굳어진 능력일까요? 로르샤흐 개념을 빌리자면 주위 환경에 대한 관여 수준을 높일 수 있는 노력이 필요할 것입니다.

경험을 했는지를 생각하며 사는 사람들은 그렇게 많지 않다. 보통은 관습적·습관적이고 맡은 역할이나 업무에 맞춰진 행동을 하면서 살아가다가 가끔 자기 자신과 자신의 삶에 대해 성찰할 기회를 만나게 된다. 그래서 자신의 삶에서 특별히 이렇다 할 만한 경험을 하지 않는 사람들은 일반적인 CARD PULL로 충분히 예상 가능한 반응을 할 가능성이 클 것이고 드물게는 수용 가능한 범위에서 취미와 같은 관심사에 따른 개인적 반응이 돌출적으로 나타날 수 있을 것이다. "어떤 점 때문에 ○○(그것)을 볼 수 있었습니까?"라는 일반적인 지시만 받고서도 자신의 개인적 경험을 검사자에게 손쉽게 이해시켜 줄 수 있다는 것 자체가 건강한 적응성을 시사하는 것이다. 하지만 정확하고 조리 있는 명료화 능력이 수검자의 건강성 지표가 될 수 있다 해도 여러 지표를 함께 고려하여 해당 반응의 가치를 신중하게 평가해야만 할 것이다.

　반면, 자신의 반응을 명료화하는 것을 몹시 힘들어하거나 명료화가 거의 불가능한 수검자도 있다. 명료화하는 것이 어려운 수검자에게는 친절하고 적절한 안내를 통해 스스로 명료화를 하도록 독려하는 등의 적절한 개입해야 한다. 명료화가 불가능한 수검자는 그 자체가 수검자의 심리적 특징을 반영하는 것이다. 검사 상황이나 평가 맥락에 대한 방어나 저항의 태도일 수도 있고 낮은 지적 수준, 언어적으로 자신의 경험을 표현하는 것을 낯설어 하거나 부끄러워해서일 수도 있고, 심각한 수준의 스트레스 경험으로 인한 것일 수도 있다. 명료화를 위한 검사자의 개입 정도는 수검자마다 명료화가 어려운 개별적 이유에 따라 결정해야 한다. 수검자가 명료화하는 것을 어려워하는 이유를 여러 정보를 통해 충분히 추론한 후 추가적 개입을 해야 하며 단순히 반응을 기호화해야 한다는 것에 집착해서는 안 된다. 명료화 과정은 보편적인 일상 장면에서 상호작용 과정과 유사해야 하며 부족하지도 과하지도 않아야 한다. 상대방의 말이 모호하게 들리고 여러 가지 의미로 이해할 가능성이 있을 때 무슨 의미인지 분명히 확인하려는 것은 충분히 일상적이고 자연스러운 방식이다. 개인이 겪은 경험에 대해 여러 생각과 느낌을 표현할 수는 있겠지만 그 경험을 듣고 있는 사람은 도통 어떤 경험을 한 것인지 충분하고 정확하게 이해하기 힘들 수도 있다. 또는 자신의 경험이 너무 충격적이어서 스스로 마음 관리가 되지 않을 때도 있을 텐데 이때는 마음을 추스르기 위해 주위 사람들의 도움을 받아 천천히 상대에게 자신의 경험을 말해 줄 수도 있다. 강조하건대 명료화는 자신의 경험이 '무엇'이며 '어디'에서 '어떻게' 경험하게 되었는지 상대가 충분히 이해할 수 있도록 말하게끔 도와주는 과정이어야 한다.

> **Q 생각 상자**
>
> 명료화 노력에 대해 실제 생활에서 드러나는 자신의 모습과 비교해 보세요. 상호작용에서 생각과 느낌을 충분히 친절하게 전달하고 있나요? 상호작용 상황에서 자신의 명료화 능력과 태도는 어떠한가요?

3 반응 수

반응 수 R은 모든 로르샤흐 결과 지표에 대한 해석적 가설을 만드는 과정에 전적으로 영향을 미치는 지표이다. 그래서 로르샤흐의 모든 결과를 이해할 때 R을 반드시 고려해야만 한다. 일단 R은 수검자가 반응한 최종 수행의 양인데 로르샤흐 과정에서 발휘한 적응 행동의 총량으로 볼 수 있다. R은 수검자가 요구받은 적응요구를 해결하기 위해 작동되었거나/주체적으로 발휘한 수검자의 '실제 행동의 총량'을 의미하기에 직접적인 질적 정보로 활용하기에는 어려우며 그 정도의 수행량을 생산해 내는 데에 영향을 준 환경적 · 개인적 영향요인(수검자의 삶의 맥락과 평가 맥락 등 환경적 요인과 기질, 지능, 성격, 태도 등의 개인적 요인)을 분석하는 과정이 따라야 한다. R이 평균 범위에 속하는 경우라 할지라도 반응 계열에서 드러나는 R의 양상을 검토하는 과정이 필요하다. 예를 들어, 특이한 점이 없는 반응양상일 수도 있지만, '특정 카드에서' 반응비율이 높거나 낮을 경우, 반응속도의 변화, 프로토콜의 길이, 사용 어휘 수준, 행동의 변화 등은 평균 수준의 R을 보인 결과에서도 수검자에 대한 의미 있는 정보를 담고 있다.

높은 수준의 R이 나타난 결과에서도 좋고 그름의 기준으로 섣불리 가치평가를 해서는 안 된다. 특히, 높은 R에는 수검자의 상당한 적응 노력 또는 스트레스 경험이 복잡하게 섞여 있기에 세심한 분석을 거쳐 수검자의 적응에 대해 다양한 해석적 가설을 만들어 가야 한다. R이 복잡한 경험을 담은 최종 행동의 지표이기에 복잡한 경험만큼 다양한 가설을 만들어야 하며 일반적 가설 항목에 상반된 의미의 가설이 함께 포함될 수 있다. 예를 들어, 높은 수준의 R에 포함될 수 있는 일반적 가설은 '당면 상황의 요구에 순응하거나 무기력한 상태에 처해 있을 것이다' '이 상황이 마음에 들지 않아도 의무를

'다한다'는 '해 준다'는 태도가 있을 것이다' '주위환경에서 생산적인 행동을 즐기거나 도전적 자극을 해결하는 것에 즐거움을 느끼는 태도가 있을 것이다' '인지적 수준이 높거나 언어 유창성이 훌륭한 사람일 것이다' '정신 에너지의 항진으로 과도한 상호작용이 일어난 결과일 것이다' '검사 상황에 대한 불편감으로 인해 단순하고 피상적인 반응을 뿌려 놓은 결과일 것이다' 등이다.

반면, 낮은 수준의 R이 나타난 결과에서는 우선 검사에 대한 동기 수준이 낮을 가능성을 검토해야 한다. 주어진 환경에서 적응하고자 하는 충분한 동기부여가 어려운 이유가 평가 의뢰 과정이 수검자에게 마땅치 않게 진행되었기 때문일 수도 있으며 검사 상황 및 검사자에게 순응하고 협조하고 싶어 하지 않는 반향(反響)적 태도가 반영된 것일 수도 있다. 이에 더해, 검사 수행에 대한 흥미가 느껴지지 않아서일 수도 있고, 다양한 방식으로 상호작용을 하려는 시도가 부족한 결과일 수도 있으며, 에너지 수준을 떨어뜨리는 다양한 정신과적 증상들과 관련되어 있을 수도 있다. CS에서 실시는 '2개 이상 5개 이하'의 기준이 있긴 하나 실제 수행에서는 수검자가 계속해서 반응할 시 R의 제한을 두지 않기 때문에 매우 높은 R이 나타날 가능성이 있고 검사 간 수검자의 행동을 참고하여 R의 해석적 가설을 다듬어야 하는 부담이 있다. R-PAS에 따른 실시방법은 '독려(Pr)'나 '수거(Pu)' 개입을 통해 반응 수를 최적화시키기 때문에(R-optimized) 많은 반응 수에

> **Q 생각 상자**
>
> 내적 활동과 외적 상호작용 모두 R에 반영됩니다. 현재 자신의 심리적 활동의 양은 어느 정도로 예상하나요? 그리고 자신의 최종 심리적 활동의 양태를 생산적 활동과 스트레스 경험으로 분해해 보세요.

따른 해석의 부담을 줄일 수 있다.

4 언어화 행동

로르샤흐에서 수검자의 심리적 경험은 언어를 사용해서 표현하도
록 요구한다. 인간은 실제 삶에서 관계 대상과 상호작용할 경우 대
부분 상황에서 언어를 활용하여 자신의 경험을 표현하고 상대의 경
험을 전해 듣고 이해하고 소통하고 있다. 로르샤흐 절차에서 수검
자와 검사자의 관계에서도 수검자가 잉크 반점을 경험한 후 그 경험
을 검사자에게 언어로 표현해 주어야 한다. 그 언어화된 반응을 통
해 검사자는 수검자의 내면을 이해할 수 있는 단서를 얻을 수 있으
며, 언어로 표현되지 못하거나/표현하지 않은 수검자의 내적 경험은
그 실체를 확인하기란 상당히 어렵다(불가능하지는 않다). 로르샤흐
를 활용하는 평가자는 일상적이고 보편적인 문화집단에서의 언어사
용 실태에 친숙해 있어야 하고, 더불어 수검자 개인이 속한 하위 언
어문화집단에서 사용하는 언어에 대해서도 친숙해질 필요가 있다.
특히, 수검자의 나이, 성별, 지적 능력, 취미생활, 직업, 사회적 지위,
학력, 생활지역 등 다양한 언어생활을 알아 두는 것이 도움이 된다.
나이 집단, 성별 집단, 세대 집단 등의 일반적이고 보편적인 집단 내
에서 익숙하지 않은 언어사용은 개별 특수적인 경험의 증거로 볼 수
있을 것이다.

수검자의 언어사용 특징에 대한 이해는 수검자의 반응이 지닌 개

별적 의미를 풍성하고 섬세하게 이해할 수 있게 돕는다. 그리고 수
검자의 의사소통 '양'과 '방식'을 이해할 수 있고 사고내용 및 과정 그
리고 내적 경험에 대한 이해를 깊게 하는 데에도 도움을 받을 수 있
다. 이뿐만 아니라 대인관계 상황에서의 예상되는 갈등을 추론해 볼
수도 있다. 그렇지만 언어적 반응이 딱히 주의가 갈 만한 특징이 없
을 때도 있는데 특별한 언어적 반응양상이 드러나지 않은 일반적인
이유는 실제 내적 경험이 빈약하여 표현할 재료가 없어서일 수도 있
고 적당한 양의 경험은 됐지만/했지만 스스로 표현하기를 단념해야
겠다는 태도가 반영되었을 수도 있다. 기본적으로 로르샤흐 과정은
검사자와 수검자가 검사 수행에 대한 목적을 협의한 후 진행된 것이
기 때문에, 대부분 수검자는 그 정도면 충분한 결과를 도출할 만큼
만 언어적 표현을 하게 된다. 언어적 표현을 줄이게 되는 예외적 상
황은 수검자가 원하지 않은 상황에서 강제로 검사를 받게 된 경우이
거나 평가를 받는 자체가 자신에게 해로운 결과를 가져올 것이라 예
상될 경우가 대부분이다. 특히, 면담 과정을 포함하여 전반적으로
언어적 반응이 부족하다면 수검자가 처한 평가 맥락을 먼저 살펴보
고 어떤 태도로 임했는지 먼저 파악한 후 검사 진행 여부를 따져 봐
야 할 것이다.

　결과 활용에 충분한 정도의 언어적 반응이 나타났다면 언어적 의
사소통의 적절성, 사고기능, 경험에 대한 정확한 인식 등을 살펴볼
수 있다. 특히, 적응요구를 받는 상황에서 수검자가 가졌을 것이라
추정되는 '당면 문제에 대한 태도'와 '상호작용하고 있는 타인에 대
한 태도'를 이해해 볼 수 있다. 이 과정에서 검사자는 수검자의 언어

사용 습관의 특징을 민감하게 파악할 수 있어야 하며 평소 다양한 언어사용 방식이 가진 특징 및 뉘앙스에 관심을 가져야 한다. 예를 들면, 말의 서두에 습관적으로 '아니~'라고 하거나 물으려는 의도가 없이 말끝을 '~죠?'체로 마무리하거나 모든 반응의 끝에 '끝이에요/이게 다예요' 등을 반복하는 경향을 보일 수 있다.

　이러한 특정 어휘 사용습관 외에도 특정한 의사소통 방식에서 개인성이 드러나는 경우도 많다. 요구받은 개인적 질문에 답을 단순화하면서 상대의 질문에 질문으로 응수하거나, 소통 주제를 가벼운 주제로 전환하려거나, 대화 주제를 이어 붙여 상대가 자신의 의중을 탐색할 틈을 주지 않도록 하는 등의 다양한 경향을 보일 수도 있다. 개인마다 사용 어휘나 의사소통 방식 등의 다양한 언어습관을 갖고 있으며 그 습관은 오랜 시간 누적되어 개인의 성격과 대인관계상의 소통 방식을 형성하고 있다는 것을 잘 알고 있어야 한다. 하지만 모든 언어사용이 개인의 성격을 반영하는 것이 아니라 소속집단의 문화에서 관습적 사용 또는 상황적으로 맥락상 필요한 표현법일 수도 있기에 습관적 언어표현이 반드시 부정적인 가치를 가지고 있다거나 특정한 개인의 성격적 특징으로 직접 연결 지을 수는 없다. 특정한 경험이 현재 언어습관을 만들었을 수도 있고, 우연한 조건형성의 결과일 수도

Q 생각 상자

자신의 언어습관을 살펴보는 시간을 가져 보세요. 다음 언어표현 예들이 가지고 있는 의도는 무엇일까요? 어휘 사용의 습관과 의사소통 방식 모두 검토해 보는 시간을 가져 보세요.

〈언어표현 습관의 예〉

[아니...]　　　　　　[인제...]
[안 그래도...]　　　　[물론...]
[...죠?/...겠죠?]　　　[네? 뭐라고요?]
[왜냐하면...]　　　　　[그럼에도 불구하고...]

있고, 내적 불안을 방어하기 위해 만들어진 모습일 수도 있다. 수검
자의 습관적 언어사용을 이해할 때는 아주 세심한 주의가 필요하고
검사자 자신의 언어사용 습관은 없는지, 특정 언어사용 습관에 대한
검사자의 개인적 불편함은 아닌지, 검사자 본인도 모르게 자연스럽
게 생긴 언어습관은 없는지도 수시로 점검해 봐야 할 것이다.

06

인지 과정의
특징과 수준

1 인식

인간의 일반적인 인지 과정은 주위환경(외부현실과 내부세계)에 존재하는 자극들을 정확하고 적절하게 받아들이고 그 정보를 당면 맥락에 맞게 다듬어 실제 현실 장면에서 예상할 수 있고 수용될 수 있는 방식으로 표현하는 일련의 과정이라 할 수 있다. 인식은 자극들을 알아차리는 최종 경험을 의미하며 이 과정이 정확하고 적절할 때 건강한/적응적 인식이 된 것이다. 적응적 인식은 양적·질적 적절성을 모두 갖추어야 한다. 만약 실제 현상과 동떨어지게 인식했다면 그 자체만으로도 구체적인 적응상의 문제가 발생할 수도 있다. 대표적 예로, 망상이나 환각이 있으며 이뿐만 아니라 의사소통의 어려움, 대인관계상의 오해로 인한 갈등 등 삶의 전 영역에서 구체적인 문제 등이 있다.

현상에 대한 인식은 주위환경의 자극과 접촉한 순간부터 시작되며 접촉과 동시에 그 자극은 경험의 주체로부터 하나의 '의미 있는 대상'으로서 자격을 부여받는다. 최종 인식 상태는 해당 대상 및 현상을 알아차린 '경험의 결과'이다. 주위환경에 아무리 많은 자극이 존재해도 경험의 주체로서 개인이 그 자극을 인식하지 않는 이상 그 자극은 개인에게 존재하지 않는다. 수많은 주위환경의 자극 중에서도 개인에게 의미 있는 자극으로 경험되는 과정에서는 개인의 고유한 인식방식이 자연스럽게 드러나게 된다. 개인이 자극을 인식하는 방법은 보통 자동적이고 습관화된 것이며 오랜 시간에 걸쳐 형성된 성격의 근간이자 적응방식이다. 인식 내용은 주위환경의 자극특징

만큼 다양하며 물리적 대상도 될 수 있고 주관적 생각 및 느낌도 될 수 있다.

같은 자극이라 해도 인식하는 방법은 사람마다 다양한데, 개인의 인식 방법은 지금까지 경험으로 얻게 된 방대한 지식을 참조할 수도 있으며 당면 환경에서 느껴지는 순간의 느낌을 참조할 수도 있다. 개인이 친숙하고 익숙한 인식유형에 따라 좀 더 쉽게 경험될 수 있는 자극의 형태가 결정되기도 하고 실제 상호작용 상황에서 당면한 자극의 속성에 따라 그에 맞는 인식유형을 사용하기도 한다. 인식의 유형과 자극의 유형은 사고를 바탕으로 한 관념적인 것과 느낌을 바탕으로 한 정서적이고 직관적인 것으로 구분된다. 개인이 가진 인식유형과 주위환경에서 요구하는 자극 경험의 유형이 일치할 때 좀 더 쉽게 적응할 수 있는 것이다.

먼저, 개인이 가진 인식 유형은 오랜 시간에 걸쳐 형성되어 현재 상호작용 상황에서도 안정적으로 작동된다. 인식유형의 '상황적/시간적 안정성'은 개인이 속한 현실의 다양한 주위환경을 어떻게 경험할지 그리고 어떻게 행동할 것인지를 예측할 수 있게 해주며 세상을 바라보는 관점에도 영향을 미친다. 개인이 가진 '삶에 대한 관점'은 현실에서의 문제해결 방식, 의사결정 방식, 대인관계 방식 등 주어진 삶에 적응하는 데에 핵심요소이기도 하다. 각 유형은 절대적으로 좋은 것과 나쁜 것으로 구분하지 않고 개인이 가진 고유한 적응방식으로 인정되어야 하며, 단지 특정 환경에서 좀 더 적합하고 효율적인 유형이 되거나 반대로 적응을 해치고 비효율적인 유형이 될 수도 있다.

CS에서 가정하는 인식의 유형을 살펴보면, 첫째, 전반적으로 주위환경과 상호작용에 거리를 두거나 차단, 회피 등의 방식으로 인식을 하지 않으려는 '회피형/억제형'이 있다. 넓은 의미에서 회피형도 인식의 한 가지 유형으로 볼 수 있겠지만 인식의 유형이라기보다 태도와 좀 더 가깝다. '회피형/억제형'의 사람들이 주위환경과 거리를 두는 이유는 다양한데 인지적 능력, 자존감, 상황적 반응, 분노나 관심 등의 개인적 요인이 좀 더 관련된다. 저마다 다양한 이유가 있겠지만 이러한 태도가 오랜 시간 동안 유지되면서 어느 순간 일관적이고 자동적인 반응유형이 되어 버리는 일이 많다. 당장 귀찮고 하기 싫은 일들을 미루고 '내일부터' '다음부터' '오늘까지' 등으로 합리화하다 보면 어느 순간 귀찮음이 성격 특성이 되어 버리는 것이다. 심각성을 느낀 그 순간에는 이미 부담스러운 정도의 무게가 쌓여 있기에 새롭게 마음을 먹기 위해서는 더 강력한 동기가 필요하고 만약 변화가 너무 부담스러워 동기를 키우지 못하게 되면 성찰하고 반성하기보다 후회하고 체념해 버리는 손쉬운 태도를 선택할 가능성이 커진다. 주위환경과 상호작용을 회피하고 거리를 두려는 태도가 후자의 과정을 거쳐 온 결과라면 하나의 유형처럼 일관적인 특성을 갖게 된다. 단, 주위환경과의 상호작용을 회피하는 이유가 비교적 짧은 시기, 특정 상황, 특정 인간 대상에 한정된 것이라면 생활 전반에 만연된 경험의 유형으로 보는 것이 아닌 '상황적으로

Q 생각 상자

시간이 흐르면서 세상을 대하는 태도와 관계방식이 굳건해지는 현상을 떠올려 보세요. 주위 사람 중 '회피형/억제형'으로 예상 가능한 사람이 있다면 그들을 대하는 주위 사람의 마음이 어떠할지 생각해 보세요. 혹시 자신이 '회피형/억제형'이 아닌가요?

억제된 유형'으로 볼 수도 있다.

둘째, '관념형/내향형'으로 구분할 수 있는데 이들 유형은 자극을 인식할 때 체계적 설명과 이해를 심사숙고하려는 사람들이다. 그 설명의 체계가 간명할 수도 있고 아주 복잡할 수도 있다. 당면 환경의 자극이 어떠한 속성을 가졌고 그 속성이 당면 상황에서는 어떤 의미를 부여해야 할지 전방위적으로 검토해야 할 때가 있는데, 어떤 경우에는 단순한 기준으로 간편하게 설명될 수도 있지만 어떤 경우에는 그 자극을 인식하기 위해서 다양하고 모호한 정보를 통합하여 이해해야 할 때가 있다. 당면 상황에서 고려해야 할 정보의 양이 많아질수록, 정보가 더 모호해질수록 정확한 인식을 위해서 상당한 관념적 에너지를 활용해야 한다. '관념형/내향형'의 사람은 복잡하고 모호한 상황에서 정보처리의 부담을 충분히 견딜 수 있는 능력과 태도가 있는 사람이다. 한편, 당면 환경에서 적응요구의 단순한 의사결정이 요구되는 상황이거나 관념적 이해가 덜 중요한 정서의 교류가 필요한 상황에서는 관념적으로 인식하려는 유형이 오히려 적응을 해칠 수도 있다. 상황에서 핵심적인 기준을 적용하지 않고 부가적 정보를 모두 고려하려는 방식이 불필요하게 일을 복잡하게 만들거나 관계하는 상대방을 질리게 할 수도 있다. 하지만 이들의 의도는 경험환경이 가진 여러 정보를 알뜰하게 써먹고 최대한 완전한 이해를 하려는 것이기에 이러한 태도나 해결방식이 무조건 잘못된 것이라 할 수는 없다. 예를 들어, 단순한 적응환경에서 복잡한 관념적 반응은 관념이 가진 정교함으로 인해 참신하게 보일 수도 있다. "오늘 따라 자주 화장실에 가게 되네."('화장실에 자주 가게 되어서 불편하다/아까 물을 너무 많이 마신 것이 후회된다/너와 있는 자리에서 자주 가게 돼서 미안하기도 하고 민망하기도 하네/내가 실례를 부탁해야 하지만 미리 내가 양해를 부탁하는 거니 이해를 해 줬으면 해' 등의 의도를 담고 있을 수도 있다)라는 말에 "커피에 있는 카페인 성분이 우리 몸에서 이뇨작용을 일으켜서 물을 많이 먹지 않아도 자주 화장실을 가게 되는 거야."라고 무덤덤하게 답을 할지도 모른다(나쁜 의도가 없이 싸움의 시작이 될 수도 있다). 만약 화장실을 자주 가게 돼서 함께하는 자리를 자꾸 비워서 미안하다는 의도를 가지고 한 말이라고 직접 설명을 해도 상대의 의도에 대해 아무런 정서적 의도를 전달받지 못하거나 오히려 모호한 말로 들릴 수도 있고, 자신의 의도가 이들에게 정확하게 전달되지 않은 것 같아서 불편함을 느낄 수도 있다. 관념적 유형의 사람들의 관점에서는 '불편함'이라는 경험을 설명하기 위해서 너무 다양한 기준을 고려해야 한다는 것 때문에 그 순간 시점에서 편안하게 상대의 의도를 이해하는 것이 지연되기도 하고 어려워지는 것이다. 하지만 앞의 대화는 일상적인 상황에서 벌어지는 가벼운 대화이기에(일상적인 상황에서 일상적이지 않은 표현은 개그의 속성을 띨 때도 있다) 때로는 오히려 분위기를 좋게 만들려는 모습으로 비치기도 한다. 관념적 유형의 사람들이 자신의 적응을 해치거나 대인관계를 해치는 경우는 그리 흔하지 않은데, 사회적 관계에는 모범답안과 같은 관습적인 기준만으로도 기본적인 상호 호혜적 관계가 유지될 수 있기에 대부분 관계 상황에서는 큰 문제없이 적응할 수 있는 것이다.

셋째, '외향형/직관형'으로 구분할 수 있는데 이들은 자극으로부터

일어나는 심리 내적 느낌에 초점을 두고 있는 사람들이다. 표현의
출처와 준거는 자신의 내면에서 일어나는 느낌에 있으며 소통을 위
한 표현보다 '주관적인 느낌 자체'를 표현하는 것이 좀 더 중요하다.
인식된 느낌을 외부로 표현해야 한다면 '내가 즐거워' '내가 불쾌해'
'느낌적 느낌이 그래' 등이면 충분하다. 이들은 타인에게 자신의 느
낌을 정확하게 이해시켜 줄 의도나 능력이 부족한 것처럼 보일 수도
있으며, 타인이 이들의 경험을 이해하고 싶어 설명을 요구할 경우 스
스로 답답해하면서 주관적 이유를 설명하는 경향이 있다. 현실감이
떨어진 경우가 아니라면 당면한 상황에서 이들이 느끼는 느낌은 보
통 예상할 수 있는 것이며 자연스럽게 그럴 만하다고 인정되는 수준
일 것이다. 예를 들어, 맛있는 음식을 먹고 '맛있음'을 느꼈을 때, 맛
의 성분을 분석하여 상세한 설명을 하기보다 순간의 맛을 만끽하고
있는 표정, 몸짓과 함께 '맛있어~♡♡'라고 이야기하는 것은 너무나
자연스러운 것이다.

　외향형인 사람들이 가진 인식의 특징은 주위환경의 자극들이 어
떤 속성인지 충분히 정리되지 않았을지라도 그 경험의 가치를 즉흥
적으로 경험하고 표현하게 된다는 것이다. 결국 주위환경의 속성을
충분히 검토해 보지 않은 결정이기 때문에 자신이 그렇게 느끼게 된
근거를 명확하게 알아차릴 수 없으며 자신의 경험을 단순한 속성에
귀인할 수 있다. 만약 이들이 기본적인 관념 기능이 작동될 수 있어
도 관념적 방식을 선호하지 않기에 몹시 귀찮은 일로 여길 수 있고
심하게는 자신의 고상한 경험이 퇴색되는 것이라 여겨 언짢아할 수
도 있다. 그런데 이들이 보이는 즉흥적인 표현 경향은 당면 상황이

가진 다양한 정보를 인식하고 논리적이고 순차적으로 다룰 수 있는 능력이 없어서가 아니다. 특정 상황에서 자극으로 느낌이 발생하면 굳이 표현을 억제할 필요를 느끼지 못하는 것이며 상황파악을 위한 상황이 마련된다면 여러 기준에 따라 자신의 경험을 점검하는 데 기꺼이 노력을 다할 수 있는 사람이다. 매 순간 경험을 담아 두기보다 비우기를 더 선호하는 사람인 것이다.

모순적이게도 '외향형/직관형'인 사람 중에서는 주위환경의 자극들과의 상호작용에서 느낌 자극에 쉽게 민감해지는 자신의 모습에 당황해하고 불편해할 수도 있다. 이들은 주체적으로 자신의 느낌을 인식하고 수용하지 못하고 주위환경의 자극을 적절히 억제 및 조절하지 못한 채로 과도하게 경험되어 버린 경우일 수 있다. 이들의 취약성은 예상치 못한 느낌의 출처나 의미를 충분히 검토하지 못한 채로 즉흥적인 의사결정을 내린 후 자신의 결정에 대해 상당한 불편감을 느낀다는 데에 있다. 왜냐하면 현실적이고 중대한 삶의 문제를 대할 때는 주관적 느낌을 표현한다고 해서 문제가 해결되는 것이 아니라, 합리적인 의사결정이 필요하기 때문이다.

어떤 현실의 문제에 대해 당면 상황을 함께하는 여러 사람이 가진 조건마다 서로 다른 관점을 가지고 있는데, 이러한 경우는 관련자들의 입장을 전면적으로 고려하여 가장 합리적인 결론을 내리는 것이 필요하다. 예를 들어, 어느 마을에서 공동마을의 진입로를 지금껏 자유롭게 사용해 왔는데 어느 날 갑자기 진입로의 일부 영역이 자신의 땅이라며 사용료를 받겠다고 하는 땅 주인이 나타났다고 생각해 보자. 이 경우 외향형의 사람들은 현재 상황 자체가 너무 복잡한 의사결정이 필요한 경우라고 인식되기에 해당 순간 답답함을 느낄 수 있고 그 답답함을 '해결되긴 해?' '그동안 희생한 사람인데 동네 사람들이 합의를 봐야지' 등의 분명하고 단순한 관점에 따라 손쉽게 의사결정을 내릴 가능성이 크다. 그리고 애초에 이러한 복잡한 문제해결 상황을 편해하지 않기에 자신이 살아가는 실제 주위환경의 모습은 상당히 단순하고 분명한 특성을 갖게 된다. 사실 복잡하지 않은 환경에 살아가고 있는 것이 아니라 복잡한 환경을 자신의 임의로 편집하여 단순하게 인식하고 있을 뿐이다.

한편, 특정 상황에서는 이들의 직관적인 인식방식은 삶의 복잡한 문제들로 힘들어하는 사람에게 선명한 통찰과 강단 있는 의사결정을 하게끔 자극을 준다. 이들의 자문이 체계적이라거나 강한 책임감을 가진 자문이 아니라도 누군가에게는 복잡한 고민을 쉽게 생각하게 해 주기도 하며, 부정적인 주위 시선에서 벗어날 수 있도록 도와줄 수도 있고, 주위 시선에 휩쓸리지 않고 개인적 삶에 의미를 두고 살도록 도와줄 수도 있다. 체계적인 자문이 아니라 해도 건성건성 대충 이야기를 했다거나 악의를 가지고 있는 것은 아니라 단지 삶의 현상을 직관적으로 인식하고 있기에 가능한 것이다.

넷째, '양향형'은 주위환경의 자극들을 받아들일 때 '관념적/내향적' 인식과 '직관적/외향적' 인식이 동시에 작동되는 유형이며 당면 상황의 조건과 두 가지 인식유형의 상대적 강도에 따라 적응의 질이 달라진다. 우선, 두 가지 유형의 강도가 모두 강한 사람들은 특정 주위환경과 상호작용할 시 상당히 높은 수준의 복잡성을 경험하고 있을 것이며 해당 경험에 대해 다른 사람들보다 더 풍성한 의미를 발견할 수도 있고 만들어 갈 수도 있을 것이다. 다만, 경험의 종류와 양이 자신이 가진 능력과 비교해 과도하면 의사결정 상황에서 어떠한 정보를 바탕으로 결론을 내려야 할지 어려워한다. 관념적 정보 처리를 통해 결론을 내리려고 해도 정서적인 내적 경험 또한 강하기 때문에 충분한 심사숙고의 시간을 견디기가 어려워질 수도 있고, 반대로 강력한 느낌에 쉽게 자극되어 즉흥적인 결론을 내리고자 할 때도 이미 처리된 다양한 현실적 자극 정보들이 눈에 밟혀 선뜻 자신 있게 의사결정을 내리기 힘들어할 수도 있다. 결국 이러다 저러다 적당한 타이밍을 놓쳐 버리고 그러는 동안에도 새롭게 경험되는 자극이 추가되어 심리적 복잡성은 더욱더 높아지게 된다. 이들은 오랜 시간 동안 주위환경의 자극에 쉽게 예민해지고 경계해야만 할 상황을 반복적으로 겪어 오면서 고유한 유형으로 자리 잡게 되었을 가능성이 있다. 자신에게 맞는 유형을 상황에 적합하게 맞추어 주체적으로 발휘하기 어려웠던 경험이 많았을 수도 있고 주어진 상황을 어떻게든 해결하고 극복할 수 있는 모든 방법을 고려했어야만 했을 수도 있다. 안타깝게도 이들의 강인한 적응 노력이 적절한 긍정적 결과로 조건화가 되지 못하여 양향적인 유형을 갖게 된 것일 수도 있다.

반면, 두 가지 유형의 강도가 모두 약한 경우가 있는데 이들은 앞서 설명한 '회피형/억제형'인 사람들과 구분이 어려울 수도 있다. 회피와 억제의 결과로 자신의 성격이 실제 수행에 드러나지 않았을 수도 있기 때문인데 이와 다르게 '양향형'은 의식적·비의식적 회피와 억제의 태도나 의도가 전혀 없는 의사결정 능력의 부족에 의해 '양향형'을 갖게 된 사람들이라 할 수 있다. 하지만 유형의 강도가 약한

'양향형'은 '회피형/억제형'이 아닌 수검자를 제외하면 그리 흔하지 않은 유형이며 이들은 보통 주위환경의 자극들을 충분히 인지할 수 있는 정도의 지적 능력이 부족하거나 자신의 성격적 정체성이 충분히 확립되지 못하여 적응환경에서 혼란감을 겪고 있는 사람일 수도 있다. 스스로 부족감, 열등감 등을 가지며 주위환경의 범위를 최소화해 놓으면서 충분히 예상할 수 있고 해결 가능한 낮은 수준의 자극들과만 상호작용할 수도 있다.

CS에서는 기본이 되는 두 유형, 즉 '내향형'과 '외향형'이 인식의 유형이기도 하면서 적응요구를 해결할 수 있는 능력 및 경향성이라고 본다. 현실에서 주어진 업무나 문제를 해결하는 실제 발휘되는 능력을 의미하는 것이 아니라 '적응요구'를 해결할 수 있는 심리 작동의 잠재적 능력치이며, 이러한 적응요구를 적절하고 성공적으로 해결할 수 있는 능력이 있는 사람이 현실의 문제도 잘 해결할 수 있을 것이라 추정한다. CS 결과에서는 일차적으로 'EB style'을 통해 파악하고 구체적으로 EA, EB, M, WSumC, es, L과 비교해 보며 살펴볼 수 있다.

하지만 CS에서 설명된 각 유형이 담고 있는 해석적 가설의 범위와 다양성이 몹시 크기 때문에 일관적 해석이 어렵고 다른 로르샤흐 변수뿐만 아니라 수검자의 생활사적 정보를 통합적으로 고려한 후 해석적 가설을 만들어야 한다는 것에 해석적 난해함이 있다. 실제 수검자가 살아가는 장면에서 적응패턴이나 성취 업적들을 고려하지 않고 해당 유형이 가진 심리적 특징을 수검자가 가지고 있다는 직접적인 추론은 아주 위험한 것이다. 그래서 R-PAS에서는 질적으로 유형을 나누지 않고 적응을 위해 작동되는 관념사용 과정에서 정서적 경험의 영향을 양적으로 고려하여 해석적 가설을 만든다(M/MC, MC, (CF+C)/SumC, PPD, complexity, simplicity 참조).

2 인지적 정교성과 단순성

'정교성(sophistication)'은 복잡성과 유사한 개념이나 좀 더 구체적이고 기능적인 현상을 기술하고 있다. 높은 복잡성 수준을 가진 이유가 높은 정교성 때문일 수도 있지만, 정교성이 높다고 해서 복잡성 수준이 반드시 높아지진 않는다. 그리고 복잡성에 영향을 끼치는 요인에는 심리적 적응을 해치는 부정적인 속성들도 포함되는데 정교성은 좀 더 중립적인 개념이며 보통은 적응에 도움이 되는 능력 요인이다. 또한 복잡성은 최종적인 경험의 총량이지만 정교성은 인지적 과정에서 작동되거나 사용할 수 있는 기술 및 방법 등 기능적 의미를 담고 있다. '단순성(simplicity)'은 복잡성과 대응하는 개념으로 최종적 경험의 총량으로 볼 수 있으면서 동시에 정교성과 대응하는 개념으로도 볼 수 있다. 복잡성과 단순성 그리고 정교성과 단순성은 서로 비교 가능한 연속선의 특징이기도 하다.

정교성은 '심리학적 마음가짐(psychological mindedness: PM)'*과 관

---

* '심리학적 마음가짐'은 복잡한 인간 경험에 대한 통찰력을 말한다. 여기에는 ① 자신의 사고와 느낌, 행동이 일어난 고유한 심리 내적 출처를 인식할 수 있는 능력, ② 주위환경과 상호작용에서 일어나는 감정적 경험이 가진 복잡하고 미묘한 뉘앙스를 알아차릴 수 있는 능력, ③ 현재의 경험과 심리적 사건이 갖는 과거-현재-미래의 시간적 수반성에 대한 이

련될 수 있다. 정교성에는 '인지적 정교성'과 '정의적 정교성'을 모두 포함하는데, 우선 인지적 정교성은 자극을 인식하고 자극에 의미부여를 하고, 의미가 부여된 정보를 가공하고 처리하며, 검열 및 결정을 하는 과정에서의 능력을 의미한다. 경험 과정에서 정교한 작업은 다양한 정보를 통합적으로 활용하려는 노력, 좀 더 선명하고 면밀하게 자극을 다루려는 노력 등 많은 인지적 에너지를 투여해야 하는 작업이다. 높은 정교성에 영향을 미치는 능력에는 경험 자극에 대한 다양하고 깊이 있는 지식, 새로운 자극의 관련성을 추론하여 의미를 발견해 낼 수 있는 능력, 모호한 시각적 정보를 분명한 대상과 관련 지어 지각할 수 있는 능력 등이 포함된다. 높은 인지적 정교성 경향이 복잡성을 높이는 데에 주요 요인으로 작용할 수 있으며 정교화하는 과정에서 어떤 정보를 더 많이 사용했는가에 따라 스트레스 경험이나 심리적 문제를 만들어 낼 수도 있다.

한편, 정의적 정교성은 인지적 능력이 높을수록 함께 높아지는 경향이 있지만, 일반적으로 끈기, 노력, 열성, 의지, 동기화 등의 태도와 좀 더 관련이 있다. 높은 정의적 정교성은 우선 경험 자극을 상세히 살펴보려는 '관여 태도'에 큰 영향을 받는다. 정의적 정교성이 높은 사람은 특정 주제에 깊이 있게 다양한 방식으로 접근하면서 지적 즐거움을 느끼려고 하며, 본인의 생각에 깊이 주의를 기울여 창의적이고 생산적인 아이디어와 계획을 짜 보려고 하고, 자신의 느낌을

해 능력, ④ 인간행동의 동기와 의도를 심각하게 왜곡하지 않고 추론하고 이해할 수 있는 능력 등을 포함한다. 심리학적 마음가짐을 통해 자신의 적응 행동이 가진 고유성을 이해하고 주체적으로 행동할 수 있게 된다.

더욱더 풍성하고 생동감 넘치게 느끼고 싶어 한다. 이뿐만 아니라 정의적 정교성이 높다면 경험환경의 뉘앙스나 불명확한 자극의 세부사항들까지 세심히 따져 경험할 수 있으며 내면의 생각이나 느낌을 섬세하게 다루려고 할 것이다. 그리고 자신의 심리적 경험과 타인의 심리적 경험 모두 잘 알아차릴 수 있고 그러한 경험이 어떤 주위환경의 자극들과 관련이 되었는지도 이해할 수 있는 능력이 있다는 것을 의미한다. 그래서 대인관계 장면에서 정교성의 가치는 본인의 생각과 느낌을 정확하고 생동감 있게 전달하여 잘못된 의사소통으로 인한 오해를 줄여 주는 데 있다. 이렇게 인지적 정교성과 정의적 정교성을 구분하여 이해하는 것은 개념상의 구분이며 수검자에게서 실제 드러나는 정교성은 인지적 요인과 정의적 요인이 동시에 포함된 총체적인 정교성으로 나타난다.

반대로, 단순성은 상세하고 구체적으로 자극을 경험하고 표현할 능력이 부족해서 단순한 기준으로 당면 상황을 이해하고 의사결정을 내리는 경향을 의미한다. 하지만 높은 단순성 수준이 '수검자가 가진 능력의 부재나 단순한 방식의 자극 경험'과 처리를 하려고 한 의도가 있어서가 아니라면 '수검자의 태도로 인해 나타난 모습'일 수도 있다. 결과적으로 단순성이 높으면 감각 과정에서도 생생하게 자극을 인식하는 것이 어렵고 좋고 나쁨의 단순한 기준에 따라 인식하게 된다. 누구나 맛있는 음식을 먹으면서 '맛있음'을 온전히 느끼지만 어떻게 맛이 있는지 섬세하게 인식하거나 설명하기 어려울 수 있다. 앞으로 발전할 수 있는 사업이 무엇인지 알고 있지만 어떻게 발전하게 되는지 이해하기 어려울 수 있으며, 기분이 나쁘지만 어떤 부분이 자신의 기분을 언짢게 했는지 분명하게 알 수 없을 것이다. 나만, 맛있으니 그만이고 앞날의 비전을 볼 수 있다는 것에 만족하고 기분이 나쁠 때는 당연히 기분이 나쁜 것이라 여기는 것이다. 하지만 정교성이 낮다는 것이 그 자체로 나쁜 가치를 갖는 것은 아니며 경험의 풍성함이 다소 낮아도 주관적 만족감은 충분히 유지될 수 있다. 다만, 정교성이 높은 사람과 소통을 할 시 상대적 부족감을 느낄 수도 있고, 반대로 상대의 정교함에 대해 열등감을 느껴 단편적인 기준에 빗대어 상대의 정교함을 평가절하하면서 대인관계상 문제가 발생할 수도 있다.

높은 수준의 인지적 정교성을 가진 사람의 경우 실제 삶에서 경험할 수 있는 일반적인 스트레스 상황에서 인지적 정교성이 정확한 현실검증에 도움이 되고 세밀하게 파악된 상황에 적합하고 효율적인 대처방안을 마련하는 데에 큰 도움이 될 수 있다. 하지만 실제 삶의 스트레스가 자신의 정교화 능력을 넘어서는 압도적 상황에 직면했을 때는 오히려 스트레스를 더욱더 고통스럽게 경험하게 만들 수 있고, 모순적으로 예상하지 못했던 단순한 인식 경향을 보이면서 의사결정을 내리는 모습을 보일 수도 있다. 이 과정에서 자신의 의식적 통제를 벗어나 작동되어 버리는 정교성은 병리적 특징을 반영하는데 현실감이 손상된 상태에서 침습적이고 강박적인 사고나 망상 등의 증상으로 발현될 수도 있다. 만약 이러한 경우라면 높은 정교성은 심리적 혼란감이 반영된 증상으로 보는 것이 바람직할 것이다.

3 정보처리 효율성

　로르샤흐 과정은 검사자가 특정 순서로 제시해 주는 '자극'과 '지시'에 따라 개인이 가진 고유한 방식으로 의사결정을 내리고 표현해야 하는 '제약 상황에서의 합리적 문제해결 수행과제'이다. 이 과정에서 수검자는 제시받은 문제를 정확하게 '인식하고 처리하며 해결하는' 일련의 인지 과제를 수행해야 한다. 실제 삶에서 겪게 되는 대부분 문제에는 절대적인 답이 없다. 적절한 정확도를 갖고 인식하고 효율적으로 처리하며 합리적으로 해결하는 것이 건강한 적응인 것이다. 매 순간 건강하게 적응하며 살아가는 것은 정답을 선택하고 해결을 하는 것이 아니라 삶이 요구하는 문제를 이해하고 해결해 나가는 방식이 얼마나 정확하고 합리적이고 적절한 것인지에 따른다. 이와 마찬가지로 수검자는 로르샤흐 과정에서도 통제된 상황에서 얼마나 적절하고 효율적이고 생산적으로 해결해 나가는지를 검증한다. 이러한 주어진 요구를 해결하기 위한 과정에서 입력된 자극을 처리하는 방식의 가치를 '정보처리 효율성'으로 점검해 볼 수 있다. 인지적 처리 과정에서 처리대상은 인식된 자극이며, 처리 과정은 먼저 인식된 자극이 처리할 만한 자극인지를 검열하고 이후 처리될 자격을 얻은 자극에 여러 의미를 부여하여 비교해 보고 가장 최선의 의미를 선별하는 과정을 거치게 된다. 이 과정에서 처리할 만한 자극으로 식별된 자극은 수검자의 현실 상황에서 의미 있는 '정보'의 가치를 갖게 되는 것이다.

　성공적인 적응을 위해서는 처리해야 할 정보의 양이 어느 정도이냐에 따라 발휘해야 할 처리 능력 수준이 결정된다. 개인은 실제 수행의 최종 행위자이자 소통의 주체이기 때문에 처리 노력이 다분히 의식적이고 주체적인 것처럼 보일 수 있겠으나 경험 자극으로 유발된 통제되지 않은 습관적이고 반사적인 행동일 때가 많다. 당면 상황이 가진 적응요구 수준이 높은 경우라면 적응요구를 해결할 수 있을 정도의 상당 수준의 정보처리 능력이 필요할 것이다. 개인의 정보처리 능력이 당면 상황에서 요구되는 수준에 미치지 못한다면 사고 능력과 정서조절 기능에서 문제가 발생할 가능성이 커진다. 과도한 사고와 느낌이 심리적 혼란감을 높일 수도 있고 전반적인 사고력과 정서 경험 및 표현의 양을 떨어뜨릴 수도 있다. 반면, 일상적 수준의 적응요구 상황에서는 그에 상응하는 수준의 정보처리가 이루어져야 하며 과도한 정보처리 시도는 불안 등의 신경증적 증상을 만들어 낼 수도 있다. 만약 평균 이상의 정보처리 능력이 있는 개인이라도 경험의 순간부터 통제되지 않은 방대한 정보의 일방적인 침습으로 정보처리가 되어 버린다면, 개인의 처리 능력 수준을 판단하기 전에 주위환경과의 상호작용 범위를 사전에 대처하지 못한 이유를 밝혀야 할 것이다. 그 이유를 탐색하는 과정에서 개인이 당면 상황을 대하는 심리적 태도가 드러날 수 있을 것이다.

　보편적이지 않은 수준의 과도한 자극을 경험했다고 해도 상당한 개인의 능력이 뒷받침해 준다면 성공적인 처리가 가능하고, 개인이 가진 스트레스에 대한 태도가 현실적이고 주체적이고 자율적이라면 성공적 정보처리에 큰 힘을 실어 준다. 결과적으로 경험된 정보를 충분히 잘 처리하게 되면 당면 상황에 대한 높은 적응력을 유지하게 되고 나아가 개인의 성장을 이끌 수도 있다. 효율적인 정보처리는 높은 스트레스 상황에서 심리적 부담을 최소화해 줄 수 있고, 평온하고 안정적인 환경에서는 한층 더 성장할 수 있는 여유를 가질 수 있도록 도와준다. 반대로, 효율적이지 못한 처리 과정을 거친다면 작은 문제도 더 큰 문젯거리가 되거나 반드시 처리해야 할 적응요구에 압도되어 결국에는 심리적 증상을 만들거나 적응 장면에서 회피적인 태도가 형성될 수도 있다. 효율적 처리는 노력 대비 성취 수준을 결정하며 주어진 상황 조건들에 가장 최소화된 노력으로 최대의 성취를 얻을 수 있도록 작동되는 것이다.

한편, 경험 자극이 애초에 현실적이지 못할 수도 있는데 현실적이지 못한 자극 경험이라 할지라도 일단 정보로서 식별되었다면 자동적 처리가 되어 버린다. 당면 상황에 적응하는 데에 도움 되지 않고 불필요한 자극들이 인식되는 이유를 밝히기 위해서는 인식 과정에 영향을 주는 요인들을 검토해야 한다. 적응에 불필요한 자극이 인식되어 정보로서 가치를 갖게 되어 버리면 그 정보는 대부분 증상의 씨앗이 되곤 한다. 이러한 씨앗은 현실 장면에서 예상할 수 없고 양해하기 어려운 수준과 방식으로 '생각'과 '정서 경험 및 표현'이 나타날 가능성이 커져 대인관계상의 뉘앙스를 정확하게 파악하지 못하게 만들 수 있다. 그렇기에 정보처리의 효율성을 살펴보기 전에 적응요구를 해결하는 데에 도움이 될 만한 자극들을 적절하게 분별하여 인식했는지 고려해야만 하는 것이다.

로르샤흐에서 정보처리 과정은 우선 CS의 R과 L 그리고 R-PAS의 Pr, Pu, CT 등 자극을 대하는 수검자의 행동 정보들을 통합하여 검토해 볼 수 있다. 그런 후에 CS의 Zf, Zd, Eco Index, P 그리고 R-PAS의 '관여 및 인지처리 문제' 영역에 포함된 변수들을 참고하여 구체적인 정보처리의 능력 및 방식을 검토할 수 있다. 먼저, 정보처리의 양은 결과적으로 경험된 정보의 양을 의미하는 것인데 수검자의 생활사적 정보를 참고하여 실제로 내담자의 경험환경이 가진 정보의 양을 고려한 뒤 현재 수검자가 로르샤흐에서 보인 정보의 양을 비교·검토해 봐야 한다. 수검자의 실제 적응 장면의 적응요구가 많을수록 수검자가 처리해야 할 정보가 많은 것이며, 안정적이고 일상적인 요구가 유지되고 있다면 처리해야 할 정보는 평범한 것이다. 만약 당면 상황에서 적응요구가 많은 상황인데도 로르샤흐에서 경험한 정보(R, L, F% 등을 참고)가 적은 것으로 나타났다면 정보 입력을 차단하거나 거리를 두려는 태도로부터 나타난 것은 아닌지를 살펴야 한다. 만약 태도의 문제가 아니라면 개인의 처리 능력이 부족하여 나타난 결과를 의심해 볼 수 있을 것이다. 반대로 로르샤흐에서 경험한 정보의 양이 과도하다면 이러한 정보가 주체적인 노력으로 인한 것인지 압도된 적응요구에 반사적으로 처리 기능이 과도하게 작동되어 버린 결과인지 확인해 봐야 할 것이다.

CS에서 '핵심영역'에 포함된 변수들과 R-PAS에서 '관여 및 인지처리 문제' 영역에 포함된 변수들의 관련성을 충분히 검토하면서 수검자의 정보처리 방식에 대한 가설을 만들 수 있다. 입력된 정보의 양이 많으면서 정보처리 능력도 충분하다면 심리적 복잡성이 증가해 있다는 의미인데 이 경우에는 복잡성을 검토해 볼 수 있는 다른 변수들을 참고하여 통합적 가설을 세워 볼 수 있을 것이다(CS에서 EA, D,

Adj D / R-PAS에서 complexity MC, MC-PPD 등이 높은 수준으로 나타날 가능성이 크다). 반면, 입력된 정보의 양이 많으면서 개인의 정보처리 능력이 빈약할 경우 정보처리 기능의 항진 또는 과도한 정보처리로 인한 증상의 가능성을 점검해 볼 수 있을 것이다. 정리하면, 정보처리의 효율성은 주위환경에 존재하는 자극의 범위 및 수준과 이러한 환경을 대하는 개인의 태도 그리고 개인이 가진 실제 작동 가능한 정보처리 능력을 통합적으로 고려하여 평가하는 것이 중요하다.

4 반응과 표현

인식된 자극들은 정보처리 과정을 통해 주관적 의미를 부여받게 되는데 이렇게 개인적 의미가 부여된 정보들은 특정한 형태를 갖추고 특정한 방식으로 주위환경과 상호작용하는 데에 사용된다. 주위환경의 개념에서 설명했듯이 주위환경의 영역은 외부현실과 내부세계를 아우른다. 즉, 인식된 자극은 개인적 정보처리 과정을 거치면서 특정 의미를 갖추게 되고 처리된 정보는 실제 적응 장면에서 소통의 재료가 된다. 최종적인 자극 경험은 실제 적응 장면에 표현하는 것으로, 일련의 적응 행동이 완결되는 것이다. 로르샤흐에서 반응은 외부현실에 자신의 경험을 표현하는 방식이며 언어화된 반응과 비언어화된 반응으로 구분되어 있다.

우선, 일상적인 용어로서 '표현(expressing)'은 개인의 경험을 외부현실로 드러내는 것을 의미하지만 로르샤흐에서는 이러한 의미뿐만 아니라 내부세계에서 심상화된 표현도 포함된다. 내부세계에서 표현의 한 방법은 인식된 내용을 내부세계 내에서 여러 개념과 아이디어를 사용하여 관념을 만들어 내는 것으로 표현될 수 있다. 이러한 '관념 만들기'는 실제 외부현실에 관찰 가능한 행동으로 표현되는 것이 아니기에 '표상(representation)' 또는 '심상(imagery)'이라 하며 표상은 실제 현상이 '재구성화/재형식화'된 내적 이미지이다. 이렇게 형성된 표상은 주위환경의 자극과 상호작용에서 언어적 소통의 내용을 담고 있는 재료인 것이다.

의미가 부여된 최종 경험은 내적 표상으로 만들어져 실제 외부현실의 상호작용에서 언어적·비언어적 행동으로 드러난다. 자신의 경험을 외부현실에 표현하는 것을 친숙하고 편안하게 여기는 사람은 새로운 상황에서도 두려워하지 않고 즐길 수 있다. 여기서 경험을 '표현'한다는 것은 관계 상대에게 자신의 경험을 전달한다는 의미가 아니라 주위환경과 소통에 써먹을 수 있는 형태로 변환시키는 작업을 의미하는 것이다. 표현의 양태는 외부현실에 실제 '행동'일 수도 있고 내적 '관념'일 수도 있기 때문이다. 일단 경험이 외부현실이든 내부세계에서든 '표현'이 되면 그 표현 내용은 외부현실에서 상호호혜적으로 활용될 수 있는 재료가 될 수도 있을 것이고 일방적인 자기표현에 그칠 수도 있다. 실제 행동은 자신의 경험을 외부현실에 표현하는 그릇 역할을 하는데, 외부현실로의 표현은 실제 행동에 담기지 않고서는 표현될 수 없다.

외부현실로의 표현은 대인관계 장면에서 실제적인 기능을 하는데 고유한 개인적 경험을 상대방에게 전달하여 공유할 수 있다. 대인관계 장면에서의 소통은 서로의 경험을 나누고 조정하며 새로운 의미를 부여하거나 부여받아 좀 더 다듬어진 합리적 의사결정을 하는 데 도움을 준다. 주위 사람들에게 보이는 건강하고 적응적인 '표현의 특징'은 표현에 상응하는 경험 출처와 근거가 무엇인지 스스로 잘 알고 있다는 것이며 그 근거를 상대에게도 정확하게 전달할 수 있다는 것이다. 외부현실로 표현된 경험이 화, 언짢음, 유쾌함, 즐거움, 짜증, 분노 등의 정서적 내용일 때 '화난다' '기분 좋다' '짜증난다'처럼 직접적이고 단순하게 표현되는 경우가 많다. 만약 이런 경우라면 보통 스스로 그 경험의 출처와 근거를 명확하게 알지 못할 가능성이 크며 자신이 어떻게 그렇게 경험했는지를 상대방에게 정확하게 이해시키고 공감을 받는 것도 어려울 수 있다.

이상의 설명처럼 '표현'은 행동으로 외부현실에 드러내는 것과 내부세계에서 '관념'의 형태로 새로운 아이디어를 생산해 내는 것 모두 포함하는 개념이다. 그리고 정서적 경험은 관념화하여 표현될 수도 있고 외부현실로 즉흥적인 행동으로 표현될 수도 있다. 이러한 표현 양식은 개인이 가진 경험유형과 밀접한 관련이 있으며 '관념형'의 사람들은 표현하는 방식도 관념적 방식을 선호하며 '외향형'의 사람들은 직접적 행동으로 표현하는 방식을 선호하는 경향이 있다. 구체적으로, 외향형의 사람들은 경험의 출처가 자극에 대한 주관적인 느낌과 일차적으로 맞닿아 있는 것처럼 표현방식에서도 자신의 느낌 자체를 관념적 점검 없이 경험 그대로 표출하는 것을 선호하는 경향이 있다. 내부세계에서 느낌 형태의 정보는 특정한 체계나 논리가 갖추어지지 않기 때문에 느낌을 표현할 때도 직관적인 표현으로 나타내게 되는 것이다. 반대로, 관념형의 사람들은 표현(표상) 능력을 갖추고 있으며 경험의 재료 또한 풍성하게 가지고 있는 경우가 많은데 이들의 표현은 완결함과 높은 체계성을 갖추고 있기에 이러한 체계성과 복잡성을 수용해 줄 수 있는 환경에서는 탁월한 표현력으로 인정받을 수 있다. 하지만 일상적이거나 감상적이고 느낌의 소통이 요구되는 상황에서는 모순적으로 극단적인 침묵이 나타나기도 한다. 왜냐하면 일차적으로 자신의 체계성과 완결성을 받아 줄 수 있는 대상이나 상황이 아니라서 애초에 표현하지 않기를 선택했을 수도 있다. 이들 중에는 과거 유사한 상황에서 자신의 선호양식에 따라 표현을 해 보았지만, 주위 사람들과 자연스럽게 소통하지 못했던 결과로 소외감을 느끼면서 이러한 경험이 체념과 같은 방식으로 자리 잡게 되었을 수도 있다.

한편, '양향형'의 사람들은 이들이 인식하는 방식과 마찬가지로 경험된 양의 수준에 따라 다른데, 충분한 경험의 양을 가진 상태라면 표현을 충분히 하지 못하게 되어 혼란스러워할 수 있고, 많은 경험을 사고 에너지로 해결하려는 시도가 감당하기 어려운 수준만큼 관념을 생산해 버려서 관념 세계에 갇혀 버린 것일 수도 있다. 반대로, 순간의 느낌들을 표현하게 되면 그와 관련된 사고가 확장되기에 직관적인 표현을 하면서도 강한 자기의심이 뒤따라오기도 하고 내적 혼란감이 증폭되어 예측 불가능하고 안정적이지 못한 표현방식을 보일 수도 있다.

로르샤흐에서 표현의 가치는 수검자가 '모호한 잉크 반점을 경험한 후 적절한 언어를 사용하여 응집성이 있는 구성적 · 상황적 이야

기를 만들어 낼 수 있는가' 그리고 '잉크 반점의 CARD PULL로 유발
된 느낌의 근거를 해당 잉크 반점 내의 속성에서 찾아내어 검사자에
게 설명할 수 있는가'의 수준으로 정해지는 것이다.

07

기호화 영역

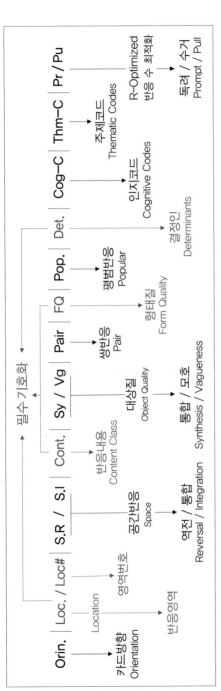

〈R-PAS '반응 수준' 기호화 영역과 각 기호화 영역의 의미〉

* Orientation: 어떤 각도로 카드를 보았는가?

Location(/Locatino#): 어느 영역을 보았는가?(영역번호)

Space: 흰 공간을 사용했는가? 어떻게 사용했는가?

Content Class: 무엇을 보았는가?

Synthesis: 해당 대상을 의미 있게 관련을 지었는가?

Vagueness: 모든 대상을 모호하게 지각했는가?

Pair: 두 개의 동일 속성의 대상이 있는가?

Form Quality: 반응대상이 반점에 얼마나 적합한가?

Popular: 많은 사람들이 그 대상을 보았는가?

Determinants: 어떤 점이 반응한 대상처럼 보이게 하는가?

Cognitive Codes: 사고과정이 문제점이 있는가?

Thematic Codes: 어떤 주제가 표현되었는가?

R-Optimized: R을 최적화하기 위한 개입을 하였는가?

1 반응영역과 공간 반응

반응영역은 수검자가 카드 내에서 '무엇'을 보기 위해 사용한 영역을 기호화한 것이다. 다른 기호들을 이해할 때와 마찬가지로 '반응-기호 변환' 작업에 집중하는 것을 넘어 반응영역에 포함되는 기호들이 실제 삶에서 수검자의 어떤 심리적 현상과 관련되어 있는지 이해하는 것이 중요하다. 수검자가 보고한 말 자체만 가지고 기호화하려 해서는 안 되며 해당 반응영역을 사용한 이유를 추적하는 것에 초점을 둬야 한다.

우리가 살아가야 할 세상을 '선택해서' 태어나지 않은 것처럼 수검자는 자신의 의사와 관계없이 검사자가 마련해 둔 로르샤흐 상황에 맞닥뜨려진 것이다. 태어난 이유는 모를지라도 태어난 이상 적응을 위해서 생존의 의무를 다해야 하는 것처럼 수검자는 감사자가 의도적으로 제시한 로르샤흐 잉크 반점 내에서 요구사항에 반응해야만 하는 것이다. 수검자는 제약된 상황 내에서 자신이 원하는 특정 영역을 선택할 수 있으며 자신의 동기와 욕구를 기만하면서 선택의 자유를 거부할 수도 있다. 반응영역을 선택하는 유형은 현실의 적응영역을 선택하는 방식과 비슷하며 생존 유지에 따른 필수적 선택, 주체적인 선택 그리고 신경증적인 선택 등이 있다.

첫째, 생존 유지에 따른 필수적인 영역 선택은 절대성이 아닌 보편성과 당위성에 따른다. 자신이 속한 적응 장면에서 대부분 사람이 관심 있어 하는 영역에 자신도 관심을 두는 것은 인간 집단에서 생존에 도움이 된다. 생존에 큰 위협이 되지 않는 상황에서는 일상적

1. 반응영역과 공간 반응 **167**

인 삶을 유지하는 정도의 영역에 관
심을 두는 것만으로 적응하는 데에
는 충분하다. 예를 들어, 주위환경
의 적응요구 수준이 낮은 평화로운
인생의 시기를 사는 사람은 원하는

Q 생각 상자

제약된 상황에서 자유로운 선택이 가진 의
미는 무엇일까요? 이러한 상황에서 어떤 태
도를 갖추는 것이 적응적일까요? 그리고 최
종 선택이 가진 적응적 의미는 무엇일까요?

점심 메뉴를 고민하고, 주말 약속을 기다리고, 즐겨 보는 TV 프로그
램 시간을 챙기는 등 일상적 삶의 영역에 대한 관심만으로도 충분히
적응적일 것이다. 하지만 직장에서 자신이 맡은 작업에 필요한 전
문지식이 요구되는 상황, 오랜 시간 관계해 온 대상과 누적된 갈등
이 커진 상황, 수년간 준비해 온 자격시험이나 임용시험 공부에 부
담이 큰 상황 등의 자신에게 요구되는 전문적이고 종합적인 문제해
결이 필요한 상황에 당면했을 때는 그에 상응하는 수준의 관심을 가
져야 잘 적응할 수 있다. 당면한 주위환경의 적응요구 수준에 따르
기도 하지만, 대부분 경우에 높은 복잡성을 담고 있는 문제를 해결
하기 위해 다양한 자극을 참조하려는 것은 '개인의 능력'이나 일관적
이고 안정적으로 다양한 정보를 다루려고 하는 '개인의 성격'과 관련
이 있다. 높은 수준의 적응요구를 해결할 수 있는 개인적 능력이 있
다면 당면 상황에 적합한 수준의 능력을 발휘하는 것은 그리 어려운
일이 아니며 그렇게 발휘된 능력의 결과는 로르샤흐 반응에 반영된
다. 단, 수검자의 반응에 능력 발휘의 증거를 찾기 어려운 경우라도
실제 수검자가 능력이 없음을 지적하는 것은 아니기에 부정적인 해
석적 추론은 경계해야 할 것이다.

둘째, 주체적인 영역 선택은 주위환경의 적응요구 종류나 강도와

Q 생각 상자

복잡성이 높은 문제를 해결할 경우 개인의 능력은 어떤 반응영역 선택 경향으로 드러날까요? 만약 주위환경이 단순한 적응요구 수준을 가진 경우라면 자신의 능력을 최대한 발휘하는 것은 적응상 어떤 의미가 있을까요?

관련 없이 스스로 삶을 대하는 태도나 관점에 따라 결정된다. 주체적인 선택의 결과는 보편적일 수도 있고 개별적일 수도 있다. 보편적인 선택을 하는 경우는 당면 상황에서 최대한 심리적 안정을 느끼려거나 안전한 해결법 및 결과를 얻는 데 도움 될 수 있도록 상호작용의 범위를 제약했을 가능성이 크다. 로르샤흐 반응에서는 단일 대상을 지각한 D나 W 영역으로 나타날 수 있다. 예를 들어, 최근 강도를 당한 경험, 상실경험, 정서적 대상과 갈등 등의 높은 수준의 스트레스를 겪었다면, 누군가는 외상을 극복하기 위해 다양한 시도를 할 수도 있고 누군가는 가능한 한 주위 사람들과 접촉을 단절하고 혼자만의 시간을 가지려고 할 수도 있다. 보편적이든 개별적이든 주체적인 선택의 가치는 자신이 의도한 결정이라는 데에 있는 것이다. 그러한 선택이 보편적 기준에서 타인에게 부정적인 모습으로 비칠지라도 그 선택의 결과는 '주관적인 불편감'을 경험하기보다 수용하고 받아들이면서 안정된 상태로 유지될 가능성이 크다. 하지만 어쩔 수 없이 자신의 의도와는 상관없이 특정한 영역에 '몰두 당해 버린' 결과라면 주관적 불편감도 동시에 높아질 것이다. 반면, 주체적인 선택이 개별 특수적인 기준에 의한 선택이라면 자신만의 관점과 삶의 방식을 고수하려는 태도가 반영된 것일 수도 있다. 예를 들어, 로르샤흐 반응에서 단일 Dd와 Dd가 조합된 W 영역으로 나타날 수도 있다. 이러한 경향이 있는 사람들은 다른 사람들의 시선이나 사회적으로 규정된 평범한 선택에 연연하지 않으며 개인적 삶의 영역에 관심을 두고 살아가는 경향이 있다. 이와 다르게 현실감이 저하되어 내부세계에 빠져 살아가기도 하는데 현실적 적응이 어렵다 할지라도 이 또한 개인이 선택한 주체적이고 개별적인 삶의 영역으로 인정될 수 있다.

셋째, 신경증적인 선택은 '선택하기 싫지만 선택하게 되는 경우'와 '선택해도 되지만 기어이 특정한 선택을 피하려고 하는 다소 비의식적인 선택'이다. 이는 CARD PULL에 쉽고 강하게 자극받아 선택하게 되는 경향을 띤다. 예를 들어, V번 카드에서 아무런 불편감이 없이 전체 잉크 영역을 사용하여 반응할 수 있겠지만, V번 카드가 가진 강력한 CARD PULL인 W를 지각하도록 강하게 이끌린다는 것에 불편함을 느끼는 사람은 웬만하면 W는 선택하지 않으려고 할 수 있다. W 반응을 피하려고 최종 선택한 영역이 평범한 D 영역일 수도 있지만, 불편함을 피하려던 결과가 Dd 영역을 선택했다면 적응 수준이 낮아질 수도 있다(추가로 Dd 영역의 구체적 특징을 검토해야 한다). 이상의 잉크 반점이 가진 구조적 특징과 관련된 CARD PULL이 아니라 특정 내용을 유발하는 CARD PULL인 경우도 있다. 예를 들어, III번 카드에서는 보통 인간상을 지각하기가 매우 쉬운데 인간상으로 경험하는 것이 개인적 불편함을 느끼게 하여 기어이 경험하지 않으려고 한 시도가 해당 영역을 제외한 다른 영역에 초점을 두는 경우가 있다. 신경증적인 선택이 많아질수록 현실 삶에서 보편적인 상호작용 경험을 불편해할 가능성이 클 것이다.

R-PAS에 새롭게 구성된 반응영역 관련 기호화 항목이 있는데 카드의 흰 공간을 활용한 반응기호이다. CS에서 공간 반응은 반응영

역과 조합하여 WS, DS, DdS 세 가지 방식으로 기호화하며 정서적 경험과 관련한 해석의 재료로 사용했다. 하지만 흰 공간을 활용한 반응은 그렇게 반응하게 된 동기와 기제가 정서적 불편감과 관련된 것만이 아니며 다양한 동기와 기제가 관여하고 있기에 단순히 정서적 불편감의 지표로만 사용하는 것은 잘못된 해석적 가설을 세우게 되는 실수를 범하게 한다. 공간 영역을 반응에 사용하는 것은 자극과의 상호작용 방식, 정보처리 방식, 상황에 대한 태도 등에 영향을 받아서 나타날 수 있다. 그렇기에 CS에서 설정된 기준으로 단일 S 기호 빈도를 활용하기보다 다음 제시한 R-PAS에서의 공간 반응기호를 활용하길 권장한다. R-PAS에서는 최종 반응에 공간 정보를 포함한 반응을 한 경우 SR(White Space Reversal)과 SI(White Space Integration)로 기호화한다. SR은 '공간역전'으로 카드의 반점 영역을 전혀 포함하지 않고 단일한 흰 공간 영역을 활용하여 개별 대상을 지각한 경우이다. SR로 반응한 이유는 개인이 당면한 실제 상황을 살펴보면서 명백히 드러나곤 하는데 일차적으로는 주어진 환경과 상호작용하는 것에 대한 거부감이나 불편감 또는 무관심 등이 반영될 수 있다. 이뿐만 아니라 주어진 환경 조건에서 독립적인 경험을 선호하는 성향, 관습적인 인식에서 벗어난 독창적이고 창발적인 관점을 추구하고 소통하는 경향, 특정 상황(보통 일방적으로 주어진 상황)에서 반항적인 태도와 행동을 시사할 수도 있다. 그렇기에 이들은 강압적

Q 생각 상자

만약 자신이 로르샤흐 카드에서 공간을 활용한 반응을 했다고 가정한다면 어떤 이유로 공간 반응을 하고 싶었을까요? 보통 자신에 대한 건강한 상을 가진 사람이라면 긍정적인 이유로 해석적 가설을 만들고 싶지 않을까요?

이거나 위계적인 환경에서 당면하는 것을 불편해할 가능성이 크며 강한 통제를 요구하는 상황에서는 반향적 특성이 좀 더 강하게 드러날 가능성도 커진다. 하지만 SR이 분노 및 적개심을 지적한다는 잠정적 해석가설은 경험적 근거가 없기에 분노와 관련된 직접적인 해석을 지양해야 한다. 왜 이런 태도를 갖추게 되었는지는 실제 생활 장면, 상담 및 심리평가 장면, 검사자와의 대인관계적 특징을 포함한 수검자가 속한 적응 장면 등의 환경적 특징을 충분히 고려하면서 밝혀내야 할 것이다.

한편, SI는 '공간통합'으로 잉크 반점에서 무언가를 보도록 요구했을 때 공간 영역을 첨가하여 좀 더 구체적이고 폭넓게 상호작용을 하려는 노력을 지적한다. 잉크 영역에 공간 영역을 추가하여 함께 보려고 한 것은 긍정적이기도 하지만, 어떤 경우에는 추동된 스트레스를 포함하는 부정적 특징을 반영하기도 한다. 그리고 SI 반응과정은 상호작용 과정에서 반응의 주체성이 관련될 수도 있다. 구체적으로 살펴보면, 공간을 통합하여 지각대상을 질적으로 더 섬세하게 반응한 SI는 추가적인 인지적 노력의 결과이며 적응의무를 해결하기 위한 높은 동기 수준을 반영한다. 한편, 주위환경에 대한 단순한 경험보다 재미를 키우려고 좀 더 복잡한 자료를 다루려는 시도를 의미할 수도 있다. 이러한 시도는 자신의 경험을 좀 더 구체적이고 섬세하고 풍성하게 하려는 태도를 반영할 수 있으며 주위환경에 존재하는 부가적 자료를 통합적으로 활용할 수 있는 능력으로도 볼 수 있다. 반면, 잉크 반점 영역에서 무언가를 보기를 요구받은 상황에서 원하지 않지만 정교한 답을 찾아야 한다는 부담이나 압박 또는 자신의 수행에 대한 높은 가치평가 기준, 완전한 수행에 대한 욕구 등에 영향을 받은 것일 수도 있다. 공간 반응으로 수검자에게 적합한 해석적 가설을 만들기 위해서는 수검자가 속한 적응 장면의 특징을 면밀하게 검토해야만 한다. 만약 SI가 거의 없는 경우라면 경험환경 내에 주어진 다양한 정보를 통합적이고 복잡하게 다루는 것에 인지적 여유가 부족한 것은 아닌지 검토해 볼 수도 있을 것이다. 수검자의 적응 장면의 조건에 따라서 인지적 단순성이나 경직성, 낮은 동기 수준을 가진 사람으로 해석적 가설을 만들어 볼 수도 있을 것이다.

CS와 R-PAS 모두에서 반응영역은 수검자의 반응에 상응하는 특정 기호로 채점이 되지만 그 영역 선택의 과정에서 개인의 인지 과정은 기호만으로는 추정하기 어렵다. 같은 W 기호라도 누군가는 주체적이고 생존에 도움이 되는 선택이지만 누군가는 생존을 저해하는 유도된 선택이었을 수도 있고 회피의 결과로 해석할 수도 있다. 그리고 개인이 가진 인지적 능력이나 잠재력이 될 수도 있으면서 동시에 소속집단에서 요구되는 관습적 적응을 지적할 수도 있다. 그렇기에 반응영역을 고려할 때는 반드시 내담자의 수검 태도, 개인력, 평가 맥락 등을 통합적으로 고려하여 수검자가 선택한 반응영역에 담겨 있는 인지적 특징 및 적응의 방식을 구체적으로 추론해야만 할 것이다.

2 발달질과 대상질

경험 자극을 지각하는 과정에서 자극의 지각적 선명도가 높을수록 주위환경과 상호작용이 쉬워지고, 여러 경험 자극들을 동시에 활용하여 지각적 관련을 지으면 주위환경과 상호작용의 복잡성이 올라간다. 경험 자극의 '지각적 선명도'와 '지각적 정교성'은 CS에서 '발달질(Development Quality: DQ)' 그리고 R-PAS에서 '대상질(Object Quality)'로 기호화된다. 경험 자극을 선명하고 정교하게 지각하는 과정은 개인의 능력과 태도에 영향을 받게 되는데 자극을 인지하는 순간에 수많은 자극을 검열하고 선택하여 자신에게 의미 있는 자극으로 변환시키는 노력이 필요하기 때문이다. 발달질은 경험 자극에 분명히 특정할 수 있는 지각속성을 부여한 정도를 가리키는 것이다. CS에서 발달질은 지각대상을 객관적으로 지각할 수 있는 속성을 부여한 수준부터 완전히 주관적인 경험까지 구분되는 질적 수준으로 구분되어 있다('+' 'o' 'v' 'v/+'). 한편, R-PAS에서 대상질은 지각된 대상이 얼마나 분명하고 정교한 속성을 가지는가에 따라 기호화된다. 분명한 지각속성을 활용하여 객관적 지각이 가능한 대상으로 발달시키지 못한 반응은 'Vg, vague'로 기호화하고 여러 자극에 관련성을 부여한 반응은 'Sy, synthesis'로 기호화한다. 경험 자극을 현실적 속성으로 충분히 예상할 수 있게 지각하는 것은 건강한 상호작용의 기본조건이라 할 수 있다. 분명한 지각대상을 정교하게 관련 짓는 작업은 당면 상황에 따라 적응적 가치가 달라진다. 우선, 분명하지 않은 자극 경험은 경험환경 내의 자극을 현실적 속성으로 떠올릴 수 있을 정도로 명확하게 경험하지 못한다는 것을 의미하며, 이러한 지각방식은 자신과 타인 그리고 상황에 대한 정확한 인식을 해칠 가능성을 키우게 된다. 생각하고 느끼는 경험방식에서 왜곡된 사고를 만들 수도 있고 상대의 의도를 오해하게 되고 상황의 핵심적 뉘앙스를 파악하지 못하여 예상하지 못한 행동을 할 수도 있는 것이다.

비유해 보자면, 상점에 아무리 많은 물건이 있더라도 목표물건을 지정하여 살펴보지 않는 한, 아무리 좋은 상품이라 할지라도 물건의 존재를 알아차리는 자체가 어렵기도 하며 감각기억 수준에서 금세 소멸이 되어 버린다. 일차적으로 주위환경의 특정 대상을 분명히 감각한 후에서야 그 대상이 가진 여러 속성을 활용하여 대상의 정체와 본질을 인식할 수 있어야 써먹을 만한 '정보 가치'를 가질 수가 있다. 분명한 감각 후 지각대상에 의미를 부여하는 작업이 진행될 수 있는 것이다.

최종적인 정보의 질은 경험 자극에 의미를 부여하는 방식이 얼마나 지각대상이 가진 실제 현실에서의 속성과 얼마나 유사한가에 달려 있다. 현실적 속성에 적합하게 반응했다는 것은 잉크 반점 자극이 가진 보편적 속성을 분명하게 인식한 것이라 할 수 있으며, 이렇게 전달된 정보는 타인에게도 자신의 경험을 분명하게 묘사 및 설명을 해 줄 수 있다는 것을 의미한다. 잉크 반점이 가진 임의적이고 주관적인 속성을 활용한 지각 정보는 스스로

> **Q 생각 상자**
>
> 지각대상을 경험했다는 것은 지각대상에 대한 특정 생각을 만들고 느낌을 느꼈다는 것을 말합니다. 분명하고 정교한 지각 수준을 가진 경우 생각과 느낌의 선명도와 정교성이 높다는 것입니다. 자신과 타인 그리고 상황에 대해 여러분이 가진 지각의 '선명도' 및 '정교성'을 검토해 보세요.

혼동되고 타인에게도 자신의 경험을 정확하게 전달하기란 어려울
것이다.

한편, 주위환경의 자극 중 다양한 자극에 관심을 두게 되면 정보
의 정교성은 높아진다. 사고 싶은 물건이 여러 개일 수도 있고, 관심
을 둔 물건들을 가지고 있는 기존 물건들과 함께 사용했을 때의 어
울림을 고민하며 선택할 수도 있다. 이 경우 최종 구매를 위한 의사
결정은 복잡해진다. 실재하는 자극의 속성을 참조하였다면 최종 형
성될 정보가 더욱더 정교하며 구체적인 형태를 띠게 될 것이지만,
임의적이고 주관적인 상상을 참조했다면 모호한 속성의 조합으로
인해 혼란스러움은 더 커질 것이다.

분명한 지각 경험은 주위환경과의 적응적인 소통에 필수사항이
라고 하였고 정교성은 상황에 따라 적응적 가치가 달라진다고 하였
다. 인간의 적응 장면에서는 개인이 속한 집단의 조건이나 개인의
특성에 따라 경험 가능한 주위환경의 범위가 설정되는데, 소속 장면
의 특별한 변화나 독특한 내적 경험이 일어나지 않는다면 비교적 안
정적으로 유지된다. 이러한 안정적인 주위환경은 적응을 위한 부가
적 노력이 필요하지 않고 친숙한 적응요구를 해결하는 것만으로도
적응을 안정적으로 유지할 수 있어서 자극의 분명한 속성을 참조하
는 것만으로도 적응에는 충분하다. 하지만 재난이나 진학, 취업 등
적응환경의 변화나 정체성의 혼란, 대인관계의 불편함, 인생 면면에
대한 관점의 변화 등으로 새로운 적응요구를 받게 된다. 당면 환경
에서 문제해결의 부하가 높아진 상황이라면 기존 친숙한 상황에서
발휘했던 노력 이상의 정교하고 복잡한 인지적 처리가 요구된다. 증

가한 주위환경의 자극을 면밀하게 살피고 해당 환경에 실재하는 속성들을 충분히 활용하여 당면 환경의 요구를 정확하고 분명하게 인식해야만 한다. 이때에는 다양한 주위 자극에 관심을 가져야 한다는 부담이 커지는데 이 상태가 지속되면 주위환경 전반에 상당 수준의 경계심을 갖게 될 수도 있다.

한편, 당면 환경의 문제해결의 부하가 아닌 임의적이고 주관적인 내부세계에서의 경험이 확장된 상황이라면 심각한 적응력 저하가 나타날 수 있다. 특히, 외부 상황 및 대상을 현실적으로 정확하게 검증하지 못하게 될 때는 심각성이 증가한다. 그리고 대인관계 상황에서 경험은 여러 자극에 의해 복합적으로 결정되며 상대의 의도 추론, 분위기 파악, 공감 등의 능력이 필요하다. 이러한 능력이 부족한 사람이라면 내부 경험의 확장으로 인해 정교성은 더욱 왜곡된 소통을 이끌게 된다. 이러한 점 때문에 더욱 모호한 내부세계의 경험일수록 현실검증력이 유지되는 상태에서 주체적이고 생산적인 사고의 정교성이 필요해진다. 이러한 인지적 처리에는 상당한 능력이 필요하며 능력이 부족할 경우 적응에 실패할 가능성이 크다. 또한 현실을 왜곡하거나 부정하고 현실 장면에서의 상호작용을 중단하고 내부세계로 도피해 버릴 수도 있다. 'v' 'v/+' 또는 'Vg'가 의미하는 임의적이고 주관적인 출처를 사용한 반응의 특징은 인상적이고 정밀하지 못한 방식으로 자극을 경험했다는 것이다. 로르샤흐 과정에서 인상적이고 정밀하지 못한 지각은 현실에 존재하는 자극속성과 관련지어 지각하지 못한다는 것이며 다양한 형태로 자유롭게 기술하고 묘사할 가능성이 커진다는 것이다. 그 자유로운 기술은 보통 개인적이고 현실적이지 못한 경향을 띤다.

　로르샤흐 기호를 통해 살펴보면, CS에서 발달질은 크게 o, +, v, v/+ 네 가지 기호가 있고 'o'일 경우 해당 자극에 실재하는 속성을 참조했다는 것이며, '+'의 경우에는 'o'의 의미를 포함하여 좀 더 다양하고 정교하게 자극속성을 참조했다는 것이다. 최종 형성된 대상이 자극에 실재하는 어떠한 속성도 참조되지 않고 임의적이고 주관적인 기준만을 참조한 경우에는 'v'로 표기하고 임의적이고 주관적인 다양한 기준을 함께 관련지어 참조했다면 'v/+'로 표기한다. R-PAS에서는 Sy(Synthesis), Vg(Vague), 2(Pair) 세 가지로 구분하며 대상을 형성하는 데에 참조한 자극속성의 활용이 얼마나 정교한지를 확인할 수 있다. 단, '2'는 단일 기호로서 직접적인 해석적 가설을 가지진 못하고 특정 조합점수의 재료로 사용된다[예: 자살염려 조합점수 (SC-Comp: Suicide Concern Composite)]. R-PAS는 CS에서 반응영역과 묶음으로 기호화하는 네 가지 발달질의 범주가 아닌 독립적 기호로서 한 반응이 두 가지 조건에 동시에 해당하면 'Sy'와 'Vg'를 한 반응에 함께 기호화할 수 있다. Sy는 CS의 발달질 기호 중 '+'와 'v/+'의 기호화 기준과 같이 관련성을 부여한 모든 반응에 기호화한다. 이러한 대상 간의 상태적·기능적 관련성을 부여한 반응은 통합적인 인지적 활동이 이루어졌다는 것을 의미하며 좀 더 복잡하고 정교한 정보처리 과정을 거친 결과다. 특히, 단일한 자극정보들을 물리적·기능적으

Q 생각 상자

왜 (2)가 SC-Comp(Suicide Concern Composite)를 산출할 때 포함될까요? (2)로 기호화할 수 있는 반응은 어떤 의미가 있을까요? (2) 반응 과정에서 어떤 인지적 과정이 이루어지는지를 생각해 보세요.

로 상호작용을 하는 대상으로 주체적인 의미를 부여한 작업이기에 상당 수준의 동기화나 인지적 능력이 필요하다. 다만, 원치 않은 상황에서 높은 수준의 동기화 및 정보통합 작업이 의무적으로 요구될 경우라면 이러한 정교화 노력은 적응을 위해 치열하게 노력함으로써 생기는 과도한 인지적 부하를 반영한 것일 수도 있다.

'Vg'는 당면 상황에서 적응을 위해 분명하게 인식돼야 할 자극들을 충분하고 분명하게 인식하지 '못'하거나 하지 '않고' 있다는 것을 지적한다. 이는 인지적 능력 부족으로 인한 불분명한 지각일 수도 있으며, 스트레스 상황에서 일시적 반응 또는 상황에 의해 발생한 부적응적 반응으로서 인지적 능력의 저하를 의미할 수도 있다. 또는 개인적인 특정한 주제에 제한된 심리적 부담으로 인해 당면 환경의 자극을 면밀하게 검토하지 못하여 충동적으로 대충 지각해 버린 결과일 수도 있으며 신경증적인 방어로서 회피적 태도의 반영일 수도 있다. 결국 이러한 정확하지 못한 불분명한 지각이 빈번히 나타날수록 환경과 상호작용하는 것이 현실적으로 어려워질 것이다. 하지만 개인마다 살아온 삶의 경험에서 아주 사적이고 특수한 심리적 외상 경험으로 인해 그와 관련된 특수한 상황에서 정확하게 지각하기 어려워지거나 회피하고자 하는 태도가 나타났을 수도 있기에 'Vg'가 있다고 해서 전반적인 상황에서 인지적 문제나 신경증적으로 경직된 부적응이 만연되어 있다고 볼 수는 없다. 'Vg'가 나타난 반응의 계열성, 반응주제, CARD PULL에 의한 영향 등을 함께 검토해 본 후 신중한 결정을 내리는 것이 필요하다.

3 결정인

'결정인(determinants)'은 주위환경과 상호작용을 해서 경험하게 된 '근거'이자 선호하는 '경험의 유형'을 말할 수도 있으며 '쉽게 영향을 받는 주위환경의 속성'을 지적하기도 한다. 결정인을 검토하는 것으로 수검자가 경험환경의 어떤 자극속성에 이끌렸는지를 알 수 있으며 수검자가 당면 상황을 인식하고 처리하는 방식을 알 수 있다. 주위환경에는 아주 다양한 속성을 가진 자극들이 존재하는데, 많고 다양한 자극 중에서도 특정 자극속성은 개인의 관심을 특별히 쉽게 끌어당길 수 있다. 모든 개인은 가족의 한 구성원, 소속기관의 직장인, 학생, 신입사원, 한 사람의 연인 등 특정 역할을 가지고 있으면서 시험 준비, 직업탐색, 연애 생활, 과도한 경제 활동 등의 특정 상황에서 요구하는 수행을 하며 살아간다. 대부분 사람은 이상 언급한 상황뿐만 아니라 여러 범주에 동시에 복합적으로 소속될 수 있다. 개인이 속한 모든 범주를 고려할 수 없고 꼭 고려할 필요는 없지만, 개인의 주위환경과 상호작용의 특징을 이해하는 데에 중요한 요인이 될 수 있는 당면 환경의 특징을 이해하는 것은 중요하다. 수검자가 어떤 적응 장면에 당면해 있는가를 파악하는 것은 수검자가 '어떤' 자극에 쉽게 이끌려 갈 가능성이 크며, 해당 장면에서의 적응을 위해 특히 '어떤' 자극에 관심을 기울이는 것이 필요할지를 추정하는 데에 도움이 된다. 예를 들어, 배가 고플 땐 음식 자극에 훨씬 쉽게 이끌릴 수 있으며 운동선수는 자신의 종목과 관련된 자극에 쉽게 이끌릴 수 있을 것이다. 이뿐만 아니라 극단적인 경우이긴 하지만 맥락에 따라, 귀여운 강아지가 누군가에게는 행복한 자극일 수 있겠지만 누군가에게는 엄청난 공포의 대상이 될 수도 있다. 드문 일일지라도 특정 상황에서는 달려가는 쥐를 보고 군침을 흘릴 수도 있고 높은 건물의 벽면을 보고 즐거운 등반을 떠올리는 사람도 있을 것이다. 이처럼 주위환경과 상호작용하는 방식은 개인의 능력, 성격, 욕구, 주위환경의 적응요구 등의 다양한 요인이 관여하여 만들어진 최종 경험 및 반응인 것이다. 이러한 최종적인 경험 및 반응에 어떠한 요인이 결정적으로 관여했는지는 '결정인'을 통해 추론할 수 있다. 경험 및 반응과정에서의 특징들을 몇 가지 기준에 따라 구분해 볼 수 있다.

첫째, 주위환경의 속성이다. 현실에서 주위환경의 속성은 로르샤흐의 '잉크 반점이 가진 속성'인데 잉크 반점과 상호작용하여 최종적으로 드러난 반응에는 '보편적인 특성'과 '수검자의 개별적인 특성'이 모두 포함되어 있다. 어떤 자극들은 너무 자주 접하게 된 것이어서 의심의 여지 없이 자동으로 그와 연합된 '경험'과 '반응'을 하게 된다. 인간을 인간으로 보고, 자동차를 자동차로 보고, 건물을 건물로 보고, 나무를 나무로 보는 것은 너무 당연하고 그와 연합된 생각이나 느낌은 대부분 사람에게서 예상 가능한 경험이다.

Q 생각 상자

10개의 각 카드가 가지고 있는 CARD PULL과 이와 관련된 예상되는 결정인을 생각해 봅시다. 우선, 모든 카드가 가지고 있는 공통 속성은 형태 속성이며 이는 자연스럽게 형태 속성을 참조한 반응을 이끕니다. 한편, 주체적인 사고 노력을 기울이는 경우 고정된 반점에 움직임 속성을 자발적으로 부여할 가능성이 큽니다. 그래서 움직임을 부여한 반응은 개인의 의도와 의지에 따라 어느 환경 조건에서도 나타날 수 있는 가장 주체적인 반응이라 할 수 있습니다. 이뿐만 아니라 각 카드의 CARD PULL이 가진 두드러진 결정인 속성에 대해 생각해 보세요.

이러한 반응은 보통 로르샤흐 카드와 잉크 반점이 가진 강한 CARD PULL에 이끌려 나타난다. 반면, 개인이 가진 심리적 조건이 어떠하냐에 따라 경험환경의 모든 자극의 강도가 달라질 수 있는데, 특정 현상이나 삶의 사건에 대해 깊이 생각해 보고 체계적으로 이해하는 것을 더 선호하는 사람은 사고를 자극하는 CARD PULL에 좀 더 쉽게 자극을 받고 반응하게 된다. 예를 들어, 목표를 위한 과정에서 하루하루 일취월장하며 자신의 꿈에 한발 더 다가가고 있는 만족스럽고 벅찬 삶을 살아가는 사람은 열정과 희망찬 느낌을 주는 주위환경에 좀 더 쉽게 자극이 될 것이고, 반대로 삶이 고단하여 무기력한 삶을 살아가는 개인은 그 무력감을 느끼게 하는 주위환경에 더 쉽게 자극될 것이다. 그리고 개인이 당면한 적응 장면이 재난이나 친밀한 대상의 상실 등의 일상적이지 않은 압도적인 상황이라면 평소 자연스럽고 안정적으로 경험했던 주위환경보다 당면한 상황과 관련된 자극을 중심으로 삶의 전반적인 자극에 예민하게 반응하게 될 것이다. 이처럼 최종적인 경험을 결정하는 데에는 주위환경의 속성들이 주요한 영향을 미치며 이러한 주위환경의 속성에는 보편적인 인간의 경험과 반응에서부터 주위환경의 특성, 개별적인 심리적 조건 등에 의해 해당 순간의 경험이 결정되는 것이라 할 수 있다.

둘째, 최종 경험과 반응을 결정하는 데에 개인이 가진 능력이 영향을 미칠 수 있다. 같은 종류의 적응요구를 받는 상황에서 누군가는 경험환경의 자극에 반사적으로 반응하게 되는데 이는 주위환경의 통제하에서 자동화된 적응을 하고 있다는 것이다. 반사적인 경험과 반응은 경험 자극에 대해 여러모로 따져 보지 않은 반응이며, 심사숙고 과정을 거치지 않은 단순하고 피상적인 반응일 수 있다. 자동화된 반응이 단순히 반사적인 경우라면 주위환경에 순응하고 수동적으로 상호작용하고 있는 모습일 수도 있지만 오랜 시간 숙달된 대처 능력이 자동화되어 능숙한 모습으로 나타난 것일 수도 있다. 만약 숙달된 대처 능력의 발휘라면 적응요구를 해결하기 위해 지금까지 경험하고 단련해 왔던 전략을 백분 활용하여 복잡하고 정교하게 대처하고 있다는 것이다. 이렇듯 주위환경의 자극을 대하는 방식은 개인의 '대처전략'과 관련이 있기도 하지만 이제까지 성공적이었던 방식을 우선시하여 작동시키는 반사적인 조건형성의 결과라면 '단순한 반사적 반응'으로 볼 수 있다.

구체적으로 살펴보면, 로르샤흐 과제에서 주어진 문제에 적합한 대처가 어렵다는 것은 실제 장면에서의 적응 상황에서도 적합한 대처가 어렵다는 것을 의미한다. 이 경우에는 경험 자극이 가진 단편적이고 두드러지는 속성에 대한 반사적인 반응 경향성을 높이기도 한다. 다시 말하자면, 분명한 형태 속성에 손쉽게 이끌려 반응하는 경향이 나타날 수 있다. 반면, 다양한 상황에서의 학습경험이 있었던 사람은 자신에게 좀 더 유용한 대처법이 무엇인지 배울 기회를 가졌을 가능성이 크며, 앞으로 당면하게 될 상황에서 습득된 다양한 방식의 능력을 사용하여 좀 더 나은 적응력을 발휘할 수 있을 것이다. 이 경우 로르샤흐 잉크 반점이 가진 명백한 형태 자극속성뿐만 아니라 여러 다른 속성들을 추가하여 반응할 가능성이 있다. 대표적인 예로는 이차원적 장면의 잉크 반점에 개인적 경험을 투사하여 부가적인 상황 묘사나 이야기를 만들어 갈 수 있고, 유채색 정보를 추가하여 경험의 생동감을 더할 수도 있다. 이 두 경우는 모두 형태 속성에 머물러 있지 않고 형태 속성에다가 다른 속성을 추가해서 새로운 방식으로 자신의 경험을 풍성하게 만들어 내는 것이며, 경험 과정에서 영향을 주는 정서적인 자극들도 충분히 편안하게 조절할 수 있다는 것을 시사한다. 그래서 로르샤흐 잉크 반점의 단순한 형태 속성만을 경험 출처로 사용한 반응들은 자신의 능력을 발휘하지 못하거나 발휘하지 않았다는 것을 지적한다. 반면, 형태 속성에 반응하는 것을 넘어 새로운 아이디어를 확장시키고 짜임새 있는 상황적 이야기를 만들어 내는 것은 정서적 자극을 적절히 다루면서 문제해결 능력을 적절히 발휘하고 있음을 의미할 수 있다. 결국 개인의 인지적 능력 수준이 높다면 다른 사람들은 파악하기 어려운 속성까지 탐지하여 주어진 과제를 해결하는 재료로 사용할 수 있을 것이다. 이들은 로르샤흐 카드 속에 담긴 다양한 세부 속성을 주체적으로 탐색하여 발견해 내고 특정 대상을 지각하는 데에 중요한 요인으로 사용할 수 있다. 불편함을 유발하는 자극속성도 자신의 합목적적 수행을 저해하지 않은 수준에서 잘 관리하며, 최종 반응의 한 요인으로 통합해 낼 수 있는 능력을 발휘하는 사람이다.

셋째, 경험하려는 의도가 없는 상태에서 내부세계의 자극들이 경험시켜 버린 경우이다. 보통 이러한 경험을 '주관적 스트레스' 또는 '심리적 고통/불편감'이라고 한다. 모든 인간의 삶은 현재 당면 상황의 적응요구들을 해결하며 살아가야만 하는데 충분히 채워지지 못한 개인적 욕구들은 현재를 합목적적으로 살아가려는 방향을 흐리게 만든다. 사실, 개인적 욕구는 자연스러운 것이며 한 차례 채워진다고 해서 영구적인 만족을 유지할 수 없으며, 요구의 종류 또한 시간과 상황에 따라 변하는 것이기에 언제 어디서나 만족 상태가 유지된다는 것은 불가능에 가깝다. 건강한 삶을 위해서는 그 개인적 욕구를 거부하지 않고 과도하게 참지도 않아야 하고 개인적 욕구에 집착하거나 끌려 다니지도 않아야 한다. 매 순간에 맞게 개인적 욕구를 하나씩 채워 가는 것 자체가 삶의 지향점이라 할 수 있다. 이러한 적응 모습은 좀 더 나은 삶을 위해 현재 부족한 부분을 채우고자 열심히 살아가는 것이기도 하며, 당면 상황에서의 적응을 위해 그리고 '괜찮은 삶의 질을 계속해서 유지하기 위해 해야만 할 일'을 묵묵히 해 나가는 모습이기도 하다. 어떤 경우이든 적응을 위한 심리적 부담은 따라오게 되는데 이러한 부담이 커지게 되면 당면 상황에서 주관적 욕구에 쉽게 영향을 받게 되면서 욕구 충족에 도움이 되는 특정 자극에 강하게 이끌리게 되는 것이다.

한편, 정서적 혼란감이나 복잡함은 현재 상황에서의 적응요구를 안정적으로 해결하는 것을 어렵게 만든다. 주어진 과업들을 다룰 때 불안정한 정서와 부정적인 정서는 현실적으로 관심을 가져야 할 자극에서 초점을 흩어 버려 불안정하고 불편하게 만드는 자극들에 쉽게 자극되게 만든다. 이러한 정서조절의 문제는 개인의 대처 능력 및 태도에 따라 달라질 수 있는데 스트레스 수준이 높은 주위환경에서 생산적으로 개인적 의미를 부여하거나 반대로 스트레스 경험이 될 만한 정서적 경험을 전반적으로 차단하는 방식으로 나타날 수도 있다.

이상 결정인의 의미를 고려해 봤을 때, 개인의 경험을 결정하는 요인은 잉크 반점이 가진 속성, 개인의 지각 및 정보처리 능력, 당면 상황에서의 스트레스 수준 및 검사에 대한 태도 등이며, 이 요인들이 반응을 결정하는 데에 다중결정적 특징을 갖는다는 것을 알 수 있다. 현실 장면에서 누군가는 주체적이고 생산적이며 적응요구를 충분히 해결할 수 있지만, 누군가는 원치 않은 부정적인 자극을 너무 쉽게 경험해 버릴 수 있고 애초에 자신의 욕구를 소원하게 다루거나 체념해 버리기도 한다. 결국 적응은 당면 환경의 자극을 주체적으로 선별하여 경험하고 생산적으로 행동하며 앞으로 경험하게 될 삶의 스트레스에 긍정적인 개인적 의미를 부여하면서 주어진 적응요구를 잘 해결할 수 있는가의 문제인 것이다. 여러 방식의 적응유형은 개별 결정인 기호와 연결되어 있고 각 결정인의 비율로 실제 적응의 모습을 추정하는 것이다.

　R-PAS의 결정인 항목은 CS의 결정인 항목과 차이가 있는데 가장 눈에 띄는 것은 유채색 결정인(C)을 제외한 무채색(C′) 및 음영 결정인(Y, T, V), 반사 반응 결정인(r)에 형태 결정인(F)을 조합하지 않는다는 점이다. 실제로, CS에서도 유채색 결정인을 제외한 다른 결정인에 F의 조합에 따른 별도의 해석적 의미는 없으며 순수 단일 결정인과 F조합 결정인의 해석이 다르다는 것을 지지하는 경험적 근거도 충분하지 않다. 또 한 가지 변화는 운동(움직임 속성) 결정인 M과 FM 기호화 결정인에서 좀 더 정교한 설명을 하고 있는데 다른 반응 수준의 기호 영역들과 마찬가지로 '하향 기호화 원리'를 적용하였다. 구체적으로, 분명한 M 반응이 아닐 경우 보수적 기준으로 FM으로 기호화하고 일반적인 동물의 보편성 있는 신체 구조를 차용한

공상적 움직임 반응은 FM으로 기호화해야 한다(이 경우 CS에서는 M으로 기호화하게 되어 있다). 예를 들어, "고양이가 날개를 펴고 날아가고 있어요."라는 반응은 CS에서 동물종 고유의 움직임으로 인정하지 않고 인간의 공상적 사고가 투여된 반응으로 여겨 M으로 기호화하는 반면, R-PAS에서는 '날개'가 새와 같은 일반적인 동물이 충분히 가지고 있는 속성이며 이는 동물 수준의 속성을 단순히 다른 동물의 속성에 추가한 일차적 수준에서의 차용으로 보아 FM으로 기호화한다.

또 다른 변화는 색채 명명 결정인(CN)은 결정인 항목에 제외되었고 수검자가 "화려한 색깔을 모아 둔 거예요." 등 색채만 명명한 경우 "네. 그래서 이 화려한 색깔들이 무엇처럼 보이시지요?"라고 하거나 "네, 맞습니다. 화려한 색깔이 있습니다. 이것이 무엇으로 보이는지 말씀해 주시면 됩니다."라고 답을 할 수 있을 것이다. 이러한 반응은 그에 상응하는 기호가 없어도 수검자의 '자극과 상호작용하는 방식'에 대한 의미 있는 행동지표로 고려할 수 있는 반응이기에 해석적 가설에 별도로 통합해야 한다. 드물지만 반응시간이나 표정, 앞선 반응의 질적 특징 등의 행동을 고려하여 단일 'C'로 기호화할 때도 있긴 한데 만약 수검자의 반응과정의 특징에서 'C' 기호가 가진 해석적 의미를 지지할 수 있는 단서가 일관성 있게 나타난다면 'C'로 기호화할 수도 있다. 예를 들어, 앞선 반응에서 'CF' 또는 'C'로 기호화할 수 있는 반응이 있었고, 반응시간이 아주 짧으며 반응 후 바로 카드를 돌려주려는 몸짓을 보이는 등의 행동을 보였고, 무엇이 보이냐는 추가 지시를 한 후에도 단순히 색깔 이름만 명명하고 있을 때라면 'C'로 채점하는 것이 해석적으로 더 바람직한 결정이 될 수도 있다. 하지만 이런 추론적 기호화는 항상 조심히 접근해야 하며 보수적인 기준에 따라야 한다. 또 따른 변화는 CS의 결정인 항목에 포함되었던 (2)는 R-PAS에서 결정인 항목에서 빠져 별도의 항목으로 분류하였다. 대칭으로 같은 두 대상을 보게 된 것은 무엇인가를 보게 된 원인이라기보다 추가적인 반응 특징으로 본다는 것이다.

〈표 7-1〉 CS와 R-PAS의 결정인 항목

CS	F	M	CN	C'	Y	T	V	FD	(2)
		FM	C						
		m	CF/FC	CF'/FC'	YF/FY	TF/FT	VF/FV		rF/Fr
R-PAS	F	M	C	C'	Y	T	V	FD	(2)
		FM	CF						
		m	FC						r

4 형태질

형태질(Form Quality)은 경험의 출처가 현실적인 자극속성에 근거를 두고 있는가를 나타내는 기호이다. 현실성의 수준은 주위환경이 가진 보편타당한 조건에 부합할 때 높아지는 것인데 대부분 사람이 그럴듯하다고 인정할 수 있는 수준을 말한다. 로르샤흐에서 설정한 개념적 기준은 잉크 반점의 특정 영역이 가지고 있는 형태속성과 수검자가 반응한 대상의 형태가 얼마나 '정확하게' 그리고 '쉽고 빠르게' 현실의 대상으로 지각할 수 있는가에 따른다. 이러한 형태질의 구분은 범주적인 것이 아니라 연속적인 구분이 필요하지만, 체계적 채점을 위해서 형태질의 수준에 따라 'o' 'u' '-'로 구분하고 있다. 하지만 이러한 범주적 구분은 다분히 반응빈도에 따른 통계적 구분일 뿐이라는 점을 염두에 두고 있어야 한다. CS에서는 'o' 수준의 반응일 때, 해당 형태 속성을 정교하게 활용했다면 '+' 기호로 바꿀 수 있다. '+'의 빈도는 CS의 특수지표 OBS 세부항목에 'FQ+' 변수명으로 포함되어 있는데 과도한 정교화 노력의 근거로 사용하고 있다. 이에 따른 해석적 가설은 고려하지 않아도 될 세부사항에 관심을 두고 굳이 처리하지 않아도 될 정보를 과도하게 처리하려는 경향성을 지적한다. 하지만 R-PAS에서는 '+' 기호가 제외되었는데 '+' 반응을 하게 되는 데에는 다양한 심리적 요인이 반영되기 때문이다. 주어진 환경의 세부적인 면면을 꼼꼼하게 점검하고 활용하려는 것이 개인이 속한 특정 영역에서는 전문적 능력으로 드러날 수도 있고 상대에게 자신의 경험을 있는 그대로 친절하게 전달하고 소통하려는 태도가 반영된 것일 수도 있는 것이다. 이뿐만 아니라 대부분은 생각하지도 느끼지도 못하는 부분에서까지 의미를 발견하고 이를 표현할 수 있는 능력을 반영할 수도 있다. 그리고 문제해결 장면에서 나타나는 이러한 정교한 처리방식이 실제 일상에서는 잘 조절되고 통제되어 생산적일 수도 있다. 그래서 단일한 해석적 가설로 이해할 수도 없으며 통계적 근거도 여러 갈래로 흩어질 가능성이 컸을 것이라 예상할 수 있다.

형태질은 경험의 출처가 어떠하든 그 경험의 근거가 현실에 존재하는 자극속성으로 충분히 표상할 수 있다면 괜찮은 수준의 형태질로 볼 수 있다. 예를 들어, 엄청난 분노를 느끼는 경우 실제 삶의 장면이 분노할 만한 맥락이 있다면 그 사람의 분노를 충분히 현실적인 분노로서 이해할 수 있을 것이다. 이렇듯 경험의 속성이 부정적인 속성을 가졌다 해도 그 분노 발생의 원인이 충분히 인정될 수 있기에 이러한 부정적 경험은 정확한 현실적 지각을 가진 것이며 높은 수준의 형태질을 가진다고 볼 수 있다. 로르샤흐에서 해당 경험을 하는 데에 영향을 미친 속성, 즉 결정인은 로르샤흐 카드에 실제로 포함된 속성이어야 하며 그 실재하는 속성에 적합한 생각을 만들어 가고 느낄 수 있을 때 정확한 경험으로 볼 수 있고 괜찮은 형태질을 유지할 수 있는 것이다. 반대로, 로르샤흐 잉크 반점이 가지고 있지 않거나 아주 미세한 속성을 참조하여 특정 반응을 했다면 어떤 반응일지라도 그 근거를 찾기가 상당히 어려울 것이다. 스스로 어떤 근거로 생각하고 느꼈는지를 알 수 없기에 당연히 타인에게도 자신의 경험을 설명하고 이해시켜 줄 수가 없다. 그래서 스스로가 더 답답하고 혼란스러워질 수 있고 특정 경우에서는 자신의 경험을 고유하고 고상한 것이라 여겨 타인을 무시하고 자신 스스로 고립되는 경향으로 발전할 수도 있다.

로르샤흐 과제에서 잉크 반점을 활용하여 무언가를 봤다면 그렇게 본 출처를 '반점이 가진 속성을 참조하여' 검사자에게 충분히 잘 이해시켜 줘야 하는 것이 적응요구이다. 이에 적합한 수행을 하지 못한다면 적응력의 손상을 의심해 보고 그 원인을 탐색해 봐야 한다. 예를 들어, III번 카드를 보고 '불쾌하네요'라고 반응을 하면서 그 이유를 카드 내에 실제 존재하는 속성을 참조하여 말해 줄 수 없다면 그 반응의 형태질의 수준은 낮을 것이다. 이 경우 자신이 무엇인가를 경험하였으나 그 경험에 대해 스스로에게도 타인에게도 이해하기 어려운 경험이 되어 버린다.

그리고 경험의 출처가 잉크 반점 내에 존재하긴 하나 수검자가 보고하는 해당 속성을 참조해도 쉽게 예상하기 어려울 때도 형태질의 수준이 낮다고 할 수 있다. 수검자가 참조한 근거는 외부현실에 존재하는 대상 및 상황에 있을 수도 있고 내적 자극에 근거했을 수도 있지만 그러한 출처를 사용한 경우 보편적으로 추정하기 어려운 속성이다. 실재하는 근거와 개인적 경험의 적합성이 얼마나 떨어져 있는가에 따라 내적 경험의 현실성과 관습성의 수준이 결정된다. 즉, 개인의 경험은 주위환경에 실재하는 자극에 근거해야 하며 개인의 경험을 그 근거에 따라 합리적으로 추론이 가능한 정도의 적합성을 가져야 적응을 유지할 수 있는 것이다.

충분히 괜찮은 수준의 형태질을 보이는 반응 중에서도 특별히 보편적이고 평범한 반응이 있다. 이러한 반응은 대부분 사람이 아주 쉽게 경험할 수 있는 반응이며 '평범 반응(P)'이라 한다. P는 규준에 따라 정해진 '반응영역'과 '반응 방향' 그리고 '반응대상'이 일치되어야만 기호화할 수 있는데 반응한 대상이 실제로 반응영역의 형태 속성과 정확히 일치할 때 기호화할 수 있다. 예를 들어, I번 카드를 보고 박쥐나 나비로 반응했다고 해서 평범 반응이 될 수는 없고 반드시 전체 영역을 사용해야 하며 박쥐나 나비의 귀 또는 더듬이 부분이 카드의 상단이고 꼬리나 발 부분이 하단 방향이어야만 평범 반응이 될 수 있다. 평범 반응은 각 카드가 가진 속성에 따라 고유한 조건이 설정되어 있으며 CS에서 제시한 평범 반응의 조건과 R-PAS에서 제시한 평범 반응의 조건은 대상의 종류나 세부 사항에서 다소간의 차이가 있다. 사실, 평범 반응은 인종집단, 국가집단, 생활문화 집단 등의 집단 범위에 따라 공유되기도 하고 달라지기도 한다. 고유한 집단의 차이가 있겠지만 P는 다문화적 요인을 고려해도 인간이라면 충분히 쉽게 지각할 수 있는 '인간'과 '동물' 내용을 포함한다. 양적으로 충분한 경험은 아주 높은 빈도로 수많은 사람이 할 수 있는 경험을 의미하며 로르샤흐 잉크 반점이 그러한 보편적 경험의 대상을 보도록 이끌고 있다.

형태질 수준을 떨어뜨리는 원인으로는 누적된 경험의 양이 절대적으로 부족해서, 제한된 적응영역에서의 편향된 경험이 많아서, 사고 점검 기회가 없어서, 정서적 혼란감에 대한 정서적 피드백이 없어서, 사회적 상호작용을 거부해서, 극도의 스트레스 상황에 당면해 있어서, 응축된 미해결 욕구 및 소망으로 인해서 등이 있다. 형태질 수준이 저하된 결과는 현실 장면에서의 구체적인 부적응적 측면을 지적하는 지표가 되지만 그 원인에 대한 면밀한 탐색과 분석을 통해 심리적 문제 및 불편감의 개인적 가치를 이해하는 것이 필요하다.

5 반응내용

대부분 사람은 자신이 소속된 집단 내의 다른 사람들과 유사한 경험을 공유하며 살아간다. 경험의 범위는 인간종 대부분이 공유하는 일반적인 경험에서부터 아주 사적이고 고유한 개인적 경험까지 포함한다. 기본적으로 인간으로서 살아가기 위해 필수적으로 관심을 가져야 할 자극은 물리적·사회적 안정감과 관련된 자극일 것이다. 물리적 안정감은 일차적 욕구가 적절히 충족 또는 해소되어야 하는데 그렇지 못하면 내적 욕구의 압력이 증가하여 적응을 위해 요구되는 또 다른 자극들과의 상호작용이 어려워진다. 압력이 증가할수록 일상적인 장면에서의 적응요구를 해결하는 것조차도 힘들어질 것이다. 일상적 적응 장면에서 요구되는 상호작용이 어렵다는 것은 대부분 사람이 경험하는 것과 다른 개인적 경험의 양이 많다는 것을 지적하는 것이다. 개인적 경험에는 스트레스나 불편감과 같은 부정적인 경험만이 아니라 특정 영역에서의 전문적 탐구, 예술적 흥미, 철학적 사색까지 포함될 수 있으며 이뿐만 아니라 폭력적인 양육 경험, 왕따, 건강하지 못한 이성 관계 등의 심리적 외상 경험이 포함될 수 있다. 한편, 사회적 안정감은 대인관계 질에 따라 결정되는데 안정감을 유지하기 위해서는 자기 자신에 대한 건강하고 안정적인 정체감을 가지면서 다른 사람들과 호혜적으로 관계를 형성하고 깊은 친밀함을 만들어 갈 수 있어야 한다. 누군가는 관계 형성의 시작 단계에서부터 불편감 및 어려움을 가질 수도 있고 누군가는 '친밀한 관계'로 발전하지 못하는 등 관계 발전 및 유지 과정에서 질이 나쁠 수도

Q 생각 상자

일상에서 흔히 접하지 않는 자극과 상호작용함으로써 개인적 적응에 이득을 얻게 될 경우는 없을까요? 전문성이나 예술성과 관련된 자극은 일상적 적응에 어떤 가치를 두는 것이 좋을까요?

있다.

자신이 소속된 적응영역에서 흔히 접할 수 있는 자극은 그렇지 않은 자극들보다 좀 더 자주 그리고 좀 더 깊이 관여를 하면서 상호작용하는 것이 적응에 더 도움 된다. 반대로, 흔치 않고 드물게 접하게 되는 자극은 일상에서 그다지 관심을 가지지 않았을 때 오히려 적응에 더 도움이 된다. 일반적으로, 인간 삶에서 적응에 가장 큰 영향을 미치는 대상은 인간이며, 인간 대상에 충분히 관심을 두고 건강한 관계를 유지할 수 있다면 인간 집단에서의 적응요구에 비교적 친숙하게 대처할 수 있을 것이다(적응의 질은 추가로 검토되어야 할 것이다). 하지만 누적된 개인적 욕구가 과도하게 억압되거나 친밀한 대인관계 형성 및 유지의 어려움 또는 당면 상황이 가진 압도적인 적응상 문젯거리가 경험환경의 전면에 머물게 되면, 인간 대상에게 과도한 집착을 보이거나 건강하지 못한 방식으로 관계할 수도 있고 반대로 인간 외의 다른 삶의 주제 및 대상에게 관심을 돌려 그러한 대상에게 쉽게 주의를 뺏기게 될 수도 있다. 안정적으로 인간 대상에 적절한 관심을 두지 못하는 이유는 다양한데 자신의 욕구에 과도하게 몰두되었을 수도 있고, 다른 사람들과 관계에 관심이 없을 수도 있고, 다른 사람들과 호혜적인 관계를 만들고 유지하는 것이 어려울 수도 있고, 자신이 속한 집단의 사람들이 주로 관심 있는 주제와 동떨어진 개인적인 흥밋거리에 관심을 두고 있기 때문일 수도 있다. 어떤 이유에서든지 인간 삶에 보편적인 자극과 안정적으로 상호작용하지 못하게 되면 현실 장면에 적응은 어려워질 가능성이 크다.

CS에서 반응내용 기호 항목은 잉크 반점에서 경험할 만한 내용을 폭넓게 담아내고 있으나 각 반응내용에 직결되는 단일 가설을 설정하는 것은 현실을 적절히 담아내지 못하고 주제 심상에 대해 과도한 연상적 해석을 하게 될 위험이 있다. 한편, R-PAS에서는 CS에서 포함된 많은 반응내용 기호를 제외했고(Bt, Cl, Ge, Hh, Hx, Ls, Na, Sc, Xy) 해석적 가치가 높은 것으로 확인된 인간과 동물 내용[H, Hd, (H), (Hd), A, Ad, (A), (Ad)] 및 An, Art, Ay, Bl, Cg, Ex, Fi, Sx 등의 기호만 남겼다(CS에서 Id는 R-PAS에서 NC와 같다).

  로르샤흐 잉크 반점들은 실제 삶에서 충분히 경험할 만한 무엇인가를 떠올리게끔 하는 CARD PULL을 가지고 있는데 사람과 동물 대상을 비교적 쉽게 떠올릴 수 있다. 동물은 인간 다음으로 실제 적응 장면에서 흔히 경험할 수 있는 대상이며 인간이 일방적으로 동물 존재에 인간상을 투영하여 관계를 맺고 있다. 잉크 반점은 인간과 동물 이외에도 몇몇 대상들을 쉽게 떠올릴 수 있는데 그러한 대상들은 필수적이지 않겠지만 경험환경에 존재한다면 충분히 관심을 가질 수 있을 만한 대상들이다. 반면에 어떠한 반응내용은 인간관계 상황에서 개인의 고유한 접근 방식을 반영하기도 하며 다분히 개인의 삶의 영역에서 선호하는 경험 자극들을 반영하기도 한다. 어쨌건 안정적인 적응을 유지하는 사람들은 대부분이 쉽게 지각할 만한/관심을 가질 만한 주제인 인간과 동물 대상에 대해 초점을 둘 수 있다. 모든 개인은 인간으로서 살아가고 있기에 같은 인간 대상과의 관계 경험에서 드러나는 주제에 자연스럽게 관심을 두게 되는 것이다. 실제 일반적인 인간 대상이 아니어도 온라인 세상에서 관계 경험은 가능한데 이 경우 가상현실에서의 적응과 관련된 주제에 좀 더 많은 관심을 가질 수도 있을 것이다. 온라인 등의 가상장면에서의 자극과 상호작용에 큰 관심을 두는 사람들을 단순히 실제 관계에서 확연한 관계상 문제를 가진 사람이라 단정 지을 수 없으며, 인간 대상과 상호작용에 친숙한 지각이 일어나지 않은 다양한 개인적 요인을 세심하게 검토해야만 한다. 예를 들어, 가상적 대상에 관심을 두는 것이 실제 인간 대상과 관계 경험을 불편해하여 회피한 결과일 수도 있고, 인간관계에서 복잡한 심리적 경험으로 인해 관심의 대상이 확장된 결과일 수도 있으며, 발달적 미숙함과 관련된 자연스러운 문제를 반영한 것일 수도 있고, 관계 기술의 부족의 결과일 수도 있으며, 과거 관계에서의 심리적 외상으로 인해 발달적 과업에 고착된 결과일 수도 있고, 세상을 바라보는 창의적 관점으로 인한 것일 수도 있다. 로르샤흐에서는 개인의 적응 장면에서 보편적인 상호작용의 대상으로서 인간과 동물 대상에 적절한 관심을 두고 있는가를 반응의 빈도를 통해 우선 점검한 후 그러한 빈도가 나타나게 된 개인적 요인을 탐색하여 개별 특수적 가설을 만들어 가는 것이 필요하다.

6 조직화 활동과 대상질: 통합 대 모호성

조직화 활동(organized activity)은 CS의 주요 개념 중 하나이며 지각 및 사고 과정에서 정보통합 수준을 말하는 개념이다. 조직화 활동의 수준을 수치화할 때 CS에서는 '반응영역'과 '발달질' 정보를 활용하게 된다. 먼저, 발달질 'o'는 분명한 지각을 가리키는데 이러한 분명한 자극을 전제할 수 있는 경우에 한정해서 'W' 영역을 사용했다면 전체 자극을 정확하게 사용한 것으로 인정하여 조직화 활동이 있었다고 본다. 분명한 대상을 본 것을 전제할 수 있어야 한다는 것은 일차적으로 주위환경의 특정 자극을 분명한 의미를 부여하여 최종 지각대상으로 선택해야 한다는 것이다. 한편, 정보통합 수준은 지각된 여러 자극을 서로 관련지어 복잡하게 의미부여를 한 수행에 따른다. 여기에는 반응영역 'S' 기호와 발달질 '+'의 존재도 각각 포함된다. 선명한 지각이 보장된 지각 'o'에서 경험환경의 전체 자극을 모두 사용하거나 개별적 여러 자극을 함께 고려하여 의미를 부여하는 것(+)은 실제 적응 장면에서 유용한 도움이 되기도 하면서 혼란스러운 심리적 경험 및 증상을 키우는 도구가 될 수도 있다. 만약 여러분이 낯선 곳으로 여행을 갔다면 그 장면에 존재하는 모든 자극에 주의를 쉽게 빼앗길 수도 있고, 당면 상황을 파악하기 위해 특정 자극에 적극적으로 관심을 가지려고 할 수도 있다. 긍정적인 면에서 이와 같은 노력은 지각된 자극들을 활용하여 당면 상황에서 더 잘 적응하고자 하는 노력으로 볼 수 있으며, 반면 안정적 상황에서 복잡하게 생각하고 느끼려는 작업이 불필요한 스트레스를 만들 수도 있고 현실적이지 않은 생각과 느낌을 발생시킬 수도 있다.

　조직화 활동은 주위환경에 존재하는 자극을 분명한 대상으로 경험하려는 전체성 추구의 태도 및 능력과 관련 있으며 동시에 개인의 의도와 관계없이 자동으로 작동하는 경험의 방식이 되기도 한다. 우선, 주위환경의 자극을 선명하게 경험할 수 있으려면 경험 자극을 회피하지 않고 바로 마주할 수 있어야 하는데 자극과 직면하는 태

도를 갖추는 것 자체가 그에 합당한
관여 수준을 요구하는 것이다. 당면
상황이 요구하는 관여 수준을 갖추
는 것은 경험 자극을 분명하게 지각
하기 위한 필수사항이다.

Q 생각 상자

조직화 활동 수준을 조절할 수 있다는 것은
무엇일까요? 주어진 적응요구를 해결하는
데에 적합한 수준의 조직화 활동을 결정하
는 데에 어떤 능력이 필요할까요?

　로르샤흐에서 높은 선명도로 지각한 대상은 고유성이 있는 개별
적 대상으로 보고된다. 이를 구조적 통합을 이루었다고 할 수 있으
며 이와 관련된 반응의 예는 잉크 반점의 모든 영역을 사용한 반응
으로 "전체가 새예요" "동물이에요" "사람이에요" 등이다. 조직화 활
동의 또 한 가지 방식은 개별 자극들을 서로가 관련을 맺도록 의미
를 부여하는 인지적 활동을 반영하기도 한다. 즉, 주위환경에 있는
여러 자극을 통합하여 전체로서 고유 대상을 지각하려고 한 것과는
별도로 서로 다른 여러 자극을 사용하여 특정한 관련성을 만들어 냈
다면 '조직화 활동'을 한 것이다. 상황적 이야기를 만드는 관련성 부
여의 반응의 예는 "두 사람이 서로 이 사람을 데려가려고 잡아당기
고 있어요" "동물이 서로 마주 보며 하이파이브를 하고 있어요" 등이
될 수 있다. 전체성(W)과 관련성(+)은 한 반응에 동시에 나타날 수
있고 이렇게 여러 개별 자극을 서로 관련지어 최종적으로 전체 잉
크 반점 영역을 모두 사용한 경우(W+)에는 수준 높은 조직화 활동
을 한 것이다. CS에서는 조직화 활동의 유형을 구분하고 최종적인
조직화 노력의 양적 · 질적 수준을 측정할 수 있는데, 우선 외부현실
의 자극을 양적으로 많이 사용했을 경우 조직화 활동 수준은 향상된
다. 매번의 반응과정에서 조직화 활동이 있었다는 것은 각각의 개별

자극의 속성을 지각해야 하고 각 자극의 속성을 최종 경험에 어떻게 반영해야 할지를 파악해야 하는 복잡한 과정을 거쳤다는 것이다.

세부적으로 구분해 보면, 먼저 최종 경험을 하는 데에 각각 개별 영역이 전체 대상에 포함되는 부분으로서 쓰여 단일 대상을 지각한 경우, 또 한 가지 방식은 개별 영역마다 고유한 특정 기능을 부여하여 그 개별 자극들이 기능적으로 또는 공간적으로 상호성을 부여한 경우이다. 전체성을 갖는 단일 대상 지각의 예로 I번 카드에서 전체를 박쥐로 보면서 박쥐의 날개, 귀, 발, 몸통, 머리 등의 부분 영역을 배정한 반응이며, 개별 자극들을 관련지은 지각의 예는 두 마리 새가 중간에 서 있는 사람을 보호하고 있다고 반응하는 것으로 기능적이고 공간적인 관련성을 부여한 것이다. 어느 경우가 더 복잡한 조직화 활동이냐 하는 것은 해당 경험 장면, 즉 카드 내의 반점 형태 및 구성에 따라 다르다(카드별 조직화 활동의 값은 ZW, ZA, ZD, ZS 항목으로 구분하여 고정되어 있다).

조직화 활동 수준이 높고 낮음이 절대적으로 적응적 가치를 결정하지 않는다. 반대로, 모든 잉크 반점을 사용하지 않고 잉크 반점의 특정 부분 영역만 뽑아 개별 대상으로만 경험했다면 일차적으로 다양한 자극과 접촉하는 것에 대한 부담이 반영되었을 가능성이 크다 하더라도 다양한 정보를 사용하지 못하게 만든 부담 자체가 부적응적이라고 할 수는 없다. 개인이 당면한 상황에서 적응하기 위한 최적화된 반응방식일 수도 있기 때문이다. 이뿐만 아니라 조직화 활동은 내부세계에서 이루어지는 주관적인 관념과 정서적 경험의 응집성과 풍부함을 지적하는 지표이기도 하다. 이러한 조직화 활동의 방식은 주관적 경험을 여러 개념으로 연결하고 구체적인 아이디어로 확장한 결과로 나타난 것이다. 같은 외부현실의 자극과 접촉했다 하더라도 누군가는 경험 자극 자체를 '있는 그대로' 경험하는 것에 머물러 있기도 하지만 누군가는 경험 자극을 기초로 새로운 의미를 부여하여 구체적 아이디어로 확장하거나 자신의 감정을 좀 더 세부적이고 분명하게 인식하여 전달할 수도 있다.

어떤 방식이라도 조직화 활동이 나타났다면 복잡한 인지적 처리 과정이 진행되었다는 것이고 이는 경험 자극을 좀 더 세부적이고 풍부하게 인식하려고 하려는 경향을 시사한다. 만약 최종 경험에 사용한 현실적 자극의 양이 당면 상황에서 적응요구의 수준에 미치지 못할 정도로 빈약한 수준이거나 반대로 너무 과도하게 주위환경의 자극을 사용했다면 적응을 해치게 된다. 그래서 상세하고 풍부한 정보처리를 했다 하더라도 직접적인 적응적 가치를 보장할 수는 없다. 즉, 조직화 활동의 수준은 기본적으로 높은 인지적 능력에 많은 영향을 받겠지만 조직화 수준의 적절성은 개인이 당면한 주위환경의 적응요구나 개인적 욕구 등의 맥락 조건에 따라 달라지는 것이다.

R-PAS에서는 조직화 활동을 의미하는 개별 지표는 없으며(CS에서 Zd), 대상질 'Sy'와 'Vg'로 검토해 볼 수 있다(p. 173 참고).

7 특수점수와 인지기호 및 주제기호

특수점수(special scores)는 CS에서 사용하는 개념이며 보편적이고 일반적인 반응내용이나 반응방식에 개인적인 속성을 보태어 반응했을 때 기호화하여 채점한 점수이다(R-PAS에서는 '인지기호'와 '주제기호' 개념을 사용한다). 특수점수에 대한 오해는 '특수'라는 말에서부터 비롯된다. 특수점수를 채점할 수 있는 조건들이 보편적이지 않은 반응에 해당하지만 보편적이지 않다고 해서 이상하거나 문제시된다는 것이 아니다. 특수점수에 해당하는 반응은 기본적으로 독특하고 개인적인 반응이다. 그 개인성의 표현이 당면 장면에서 적응을 해칠지, 도움을 줄지, 매력적인 개성이 될지는 주위환경이 가진 특성을 고려한 가치평가를 통해 결정된다. 개인성 수준이 높은 반응은 특수점수로 채점될 가능성이 크며 필연적으로 개인의 투사내용이 많이 포함될 수 있다. 그렇기에 반응과정에 대한 면밀한 검토과정 없이 공식화된 일반 가설을 적용하게 되면 개인과 관련 없는 보편적 설명만 제공하게 되거나 가상 인물에 대한 설명에 그치게 될 수 있다. 그리고 특수점수가 많다고 해서 반드시 지각과 사고의 부적응을 지적하는 것도 아니며 심지어 특수점수 존재 자체가 조현병의 준거가 되는 것도 아니다. 이러한 해석적 의사결정을 내리기 전에 특수점수와 관련된 다양한 결과치와 맥락 정보를 통합적으로 고려해야 할 것이다.

구체적으로 살펴보면, 특수점수는 지각과 사고를 아우르는 광범위한 인지적 현상을 담고 있으며 이에 해당하는 반응은 지각과 사

고과정에 개인적 특성이 투사된 결과라 볼 수 있다. 투사는 반응과
정의 어느 시점에서라도 언제든지 개입될 수 있다. 먼저, 지각 수준
에서 투사는 '보고 싶은 대로 보게 되는 마음의 작동'으로서 관념적
개념화를 거치기 전 시기의 '지각적 왜곡'을 포함한다. 그리고 적절
한 지각이 이루어진 후 관념적 과정에서 드러나는 투사는 지각대상
에 대한 의미부여 과정에서의 사고방식이라 할 수 있고 이는 반응
의 주제 내용에 반영된다. '지각과정에서 왜곡'과 '관념적 검열과정
에서 드러나는 사고의 문제'는 CS에 포함된 여섯 가지 결정적 특수
점수와 관련되며 개별 특수적 반응방식과 반응주제 및 내용은 나머
지 특수점수들로 구분된다. R-PAS에서는 CS의 결정적 특수점수에
해당하는 '인지기호' 항목과 이외의 특수점수들은 '주제기호' 항목에
포함해 놓았다. 우선, '결정적 특수점수' 및 '인지기호'는 당면 환경
에서 개인의 적응을 저해하는 혼란스러운 상호작용 방식을 지적하
는데, 외부현실과 내부세계 각각의 경험 자극을 인식하는 과정에서
지각의 왜곡을 반영한다. 또한 경험 자극을 처리하는 과정에서 논리
적이고 조리 있는 사고기능의 문제를 측정한다. 결정적 특수점수와
인지기호에 공통으로 포함된 기호는 DR, DV, INC, FAB, CON이며
R-PAS에서는 PEC가 추가되었다. PEC는 CS에서 ALOG와 유사한데
자신의 경험에 대해 희한하고 부적절한 논리로 기술하고 설명할 때
기호화한다. 검사자가 특수점수로 채점하는 것을 불편해하거나, 수
검자 반응기록에만 신경 쓰면서 채점하려고 하거나, 수검자가 특수
한 반응으로 채점될 만한 반응을 할 때 특이한 무언가를 발견한 듯
신기해하며 과잉채점을 하지 않도록 주의해야 할 것이다.

특수점수에 해당하는 반응은 실제 검사 상황에서 수검자의 지각과 사고의 특징을 반영한다. 예를 들어, 수검자가 X번 카드에서 '할저씨'라고 반응한 경우 경직된 텍스트 중심 채점자는 '신조어는 DV로 채점한다'라는 기호화 조건을 근거로 고민 없이 DV로 채점해 버릴 수도 있다. 이러한 경우는 적응 장면에서의 대중적이고 관습적인 표현 수준을 고려해 볼 때 수검자에 따라 DV에 해당하지 않을 수도 있고 개인의 생활사적 적응양상에 따라 DV 채점이 적절할 수도 있다. 특수점수로 채점하는 것을 신경증적으로 불안해하는 검사자는 '특수점수를 받는 사람은 이상한 사람인데…… 이 반응은 심각하지 않은 것 같으니 채점하지 말자'라거나 심지어 자신이 특수점수를 권위적으로 '부여'한다는 것으로 받아들여 과도한 책임감 또는 부담을 느끼는 검사자도 있다. 한편, 특수점수에 해당하는 반응이 나타났을 때 수검자의 반응에서 검사자 자신이 무언가를 찾아내는 멋진 수행을 하고 있다는 미숙한 뿌듯함을 느끼기도 한다. 어떤 경우이든 해당 반응이 있게 된 다양한 맥락을 함께 고려해야 하며 실제 반응 행동에서 수검자의 인지적 과정을 잘 따라가며 특별한 반응내용 및 반응패턴이 실재하는지를 파악하려는 데에 집중해야 할 것이다.

R-PAS에서는 CS에서의 '특수한 내용 반응'을 '주제기호' 항목으로 구분해 놓았다. AG를 공격적 움직임(AGM)과 공격적 내용(AGC)으로 구분한 것을 포함하여 ABS(AB), PER, COP, MOR은 그대로 유지되었다. 이와 함께 '인간 활동에서 자율적인 상호성'의 건강성 수준을 점검하는 MAH(Mutuality of Autonomy-Health)와 MAP(Mutuality of Autonomy-Pathology) 그리고 '구강 의존적 언어사용'을 의미하

는 ODL(Oral Dependent Language)이 추가되었다. 관계상의 상호성은 인간 대상뿐만 아니라 동물과 비생물을 포함한 모든 지각대상과의 관계를 포함하여 기호화한다. MAH에 해당하는 반응은 독립적인 행위대상들이 주체적이고 자율적으로 상호작용을 할 경우이며 MAP에 해당하는 반응은 관계하는 상대 대상의 자율성을 침해하거나 손상을 입히며 파괴하거나 파괴되는 경우이다. ODL은 R-PAS의 '반응단계(R.P)에서 표현한 언어적 자료'만 검토하여 기호화하며 아주 다양하고 광범위한 언어사용 항목을 참조할 수 있다. ODL에 포함되는 언어는 이론적으로나 경험적으로나 의존성과 관련된 성격 특징을 충분히 예상할 수 있어야 한다. 먹고 있는 행동, 뽀뽀 또는 키스, 대화, 볼록한 뱃살 등은 구강기적 언어 특성의 예가 될 수 있으며 구걸하거나 간청하거나 기도하는 등의 언어적 표현은 의존적 특징을 가진 예라고 할 수 있다. 이상의 구강기적 그리고 의존적 특성을 담고 있는 언어 항목에는 한국어를 사용하는 집단에서 충분히 예상 가능한 단어들을 포함해도 된다. 예를 들어, 음식 종류 및 음식과 관련된 도구까지도 포함될 수 있으며 입으로 하는 활동들 또한 폭넓게 포함될 수 있다. 그리고 무력한 상태에 빠진 대상이나 미숙한 단어 표현, 애교 부리는 대상, 행운을 가져다주는 물건들 등도 ODL로 채점이 가능하다.

Orientation	Location	Space	Content Class		Synthesis	Vagueness	Pair	Form Quality	Popular	Determinate				Cognitive Codes			Thematic Codes			R-Opt
@ <	**W** D Dd	SR | SI	H	An	Sy	Vg	2	o u	p	M	a	p	a-p	DV	1	2	ABS			Pr Pu
V >	# of Objects?		(H)	Art				– n		FM	a	p	a-p	DR	1	2	PER			
	1 **2+**		Hd	Ay				Show FQ Table		m	a	p	a-p	INC	1	2	COP			
			(Hd)	BI						FC	CF	C	FAB	FAB	1	2	AGM			
	D Dd		A	Cg						C'				PEC			AGC			
	1 21 29		(A)	Ex	P=D3, Human or human-like figure					Y				CON			MOR			
	2 22 30		Ad	Fi						T							MA	H	P	
	3 23 31		(Ad)	Sx						V							HR	G	P	
	4 24 32			NC						FD							ODL			
	5 25 33									r										
	6 26 34									F										
	7 27 35																			
	8 28																			
	9																			
	11																			
	12																			
	99																			

〈R-PAS '반응 수준'의 전체 기호〉

심리평가 영역에서 로르샤흐를 처음 사용한 이래로 오랜 시간 동안 실시와 채점 그리고 해석의 다양한 방법들이 다양한 영역에서 사용되어 왔다. 사용 초기에는 서로 다른 활용법을 가진 집단 간 소통은 원활하지 못했고 로르샤흐에 대한 입장의 차이는 성장을 위한 통합을 추구하기보다 갈등의 문젯거리가 되기도 했었다. 이후 Exner의 등장으로 로르샤흐를 다루는 다양한 방법들이 통합적으로 연구되기 시작했으며, 그 결과 CS가 완성된 것이다. 초기의 CS는 완전함을 의미하기보다 다양한 입장을 조율하여 종합적인 통합을 시도한다는 의미가 있었고 이후 지속적인 연구를 거치면서 '종합체계'의 면모가 갖추어진 것이다. CS의 가장 명백한 기능은 체계적이고 구조화된 연구를 가능하게 한 것이며 임상 실제 장면에서도 구조를 갖춘 객관적인 방식으로 로르샤흐 자료를 다룰 수 있게 된다는 점이다. 한편, Weiner는 CS의 형식을 기반으로 해석을 위한 접근법을 재구성하였는데, CS가 가진 실시, 기호화, 채점, 구조적 요약을 따르면서 해석에서 좀 더 개념적 접근을 시도하였다. CS에 따라 생산된 자료들을 '인간의 적응과 관련된 여섯 가지 차원 모형'을 가정하고 이것으로 인간 행동을 설명하려고 한 것이다. 이러한 Weiner의 작업은 수검자에게서 측정된 구조적 · 주제적 · 행동적 결과를 모두 고려하여 좀 더 통합적인 평가를 강조하도록 하였다. 이러한 Exner와 Weiner의 체계적인 작업의 탁월성을 부정할 수 없었지만, CS가 가진 한계점으로 인해 집중적인 비판과 비난을 받기도 하였다. 특히, 로르샤흐 구조 자료의 존재와 가치는 좀 더 탄탄한 근거가 필요했으며 해석적 접근은 실제 삶 속에서 수검자의 모습과 좀 더 가까워질 필요가 있었다.

로르샤흐 연구자들은 이러한 한계에 주눅 들거나 포기하지 않고 기존보다 더 엄격하고 체계적인 방식으로 CS의 한계를 검증하고 발달시키기 위한 작업을 지속하였다. 그 결과 2011년 Meyer, Viglione, Mihura, Erard, Erdberg는 로르샤흐 수행평가체계(Rorschach-Performance Assessment System: R-PAS)를 세상에 소개하였다. CS에서 R-PAS로의 전환은 세련되고 획기적인 변화를 보였고 로르샤흐 사용자들에게 로르샤흐 활용의 새로운 가능성을 보여 주기 충분하였다. 로르샤흐를 사용해 왔던 대부분의 나라에서 현재 R-PAS를 사용하고 있으며 이 순간에도 우리나라를 포함하여 더 많은 나라에서 사용이 확대되고 있다.

1 Exner의 구조모형

로르샤흐에서 얻게 되는 대부분 자료는 CS의 7개 구조영역(section), 즉 핵심(core), 처리(processing), 중재(mediation), 관념(ideation), 정서(affect), 자기지각(self perception), 대인관계(interpersonal)에 분류된다. '핵심영역'은 개인의 '성격 특징 및 적응 능력'과 밀접한 관련이 있는 결과들이 포함되어 있으며 나머지 각 영역은 영역의 이름에 상응하는 결과들이 포함되어 있다. 7개 구조 영역에 포함된 모든 자료는 해석을 위한 틀에 맞추어 사용된다. 8개의 해석 영역은 ① 통제와 스트레스에 대한 내성, ② 상황과 관련된 스트레스, ③ 정동, ④ 처리, ⑤ 인지적 중재, ⑥ 관념 형성, ⑦ 자기 지각, ⑧ 대인관계 지각과 행동이다.* 각 해석 영역에서 사용되는 자료는 직관적으로 항목의 이름에 상응하는 구조자료들이 대부분 포함되어 있으며 상황에 따라 여러 영역의 구조자료를 함께 고려하여 가설을 만들 수도 있다.

각 구조영역이 가진 해석적 가설의 틀을 간략히 살펴보며, 먼저 '통제와 스트레스에 대한 내성'은 개인이 당면 환경에서의 적응요구를 얼마나 성공적으로 해결하는가를 점검하는 영역이다. 적응요구에 대한 압력을 충분히 견디면서 문제해결에 도움이 되는 사고를 발휘하고 정서조절을 해낼 수 있는 능력을 살펴볼 수 있다. '스트레스의 통제 및 해결'은 주위환경에 대한 주관적인 스트레스 경험의 일차적인 통제를 의미한다. 통제력의 저하는, 우선 원하지 않은 사고 작동이 일어나거나 과도한 사고가 당면 상황의 적응요구를 해결하는 데에 방해가 될 때 그리고 실제 상황적 요구를 넘어선 과도한 '느낌'을 가지거나 경험된 정서를 적절한 수준에서 표현하지 못할 때 발생할 수 있다. 어떤 경우이든 통제력의 저하는 심사숙고되지 않고 현실적 문제해결에 불필요한 정서적 자극이 문제해결 노력을 방해하고 있음을 의미한다.

'상황과 관련된 스트레스'는 현재 당면한 주위환경에서 개인이 쉽게 자극받고 있는 부정적인 심리적 경험의 출처를 식별한다. 로르샤흐 자극은 수검자에게 다양한 생각과 느낌을 유발하는 속성을 포

---

* 해석 영역의 이름은 『로르샤흐 종합체계』(윤화영 저)의 항목명을 따랐음.

함하고 있는데 그중에서도 내적 상태를 소란스럽고 혼란스럽게 만드는 상황에서 어떤 심리적 경험을 하고 반응하는지를 확인할 수 있다. 상황 관련 스트레스 영역에서 해석적 가설을 만들 때 만성 대 상황으로 구분하는 것은 적합하지 않을 수 있는데 지속해서 영향을 주는 스트레스도 현시점에서 특정 자극을 만나 촉발되기도 하기 때문이다. 로르샤흐 과정에서는 현시점에서 촉발되어 드러난 최종 스트레스 경험을 보여 줄 뿐이다. 로르샤흐에서 만성적이고 지속적인 스트레스는 자신의 바람이나 소망 등을 포함하는 삶의 방향 그리고 만연된 울적함이나 부정적 자존감 및 안정적 소속감과 관련이 있다. 반면, 상황적 스트레스는 신경과민이나 불안 그리고 정서적 혼란감과 관련이 있다.

'정동'은 정서 영역에 포함된 구조자료들을 주로 사용하여 '정서경험'과 '정서표현'의 양과 질 및 방식을 점검하고 있다. 우울감, 무력감, 불안 등의 부정적 정서를 별도로 구분하여 해석적 가설을 만들어 가는 과정을 제시하고 있지만 이미 경험해 버린 정서를 '적응을 해치지 않도록 조절하고 있는가'를 평가하는 데에 초점을 둔다. 자극을 지각하는 과정에서부터 경험된 정보를 처리하는 과정, 사고과정을 포함하는 일련의 문제해결 과정에 정서의 경험과 표현이 미치는 영향을 검토할 수 있다.

'처리'는 다양한 심리적 기능에 영향을 받으며 중재, 관념, 정서조절의 양상에 따라 고유한 정보처리 방식을 보여 준다. 건강하고 효율적인 정보처리를 위해서는 '자극에 대한 태도'와 '사고의 효율성' 그리고 '정서경험의 조절'이 적절히 이루어져야 한다. 정보처리 영역에서는 당면한 적응 상황에서 문제해결에 도움이 될 수 있는 최적화된 경험방식을 가졌는지 알 수 있으며 자신이 가진 처리 능력만큼 경험 자극에 적절히 의미부여를 할 수 있는지를 확인할 수 있다.

'인지적 중재'는 중재 영역, 처리 영역의 구조자료를 주로 사용하여 주위환경의 자극을 어느 정도로 '평범하고 통상적으로' 지각하고 검열하고 있는지를 살펴볼 수 있다. 이는 수검자의 반응이 실제 자극들이 가진 현실성 수준의 연속선에서 얼마나 적합하게 인식한 것이며 정확하게 검열하고 현실적인 최종 선택을 하는지를 알아볼 수 있다. 적응적인 중재를 위해서는 '현실성 수준이 높은 실제 자극'은 그에 일치하는 수준의 현실적 경험과 반응으로 나타나야 하며, 반대로 '현실성이 낮은 실제 자극, 즉 아주 모호한 자극'은 모호한 그대로 인식할 수는 있겠지만 즉각 모호한 상태도 반응하지 않고 일단 최종 의사결정에서 잠재적 후보로 남겨 두는 것이 필요하다. 이 과정의 어느 단계에서라도 문제가 발생할 시 외부현실과 내부경험의 불일치가 발생하고, 즉 적절한 중재가 어려워져 적응상 문제가 발생할 가능성이 커진다.

'관념 형성'은 관념 영역의 구조자료를 주로 사용하여 자극을 경험하는 상황에서 사고기능의 질적 적절성을 검토하고 자극을 처리하는 양태 및 양적 수준을 검토할 수 있다. 이 영역에서는 최종 반응으로 나타난 내용과 언어화한 방식에 초점을 둔다. 언어화된 반응에는 사고의 내용과 사고과정이 반영되어 있으며 그 과정은 경험을 개념화하는 방식을 드러낸다. 그래서 표현된 언어적 반응을 통해 '습득된 개념의 양과 질'이 현실적 자극을 표현할 만큼 충분한지를 점검하고 현재까지 습득해 온 개념들을 적응요구에 적합한 방식으로 얼마나 잘 표현할 수 있는지를 점검할 수 있는 것이다.

'자기지각' 및 '대인관계 지각과 행동'은 자기지각 및 대인관계 영역의 구조자료를 주로 사용하여 개인이 다른 사람과 적응적으로 상호작용할 수 있는지를 점검하고 있다. 대인관계를 형성하고 유지하는 데에 자기 자신에 대해 적절히 건강하고 긍정적인 인식을 하고 있는지 그리고 자기인식의 방식과 강도가 적절한지를 살펴볼 수 있다. 이러한 결과로 나타난 자기지각의 특징과 개인이 주위환경과 상호작용하는 일반적인 인식방식을 통합하여 현실에서의 대인관계 방식을 추론하게 된다. 그래서 대인관계에 대한 개인의 태도를 이해할 수 있겠지만 실제 수검자의 대인관계 행동이 그러할 것이라는 직접적인 추론은 어려울 수 있다.

이상에서 Exner의 해석적 접근은 궁극적으로는 통합적 해석을 강조하고 있으나 현실적인 방법에 대한 설명과 강조보다 다분히 자료중심적 해석방식을 강조하는 경향이 있다. 그리고 외부현실에 드러나는 개인의 실제 행동을 기준으로 구분하기보다 얻어진 자료를 바탕으로 단계적인 탐색 절차를 거치며 가설검증하는 방식이다. 그 탐색의 과정이 상당히 체계적이며 가설검증의 형태를 갖추고 있기에 로르샤흐를 활용하는 초심자들은 자칫 이러한 체계적인 분석과정에 집중하게 되면서 실제 수검자가 가진 개별 특수적 속성을 이해하려는 목적을 놓치게 될 위험이 있었다.

2 Weiner의 인간 행동에 관한 6차원 적응모형

'6차원 적응모형(6D-AM: 6 Dimension-Adaptation Model)'은 Weiner
가 제시한 해석접근이며 CS의 실시방법, 기호화 및 채점방법, 규준
자료를 사용하여 얻은 구조자료를 그대로 활용하면서 해석을 위해
'개념적 접근'을 시도한다는 점이 Exner의 방식과 비교될 수 있다.
6D-AM에서는 CS의 7가지 구조자료들을 해석의 기본이 되는 6개
의 '개념 항목(dimension)'에 포함하여 적응을 기술하고 설명하는 데
에 사용한다. 그리고 Exner의 방식과 마찬가지로 각 차원의 개념들
을 해석하는 데에 '구조자료'뿐만 아니라 '행동자료'와 '주제 내용자
료'의 관련성을 고려한 통합적 해석을 강조하고 있다. 하나의 언어
적 반응에 포함된 행동 특성과 구성한 주제 내용 그리고 최종 반응
의 규준적 특징을 모두 고려한 통합적 접근이다. 6D-AM은 실제 개
인이 적응하고 있는 삶에서 드러나는 개인의 심리적 기능에 관심을

〈Weiner의 인간 행동에 관한 6차원 적응모형〉

두고 있다. 모든 해석적 가설은 개인의 실제 적응 행동을 설명하는 가설로 통합되고 구체화된다.

6D-AM의 상위개념 항목은 ① 경험에 주의를 기울이는 방식(attending to and perceiving surroundings): 경험에 대한 주의, ② 스트레스를 관리하는 방식(managing stress): 스트레스 관리, ③ 관념을 사용하는 방식(forming concepts and ideas): 관념의 사용, ④ 감정을 느끼고 표현하는 방식(experiencing and expressing feelings): 감정조절, ⑤ 자기 자신을 바라보는 방식(viewing oneself): 자기지각, ⑥ 다른 사람과 관계를 형성하고 유지하는 방식(Relating to others): 대인관계 등 여섯 가지이다.

구체적으로 살펴보면, 먼저 '경험에 대한 주의'는 CS의 구조적 요약 항목 중 중재, 처리에 포함된 자료를 사용하여 내담자가 당면한 주위환경을 대하는 태도, 즉 삶에 대한 태도를 점검한다. 그리고 경험 자극을 얼마나 효율적으로 활용하고 있으며 그 경험 정보를 지각하는 방식과 활용 방식이 얼마나 적응적인지를 현실성과 관습성을 통해 점검한다.

'스트레스 관리'는 핵심, 관념, 정서 항목의 자료를 사용하여 개인의 사고력과 정서조절 능력이 적응요구를 해결하는 데에 얼마나 적절하고 현실적으로 작동하고 있는지 또는 적절히 기능할 수 있는 잠재성을 가지는지를 점검한다. 이뿐만 아니라 스트레스 자극을 대하는 태도와 스트레스를 해결하는 개인의 성향을 구분하고 이러한 성향으로 인한 잠재적인 스트레스 관리의 적응적 가치를 평가하게 된다.

'관념의 사용'은 관념 항목의 자료를 주로 사용하여 적응요구를 해결하기 위해 발휘되는 '문제 중심적이고 생산적인 사고력'을 점검하고 사고기능의 특징도 함께 점검한다. 생산적인 문제해결에 도움이 되는 사고기능에 영향을 주는 정서도 함께 고려하여 종합적으로 평가한다.

'감정조절'은 정서 항목의 자료를 주로 사용하여 '정서 경험 및 표현'의 양적 · 질적 적절성을 점검한다. 정서적 혼란감의 출처를 분명히 하기 위해 정서적 자극에 대한 태도와 정서적 자극 경험의 취약성 등을 구체적으로 검토할 수 있다.

'자기지각'과 '대인관계'는 자기지각과 대인관계 항목의 자료를 주로 사용하여 긍정적 자존감 유지, 안정적 정체감, 대인관계에 대한 흥미, 편안함 등을 점검한다. 특별히 이 해석 차원에 사용되는 구조 자료들은 반응내용과 관련된 자료가 많은데 반응주제는 시대적 변화나 문화적 차이에 따라 다양성의 범위가 달라지기 때문에 해당 정보를 활용한 해석가설을 직접 일반화하는 것은 조심해야 한다. 개인에게 좀 더 적합한 설명을 하기 위해서는 수검자의 개인력과 실제 삶에서 관심을 두고 있는 주제가 무엇인지 고려해야 하고 검사실시 상황에서 드러난 실제 반응 행동에 주의하는 것도 필요하다.

3 로르샤흐 수행평가체계

로르샤흐 수행평가체계(R-PAS: Rorschach-Performance Assessment

System)의 해석적 접근은 로르샤흐 과정에서 수검자의 수행과정에서 드러난 문제해결 행동에 특별히 관심을 둔다. 수행 행동에 근거해 해석적 가설을 만드는 방식을 '반응과정기반 해석'이라 하며 모호한 잉크 반점을 보고 '정답'을 찾는 것이 아니라, 주어진 인지 과제를 해결하는 동안 작동하는 개인의 해결방식과 그에 영향을 미치는 조건들과의 관련성에 관심을 두는 것이다. 실제 삶의 장면에서 잉크 반점을 보고 정답을 찾아야 할 상황을 겪을 일은 거의 없으며 있다 해도 그것이 삶의 적응에 큰 결정력을 가진 상황은 아닐 것이다. 그래서 드러난 최종 반응 '결과'에 관심을 최소화하고 반응을 만들어 내는 문제해결 '과정'에서 언어화되거나 언어화되지 않은 전체적인 행동의 의미에 관심을 둔다. 수행기반 해석적 접근은 로르샤흐 과정에서 드러나는 수검자의 행동, 즉 반응과 실제 삶에서의 행동을 연결 지으려는 시도라 할 수 있으며, 이로부터 수검자의 실제

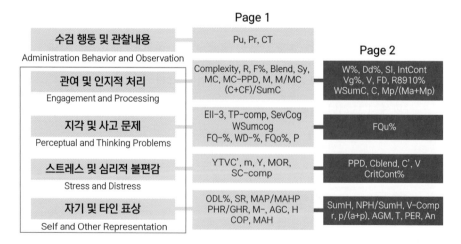

〈R-PAS의 결과 및 해석 영역〉

적응 행동에 대해 좀 더 직접적인 가설을 만들어 나갈 수 있다는 장점이 있다.

R-PAS의 반응과정기반 해석은 4S의 단계에 따라 얻은 자료를 다듬어 가면서 수검자에 대한 최적의 가설을 만들어 간다. 4S는 탐색(Scan), 정제(Shift), 종합(Synthesize), 요약(Summarize)으로 진행된다. 탐색단계는 결과의 경향성을 대략 그려 보는 단계로서 최종 결과를 담은 프로파일 결과지를 검토하는 단계이다. 이는 수검자의 자료가 나타내는 전체적인 윤곽을 파악해 보면서 의미 있는 결과들을 염두에 두고 이후 단계에서의 해석 방향을 그려 보게 된다. 정제단계는 결과지에 담긴 결과치들을 구체적으로 검토하면서 특별히 중요한 결과치를 중심으로 일차적인 가설을 만들고 핵심가설을 지지하는 결과치들을 정리해 보는 단계이다. 이 과정을 거치면서 가장 그럴듯한 가설과 그에 따른 세부 가설들을 구분해 볼 수 있다. 다음 단계에서는 이렇게 우선순위에 따라 선별된 가설들을 면담에서 얻은 정보들과 행동관찰 내용 그리고 기타 평가과정에서 얻게 된 결과들과 함께 고려하여 가설의 구체성을 높일 수 있게 된다. 바로 이 과정이 종합단계이다. 정제단계와 종합단계를 거치면서 가설은 훨씬 분명해지고 정교해질 수 있다. 해석 수행에서 정제단계와 종합단계는 동시적으로 진행되며 서로 단계를 오가며 최적의 가설을 만들어 간다. 요약단계는 심리평가가 진행된 의뢰목적에 적합한 방식으로 의미부여를 하는 과정이며 이 단계에서는 심리평가 과정에서 얻게 된 모든 정보를 통합하여 의뢰문제(Question)에 가장 유용하고 그럴듯한 모범답안(Answer)을 도출하는 것이다.

반응과정기반 해석에 활용되는 자료는 R-PAS 결과지이며 결과지의 구조는 총 다섯 가지 영역(Domain)을 포함하고 있는데, ① 수검 행동 및 관찰내용(Administration Behaviors and Observations), ② 관여 및 인지적 처리(Engagement and Cognitive Processing), ③ 지각 및 사고 문제(Perception and Thinking Problems), ④ 스트레스 및 심리적 불편감(Stress and Distress), ⑤ 자기표상 및 대상표상(Self and Other Representation) 등이다.

먼저, '수검 행동 및 관찰내용' 영역은 이후 영역의 결과들이 도출되는 과정에서 수검 태도의 영향을 살펴 볼 수 있다. 다만, 최종 반응에는 복잡한 심리적 작동을 거쳐 최종적인 특정 행동이 드러난 것이기에 한 가지 행동이 한 가지 심리적 작동을 충분히 설명하지 못한다는 것을 염두에 둬야 한다. '검사 상황에서 드러난 행동'과 '개인의 삶의 경험'이 해당 '반응이 의미하는 심리적 특징'과 어떤 관련이 있는지를 이해하려고 노력해야 한다.

'관여 및 인지적 처리' 영역은 주위환경과 상호작용하는 과정에서 심리적 복잡성과 생산성 및 심리적 자원, 동기화 수준, 당면 상황을 진지하게 대하려는 태도 등을 점검한다. 특히, 복잡성은 모든 로르샤흐 결과 자료를 설명하는 데에 일차적으로 고려해야 할 기준지표로서 역할을 한다.

'지각 및 사고 문제' 영역은 조현병 스펙트럼 및 정신병적 장애에서 드러나는 특징 등과 같이 아주 극단적으로 심각한 정신병리적 특징부터 일반적인 사고와 지각의 문제까지 폭넓은 특징을 포함하고 있다. 의미 있는 결과값이 나타난 경우에도 앞서 설명한 복잡성이나 과제에 대한 관여 태도를 함께 고려하여 평가해야 한다.

'스트레스 및 심리적 불편감' 영역은 실제 경험하는 개인의 심리적 불편감의 다양한 출처를 분석하고 점검하는 결과를 담고 있다. 보통 개인은 심리적 불편감이나 스트레스를 전체적인 부정적 경험으로 인식하며 이러한 경험을 분해해 보면 심리적 혼란감, 무력감, 불안감, 통제상실감, 자기 모멸감, 자기 하자감, 침울함, 공격성 표출에 대한 억압으로 인한 무능감, 자살사고 등이 개별적으로나 복합적으로 포함되어 있다.

'자기표상 및 대상표상' 영역은 '실제로 관계하는 존재'나 '실재하지 않지만 스스로 예상하는 타인의 존재'를 어떻게 인식하고 있으며, 현실 장면의 대상들과 상호작용에서 습관화된 대인관계의 특징을 점검할 수 있는 결과를 포함한다. 이 영역에 포함된 결과들은 수검자의 언어적 표현의 특징을 참조한 것이기도 하고 반응내용 주제내용의 특징을 참조한 것이기도 하다. 구체적으로 살펴보면, 대인관계에 의존적 경향성 및 지지 요구 경향성, 관습적 관계에 대한 불편감, 자기와 타인을 포함한 전체 인간상에 대한 호의적인 인식 수준, 타인의 생각과 의도를 추론할 수 있는 능력, 대인관계 상황에 대한 불편감 등을 점검할 수 있다.

Domain/Variables	Raw Scores	Raw %ile	Raw SS	Cplx. Adj. %ile	Cplx. Adj. SS	Abbr.
Admin. Behaviors and Obs.						
Pr	0	24	89			Pr
Pu	0	40	96			Pu
CT (Card Turning)	0	18	86			CT
Engagement and Cog. Processing						
Complexity	94	81	113			Cmplx
R (Responses)	21	30	92	6	76	R
F% [Lambda=0.40] (Simplicity)	29%	24	90	39	96	F%
Blend	10	95	125	86	116	Bln
Sy	8	64	106	39	96	Sy
MC	7.5	57	103	25	90	MC
MC - PPD	-8.5	10	81	12	83	MC-PPD
M	5	72	109	41	96	M
M/MC [5/7.5]	67%	74	110	73	109	M Prp
(CF+C)/SumC [1/4]	25%	18	86	18	86	CFC Prp
Perception and Thinking Problems						
EII-3	3.4	>99	143	>99	143	EII
TP-Comp (Thought & Percept. Com...)	4.0	99	142	99	142	TP-C
WSumCog	29	99	134	98	131	WCog
SevCog	2	94	123	94	123	Sev
FQ-%	33%	>99	143	>99	143	FQ-%
WD-%	30%	99	135	99	134	WD-%
FQo%	24%	2	68	2	67	FQo%
P	4	22	88	23	89	P
Stress and Distress						
YTVC'	9	89	118	80	113	YTVC'
m	4	90	119	77	111	m
Y	1	48	99	28	90	Y
MOR	8	>99	143	>99	141	MOR
SC-Comp (Suicide Concern Comp.)	6.6	90	120	81	114	SC-C
Self and Other Representation						
ODL%	10%	52	101	41	96	ODL%
SR (Space Reversal)	2	82	113	82	113	SR
MAP/MAHP [6/6]	100%	94	123	97	136	MAP Prp
PHR/GPHR [6/6]	100%	99	136	99	136	PHR Prp
M-	1	81	113	81	113	M-
AGC	8	98	132	97	130	AGC
H	2	45	98	18	85	H
COP	0	21	88	21	88	COP
MAH	0	26	90	26	90	MAH

〈R-PAS의 결과 페이지-1〉

Domain/Variables	Raw Scores	Raw %ile	Raw SS	Cplx. Adj. %ile	Cplx. Adj. SS	Standard Score Profile R-Optimized (60 70 80 90 100 110 120 130 140)	Abbr.
Engagement and Cog. Processing							
W%	72%	92	121	91	121		W%
Dd%	0%	5	75	5	76		Dd%
SI (Space Integration)	2	38	96	48	99		SI
IntCont	10	99	134	99	134		IntC
Vg%	0%	18	86	18	86		Vg%
V	1	72	109	60	104		V
FD	1	60	104	64	106		FD
R8910%	32%	49	100	49	100		R8910%
WSumC	4.5	71	108	67	106		WSC
C	0	36	95	36	95		C
Mp/(Ma+Mp) [0/3]	0%	5	75	5	75		Mp Prp
Perception and Thinking Problems							
FQu%	32%	53	101	62	105		FQu%
Stress and Distress							
PPD	6	26	90	22	88		PPD
CBlend	0	28	91	28	91		CBlnd
C'	1	41	97	28	91		C'
V	1	72	109	60	104		V
CritCont% (Critical Contents)	20%	55	102	56	102		CrCt
Self and Other Representation							
SumH	7	65	106	63	105		SumH
NPH/SumH [5/7]	71%	71	108	68	107		NPH Prp
V-Comp (Vigilance Composite)	3.6	63	105	61	104		V-C
r (Reflections)	1	81	113	81	113		r
p/(a+p) [2/7]	29%	28	91	27	91		p Prp
AGM	1	75	110	75	110		AGM
T	0	28	91	28	91		T
PER	1	72	109	72	109		PER
An	0	16	85	16	85		An

〈R-PAS의 결과 페이지-2〉

R-PAS 해석의
핵심개념

1 수검 행동 및 관찰내용

독려 독려(Prompt: Pr)는 수검자가 한 카드에서 1개 이하의 반응만을 하고 카드를 반납하려고 할 때 '추가반응을 하도록 검사자가 개입하는 것'을 의미한다. CS와 R-PAS 모두 카드당 단 하나의 반응만 하는 것은 충분하지 않으며 수검자는 최소 2개 이상의 반응을 하도록 요구받는다. CS에서는 Pr을 별도로 기호화하지 않더라도 수검자에게 추가반응을 요구해야만 했다는 점을 고려하여 최종 해석적 가설을 만들어 가야 한다. R-PAS에서는 검사자가 수검자에게 추가반응을 요구하는 개입을 했을 때 Pr로 기호화하며 해석적 가설은 주어진 경험환경에 필요한 수행 수준에 미치지 못한 '과소 생산적 수행'과 관련이 있다. 물론 이 과소 생산적 수행의 가치는 수검자의 현실에서 삶과 연결되고 통합되었을 때 결정되는 것이지 Pr의 결과값 자체가 긍정적이나 부정적 가치를 직접 결정하지 않는다. 누군가의 삶에서는 적응에 유용한 특징일 수도 있고, 누군가의 삶에서는 당시 겪고 있는 문제로 인한 반사적 행동이 될 수 있으며, 누군가는 심리적 안정을 위한 방어적 태도를 반영한 것일 수도 있다.

검사자의 Pr 개입을 수검자가 '너는 할 수 있어!'라는 의미로 검사자가 자신에게 보내는 응원으로 받아들이거나 '좀 더 잘 해 봐!'라는 의미로 자신을 다그치는 것으로 받아들일 수도 있다. 이러한 검사자의 개입을 수검자가 어떻게 받아들이고 있을지를 이해하기 위해 노력해야 할 것이다. 기본적으로 Pr은 요구받은 행동을 할 수 없거나 하지 않을 때 개입하는 것이기에 이러한 개입이 많아진다는 것은 실제 삶에서 부여받은 역할과 임무를 양적으로 충분히 수행하지 못한다는 것을 지적하며 주위 사람 및 상황이 제공하는 격려나 응원 또는 안내와 교육이 필요하다는 것을 의미한다. 요구받은 만큼 적절한 수행을 하지 못했다는 것을 수검자 개인의 능력이나 태도로 직접적 해석을 하기 전에 검사자의 검사 운영 태도, 로르샤흐 절차의 속성, 수검자의 신체적 상태, 최근 스트레스 사건 등 여러 현실의 자극에 영향을 받은 것은 아닌지 꼼꼼히 확인해야 한다. 이뿐만 아니라 수검자의 지적 능력, 삶에 대한 태도, 검사자에 대한 태도, 다양한 개인의 심리적 문제 등에 영향을 받았을 수도 있다.

이러한 주위환경의 영향은 심리평가 전체 과정에서 세심히 신경 써야 할 사항이고, 특히 로르샤흐 절차가 가진 CARD PULL의 영향으로 수행을 줄였다면 특별히 중요한 의미가 있다. 우선, 수검자의 성격적 측면을 구체적으로 알 수 있는 단서가 될 수도 있다. 예를 들어, I번과 II번 카드에서 2개 이상의 반응을 해낼 수 있었지만 III번 카드에서 Pr이 있었다면 III번 카드의 CARD PULL이 수검자가 반응을 머뭇거리게 했을 가능성을 검토해 봐야 한다. 그리고 III번 카드의 속성뿐만 아니라 I번과 II번 카드를 경험하는 과정에서 겪게 된 심리적 부담이 III번 카드를 만나면서 수행의 불편감이 마침내 터져 나온 것일 수도 있다. 예를 들면, I번 카드와 II번 카드의 CARD PULL(두 대상의 상호작용을 경험하도록 자극하는 것)에 이끌려 가지 않고 의식적으로나 비의식적으로나 억제되어 있다가 III번 카드가 가진, 특히 두드러지는 CARD PULL인 '인간 대상의 상호작용 경험'에 더는 억제할 수 없을 정도로 강하게 자극되어 불편함을 회피하는 극단적인 태도를 보임으로써 반응을 반려했을 수가 있다. 대부분 사람이 삶의 다양한 대인관계 상황에서 반복된 학습을 통해 자연스러운 대인관계적 행동을 하기 마련이지만 충분하고 다양한 관계 경험을 하지 못한 사람은 관계상의 자극이 상당한 부담으로 경험되어 결국 수행을 줄여 버리는 행동, 즉 '행동하지 않는 것을 선택'할 수도 있다. Pr에 대한 한 가지의 특정된 해석적 가설은 없으며 특정 카드에서 드러난 '반응 반려 행동'의 원인이 무엇인지 개별 특수적으로 탐색해 나가는 접근이 필요하다. 한편, 이상의 반응을 줄이는 것과는 반대로 상호작용 경험에 민감해져 더 많이 반응하려고 하거나 상호작용의 내용을 세부적으로 묘사하려고 노력할 수도 있는데, 이는 Pu와 관련이 있다.

수거　수거(Pull: Pu)는 수검자가 각 카드에서 요구받은 반응 수 3개보다 더 많이 반응할 때 검사자가 수검자에게 '카드를 반납하도록 요구하는 것'을 말한다. CS에서는 이러한 개입을 했을 때 기호화하지 않지만, R-PAS에서는 Pu로 기호화한다. 그리고 CS에서는 최초 2개의 카드에서 5개를 초과하여 반응할 때 "충분히 보셨습니다." 등의 지시를 하면서 카드를 돌려 달라고 요청하지만, R-PAS의 기본 지시는 '기본적으로 2개 반응을 요구하면서 원한다면 3개의 반응도 가능함'을 알려 준다. 만약 수검자가 4개의 반응을 하게 되었을 때는 반드시 카드를 반납하라고 요구하게 되는데 이러한 개입이 있었던 네 번째 반응에 Pu 기호를 추가한다. Pu는 수검자가 살아가는 경험환경이 요구하는 정도를 넘어서는 '과잉 생산적 수행'을 의

미하며, Pr과 마찬가지로 Pu도 긍정과 부정의 한 측면으로 나눌 수
없고 개별 특수적 해석을 해야 한다. 예를 들면, 모호한 잉크 반점
에서 무엇인가를 보라는 요구에서 느끼는 불편감을 너무 크게 느껴
서 실제 상황에 거리를 두고 형식 치레로 딱히 의미 없는 말들만 채
운 결과일 수도 있다. 이러한 행동은 일상의 대인관계 장면에서 피
상적으로 쉴 새 없이 많은 말들을 쏟아 내는 모습과 유사하다. 이
뿐만 아니라 열등감을 보상하려는 시도는 아닌지, 과도한 성취 욕
구로 인한 것은 아닌지, 또는 이외의 다른 이유로 인한 것은 아닌지
를 개인이 가진 맥락정보를 고려하여 살펴봐야 한다. 그리고 주어
진 의무만큼은 최선을 다한 후 그 이상의 성공적인 성취물을 갖고
자 한 결과일 수도 있고, 타인에게 보여 주려는 신경증적 반응일 수
도 있고, 근면 성실한 생산적 노력을 반영할 수도 있다. 어떤 경우
이든 Pu는 검사자가 수검자의 행동조절상 어려움에 개입하여 수검
자의 수행을 직접 조절했다는 것을 의미한다. 개인마다 다양한 조
건이 영향을 주기 때문에 섣불리 한 가지 가설로 개념화하지 않도
록 세심한 주의가 필요하다.

회전 회전(Card Turns: CT)은 수검자가 직접 카드를 조작하여 제
시받은 상태에서 다른 방향으로 카드를 회전시킨 행동을 말하며 최
종 반응을 한 방향이 아닌 반응과정 중에 나타난 실제의 카드 회전
행동을 가리킨다. 수검자가 최종 반응에 결정한 카드 방향이 검사
자가 최초 제시한 정방향이 아닐 경우는 카드 회전이 당연히 발생
한 것이다. 이 경우 <, >, ∨, ∧와 같이 꼭짓점을 정방향에서 카드

의 위쪽을 가리키는 것을 기준으로 각 방향에 상응하는 기호로 카드 회전을 표시할 수 있다. R-PAS에서는 이뿐만 아니라 회전을 하면서 최종 반응은 정방향으로 했을 때 '회전한 정방향 반응'을 표시하기 위해 '@'로 기호화할 수 있다. R-PAS에서는 이상 다섯 가지 기호의 빈도로 CT 점수를 만들고 해석에 활용한다. Pr과 Pu는 검사자가 수행하는 것이지만 CT는 수검자가 실제로 카드를 회전시킨 행동에 대한 직접적인 행동지표이다. 이러한 행동이 지닌 의미는 다양한데 지적 호기심, 자극에 대한 호기심, 융통성, 충동성, 반항심, 화, 분노, 위계적 요구에 대한 불편감이나 의심 등일 수 있다.

CT가 나타나는 양상은 다양하다. 회전이 나타난 시기에 따라 구분해 보면, 카드를 제시받자마자 나타날 수도 있고, 빠른 첫 번째 반응을 한 다음 나타날 수도 있고, 오랫동안 주시를 한 후 나타날 수도 있다. 충분한 수의 반응을 한 다음 회전한 뒤 추가반응 없이 그대로 반납할 수도 있다. 어느 시점에 회전이 나타나는가에 따라 해석적 가설을 다르게 만들어야 하며 회전의 원인은 한 가지가 아니기에 검사 당시 수검자의 경험이 어떠했는지를 검토해 봐야 한다. 한편, 회전 행동의 양상을 살펴보면, 일관적이고 체계적인 방식으로 나타날 수도 있고, 비일관적이고 무분별한 방식으로 나타날 수도 있다. 또한 한 방향에서 짧은 주시 후 회전하기도 하며, 오랜 주시시간을 가진 후 신중하게 회전할 수도 있다. 이뿐만 아니라 회전 후 최종 반응을 하기도 하며, 반응이 없이 반복적인 회전만 할 때도 있다. 어떤 양상의 회전이라도 한 가지 해석적 가설이 있는 것이 아님을 명심해야 한다. 개인이 보인 회전 행동의 이유가 회피적인지, 탐색적인지,

외부 시선에 대한 눈치인지, 자신의 수행에 대한 조심성인지, 아니면 다른 개인적 요인들인지 확인하기 위해서는 반드시 개별 특수적 추론을 해야 할 것이다.

CT는 앞선 반응과의 수반성을 고려하여 그 행동의 의미를 추론할 수도 있는데 특정 카드가 가진 CARD PULL의 영향을 검토하는 과정에서 의미가 분명해질 수도 있다. 주위환경에 대한 수검자의 일관적이고 지속적인 수검 태도나 성격 특성이 반영되는 경우라면 모든 카드에서 일관된 CT가 나타날 가능성이 크고 CT의 행동 양상도 체계적일 것이다. 구체적으로 살펴보면, CT가 일반화된 호기심이나 성취 지향적 성격을 포함한 긍정적 특성으로 나타난 결과일 수도 있으며 부담, 충동성 등의 부정적 특성으로 나타난 것일 수도 있다. 그래서 CT가 나타난 당시 수검자의 자세, 태도, 표정, 말투 등의 검사 행동과 함께 고려할 때 그 의미가 분명해지기도 한다. 그렇기에 반응과정에서 수검자의 행동을 세심하게 관찰하면서 CT의 의미를 찾아가려는 노력이 필요하다.

> **Q 생각 상자**
>
> 여러분이 Pr, Pu, CT로 기호화될 행동을 했다고 가정해 보세요. 자신이 어떤 의도로 그렇게 하게 되었을까요?

2 관여 및 인지적 처리

관여   관여(Engagement)는 직관적으로 '무엇이 무엇과 관련되어 있다는 것'을 의미하는데, 서로 협의한 목적을 공유하고 있는 독립체들이 관계를 맺고 유지하기 위해 서로가 약속한 규칙 따위를 마땅히 준수하고 있는 상태나 의지를 포함하는 개념이다. 즉, '관여'되어 있다는 것은 독립된 각 현상 및 대상이 특정 행동 또는 수행을 위해 '협의한 목적'이 있다는 것이다. 로르샤흐에서 관여하는 주체는 '개인'이며 상호작용하는 관여의 대상은 '개인을 둘러싼 내적·외적 주위환경의 자극'이다. 관여는 개인이 발휘하는 능력이기도 하면서 동시에 자극에 대한 반응결과이기도 하다. 주체적인 관여 행동인지 자극에 대한 반응결과인지는 개인의 삶의 맥락과 주관적인 심리적 불편감의 특징을 통합적으로 검토하면서 드러난다. 주체로서 개인이 주위환경의 자극에 얼마나 그리고 어떻게 관여하는지는 로르샤흐 과정에서 드러난 수검자의 실제 반응의 양과 질로 확인할 수 있다.

관여의 일차적 목적은 당면 환경에서 개인의 생존과 적응을 위한 것이며 이러한 관여 행동은 필수 적응요구를 해결하기 위한 기본조건이다. 적절한 관여 수준은 고정된 것이 아니라 당면 상황이 요구한 정도에 따라 달라지며 해당 요구에 적절하게 관여하였는지는 최종 행동으로 드러난다. 생존과 적응을 위해서 개인은 당면 환경이 요구한 것에 관여하지 않을 수가 없으며 만약 충분히 관여하지 못한다면 가벼운 생활상 문제에서부터 생존에 위협이 될 수도 있는 심각한 문제를 겪게 될 수도 있다. 보통 주위환경이 요구하는 것은 적응과 관련되어 있기에 적절한 관여 수준을 유지하고 있어야 한다. 기본적인 적응을 위한 과정은 갈증을 느낄 때 물을 찾고 아플 때 병원을 찾는 것처럼 개인이 자연스럽게 습관적으로 또는 비의식적으로라도 기꺼이 하게 되는 행동이다. 그렇기에 '관여'가 기본적으로 적응을 위해 응당 해야 할 일을 할 수 있는 최소한의 노력을 반영하기도 한다. 적응을 위한 필수적인 관여라 할지라도 누군가는 순순히 받아들이고 묵묵히 의무를 다하겠지만 누군가는 환경이 요구하는 관여를 인정/수용하지 않고 경험환경을 무시나 왜곡 또는 회피할 수도 있다. 관여는 적응을 위한 선택이 아닌 필수이며 개인에 대한 주위환경의 적응요구 범위 내에서 가장 합목적적이고 합리적이고 효율적인 방식으로 행동한다는 것에 대한 보증이다.

한편, 관여가 가진 필수적이고 의무적인 측면도 있지만, 주체로서 한 개인이 선택적으로 행동할 수 있는 인지적 · 정의적 조건에 따라 관여의 수준 및 양상이 달라진다. 해당 능력에는 당면 상황의 맥락을 추론할 수 있는 능력, 주위환경의 중요 자극을 선별할 수 있는 능력, 선택적 주의집중력, 정보처리 능력, 심리적 불편감을 다룰 수 있는 능력 등이 포함된다. 당면 상황이 개인의 관여 능력을 최대치로 요구할 경우 적응의무를 다하는 것에 엄청난 부담을 느낄 수도 있고 반대로 적응요구를 무시하고 왜곡하는 등 회피적 행동을 할 수도 있다. 하지만 앞으로 만나게 될 주위환경을 사전에 통제하는 것은 너무 어렵기에 개인은 매 순간 자신이 가진 최대한의 능력을 발휘하는 것만이 최선이다. 반대로, 당면 상황이 가진 요구 수준이 낮아 크게 관여하지 않아도 되는 삶을 사는 경우가 있는데 이때는 스스로 주위환경의 특정 자극을 추구하며 주체적으로 관여 수준을 높이면서 살아갈 수도 있다. 주체적으로 주위환경과 상호작용을 시도하고 새로운 경험을 생산해 낼 수 있다면 삶에 대한 통제감을 가지는 데에 큰 도움이 될 것이다. 이들은 주위환경의 적응요구 수준이 낮은 상황에서 새로운 자극에 흥미를 갖고 탐색하고 경험하는 모습이 보일 수 있다. 능력 있는 직장인이 되고 싶거나, 자격증을 취득하고 싶거나, 새로운 기술이나 지식을 익히고 싶어서 일상적인 적응 상황에서 요구되는 관여 수준 이상으로 주체적으로 관여하고 있는 사람들이다. 하지만 모든 사람이 생산적이고 노력하는 삶을 사는 것도, 살 수 있는 것도 아니다. 그렇게 살지 못한다고 해서 잘못된 것도 아니다. 많은 사람이 자신이 당면한 환경의 적응요구 수준이 낮아도 그 안정적인 상황에 머무르고 싶어 한다. 주체적이고 생산적인 노력으로 관여 수준을 높이는 경향과 안정적 상황을 유지하려는 경향 모두 개인의 고유한 특징이기도 하고 동시에 한 개인에게서도 당면한 상황적 조건에 따라 달라질 수는 있다.

적응적이지 못한 양상으로 관여 수준이 높아지는 경우도 있는데 내부세계에서 발생한 자극이 현실검증 없이 확장되어 '관여되어 버리는' 경우이다. 이러한 관여는 현실적 조건에 비추어 관여 대상의 적절성이 검증되지 않은 것이기에 정신병리의 씨앗이 될 수도 있다. 검증되지 않은 내적 세계의 자극이 많아지면 현실 장면의 실제 자극들에도 과도하게 예민해질 수도 있고 그 결과 또다시 왜곡된 인식을 하게 되는 악순환을 보일 수도 있다. 관여 수준이 높아지면서 원치 않는 내적 경험이 확장되어 사고의 문제를 일으킬 수도 있으며 불필요한 정서적 불편감에 매몰될 수도 있다.

그리고 내적 자극 경험 확장의 결과로 발생한 높은 관여 수준은 주관적인 심리적 스트레스를 높이는 요인이 된다. 적응상 문제가 될 수 있는 높은 관여 수준은 환경의 특성에 의해 나타날 수도 있고 개인의 성격 특징에 의해 나타날 수도 있다. 만약 외부 대상과 소통이 불가능한 상황에서 왕따나 재난 등의 환경적 사건을 겪고 있다면 많은 사람이 심리적 불편감에 압도되기도 한다. 그리고 안정적이고 일상적인 상황을 살고 있는 소심하고 내향적인 성향의 사람은 긍정적인 자극을 경험할 때와 마찬가지로 작은 부정적인 생각과 느낌에 쉽게 초점이 끌려가는 경향이 있기에 해당 자극에 관여 수준이 높아져 내부세계를 소란하게 만들 가능성이 좀 더 클 것이다.

R-PAS에서 관여의 수준을 직접 가리키는 단일 지표는 없으며 관여를 이해하기 위해서는 여러 행동지표와 다양한 결과값을 참조해야 한다. 우선, 수검자에게 '잉크 반점을 직면시키는 것'과 '무언가를 보라는 요구'는 의도적으로 설계된 적응요구 장치이다. 이 과정에서 적응적 행동은 요구받은 것을 거부하지도 회피하지도 않고 '반드시 무언가를 보고' 나서 검사자가 충분히 이해될 수 있도록 '설명을 해 주는 것'이다. 누군가는 좀 더 신경을 써서 더 많은 반응을 하기도 하는데 이러한 추가반응의 의미를 검토해 보는 것으로 수검자의 관여 수준의 가치를 이해하는 데에 도움이 될 수 있다. 이 과정에서 일차적으로 요구받은 적응의무를 다했다면 2개의 반응을 충분히 할 수 있을 것이고 관여 수준을 '높이거나 높아진' 경우에는 3개 반응이나 Pu가 나타났을 것이다. 3개 이상의 반응 경향이 있다고 해서 그 자체가 건강한 주체성을 가진 관여 행동을 의미하는 것이 아니라 생산적 능력 발휘, 세상에 대한 적극적 태도, 통제되지 않은 과도한 자극 경험 등을 포함하여 높은 수준의 자극 경험으로 인해 관여 수준을 높게 조절하고 있는 것이 아닌지 따져 봐야 할 것이다.

한편, R-PAS에서 관여 수준과 관련된 일반적 해석가설을 살펴보면 다음과 같은 특징이 있다.

첫째, 적응하고자 하는 동기가 부족할 경우 주어진 적응요구에 충분히 관여할 수 없게 될 것이다. 공부하고 싶은 마음이 없는 사람에게 아무리 책을 갖다준들 요구되는 공부하는 행동을 기대하긴 어렵다. 그런데 이러한 동기는 개인의 내적 사고와 느낌에 영향을 받은 개인적 요인일 수도 있고, 내적 동기는 충분하나 환경에서 적절한 소통과 피드백을 받지 못해서 체념한 결과일 수도 있다. 어떤 경우이든 수행에너지는 줄어들 것이고 전반적인 관여 수준은 떨어질 것이다. 하지만 동기의 영향만으로 행동 수행의 양을 설명할 수는 없고 최종적 행동의 양이나 에너지는 다양한 요인들이 작용한 최종적인 결과임을 명심해야 한다.

둘째, 경험에 대한 진지함이 관여 수준에 영향을 미칠 수 있는데 같은 경험환경 내에서도 진지한 사람들은 그 환경의 조건에 좀 더 관심을 가지며 환경 조건에 반응하는 생각과 느낌에 관심을 가진다. 반면, 진지함 수준이 낮은 사람들은 경험환경의 분명한 측면에 관심의 초점을 두고 그 이면의 조건이나 해당 측면과 관련된 다양한 현실적 자극 또는 내적 경험과 거리를 둔다. 진지함의 절대적인 기준은 없으며 당면 환경에 따라 그 수준이 정해진다. 좀 더 분명하고 형식적인 경험환경에서는 정해진 형식에 맞춰줄 수 있는 정도의 진지함만 가지면 되는 것이고 어떤 경우에는 개인적 진지함(경험환경에 대한 주관적인 생각과 느낌)은 전혀 필요하지 않을 수도 있다. 업무 계약을 맺는 상황에서 사견을 제시하는 등의 모습은 해당 상황에 불필요할 수 있으며 규정에 따른 절차만 잘 처리하면 될 일이다. 반면, 가족이나 친구 등 정서적 관계에서는 공유된 경험환경에 대해 생각과 느낌을 진지하게 소통하는 것이 관계를 돈독히 하는 데에 더 도움이 된다. 나아가 관계로부터 행복, 즐거움, 긍정적 의미를 풍부하게 생산해 내어 친밀한 관계를 공고히 할 수 있다. 한편, 진지함이 너무 깊어지면 불필요한 심리적 혼란감이 커질 수도 있다. 굳이 접촉하지 않아도 될 자극까지 경험하려고 하는 등 주위환경의 요구 이상의 상호작용이 일어나 특정 자극에 내적 경험이 증폭됨으로써 상당한 심리적 혼란감을 경험할 수도 있다. 보통 이러한 혼란감은 과거의 개인적 경험으로 형성된 심리적 불편감이나 증상들로 인해서 발생한 경우가 많으며 개인의 능력을 압도하는 적응요구에 실패한 결과일 수도 있다.

셋째, 관여 수준은 주위환경과 폭넓고 깊이 있게 상호작용할 수 있는 개인적 능력과 관련 있다. 같은 경험환경 내에서도 누군가는 섬세하고 다채롭고 폭넓고 깊이 있게 그리고 풍성하게 경험할 수 있다. 이러한 사람은 관여 수준이 주위환경에서 요구되는 수준 이상으로 나타날 것이고 내적 사고와 느낌을 풍성히 하는 것뿐만 아니라 주위 대상들에게도 참신한 인상을 주기도 할 것이다. 작은 풀잎에서도 생생한 감상을 느낄 수도 있고 풀잎의 맥을 통해 자신의 인생을 톺아보기도 할 수 있다. 한발 더 나아가 자신의 경험을 지인들에게 소개하며 풍성한 삶의 지혜와 지식을 전달할 수도 있으며 글을 쓰는 등 창의적 활동으로 표현될 수도 있을 것이다. 이들은 적응환경의 요구를 뛰어넘어 주체적인 기준에 따라 개인적 삶을 풍성하게 만들어 가는 사람들이다.

관여의 수준 및 양상을 검토하면서 항상 염두에 둬야 할 것은 관여 수준은 주위환경의 일방적 적응요구의 반사적 반응결과가 아니라 개인이 적응하기 위해 스스로 선택한 것이기도 하기에 왜 그런 관여 수준과 양상을 갖게 되었는지를 실제 수검자의 역사를 고려하여 이해해야 한다는 것이다.

복잡성 복잡성(Complexity)은 경험 자극들과 상호작용에서 나타나는 질적 특징을 반영하는 광범위한 개념이다. 복잡성에 관여하는 심리적 요인은 크게 '인지적 요인'과 '정의적 요인'으로 구분할 수 있으며 각 요인이 어떻게 복잡성에 영향을 미치는지 분석하는 것이 필수적이다. 우선, 복잡성을 정확하게 이해하기 위해서는 일반적인 인간 적응의 방식을 이해할 수 있어야 하는데 '일반적인 인간 적응방식'을 '인간 행동의 정답'으로 받아들이게 되면 불편감을 느낄 수도 있다. '일반적인 인간 적응방식'은 현실 장면에 살아가는 인간들에게서 쉽게 관찰되고, 예상 가능하며, 충분히 양해되는, 그럴 만하다고 여길 수 있는 행동과 적응의 모습이다. 현재 여러분이 속한 삶에서 대부분 사람이 배가 고플 때는 요리를 하거나 식당을 찾아가는 것은 자연스러운 것이지만 길 위에 개미를 집어 먹진 않는다. 대부분 사람은 몸이 좋지 않을 때 휴식을 취하거나 치료적 도움을 받는 등의 자연스러운 행동을 하겠지만 진한 휘발유를 한 컵 마신다거나 깊은 산속으로 약초를 캐러 다니지는 않는다. 햄버거가 먹고 싶다면 햄버거를 주문하는 것은 자연스러운 것이지만 산책 중에 누군지도 모를 행인을 잡아 세워 햄버거를 사 달라고 떼쓰지는 않는다. 이것이 흔히 말하는 '일반적인 인간 적응방식'이다. 이에 반해 일반적이지 않은 행동들을 '이상행동'으로 규정하는 과정은 또 다른 관점에서 이해해 봐야 할 주제이며 부적응을 구분하는 다양한 조건들과 개인의 맥락 정보를 함께 고려하여 해당 행동의 부적응성을 따져 봐야 할 것이다.

일반적으로 인간 적응에 도움이 되는 복잡성의 수준은 대부분 인간이 관심을 가진 것에 적합한 수준의 관심을 가지는 정도이다. 로르샤흐 잉크 반점에는 보통 사람들이 관심을 가지는 영역, 즉 반점의 구조적 특징 등의 CARD PULL에 이끌리는 특정 영역이 있다. 쉽고 빠르게 일반적으로 이끌리는 영역에 관심을 가지는 것은 누군가에게 자연스럽고 당연한 것이라도 누군가는 자신의 개인적 관심을 애써 억제해야만 일반적인 관심 영역에 초점을 둘 수가 있다. 학생이 정해진 강의를 듣는 것은 자연스러운 행동이지만 어제 친구와 다툰 사람은 강의에 집중하기 위해 상당한 억제력이 필요한 것이다.

한편, 누군가는 자신이 관심 있는 영역이 어디이며 일반적으로 사람들의 관심을 이끄는 영역이 어디인지 충분히 인식하고 있지만, 평가 상황에서 검사자의 요구에 응하여 적합하게 따라 준 것일 수도 있다. 어떤 경우든 '일반적인' 관심의 주제 및 영역과 상호작용을 하고 있거나 '일반적인 그 정도의 능력'만 발휘된다면 최종 반응은 복잡성이 높지 않은 결과를 나타낼 것이며 결과적으로 이는 충분히 예상 가능한 복잡성 수준으로 상호작용을 하고 있다는 것을 의미한다. 자신의 관심을 내려 두고 검사자의 요구에 맞춰 반응해 준 결과로서 낮은 복잡성 수준은 실제 내적 경험의 복잡성과 일치하지 않을 수도 있다. 하지만 다분히 개인적이고 주관적이고 편향된 삶의 주제 및 영역에 관심을 가지거나 그러한 것에 우선 관심이 끌려가 버리는 사람들은 주어진 장면에서의 적응요구 수준을 넘어서는 복잡성을 보이게 될 가능성이 크다. 개인적인 관심에 몰두하여 복잡성이 증가한 것 자체가 문제 될 것은 아닌데, 이때 높은 복잡성은 독창적이고 선구적인 아이디어로 채워졌을 수도 있고 풍성한 감정을 담고 있을 수도 있다. 당면 상황에서 주어진 자극들뿐만 아니라 자극과 자극 사이에 존재하는 숨겨진 자극을 발견해 내는 사람도 있으며 이러한 관심이 현실에서도 수용 가능한 것이라면 생산적 능력이라 인정할 수도 있다. 즉, 복잡성의 수준은 절대적인 '옳고 그름의 기준'이 아니라 '이미 주어진 환경 내에서의' 생존과 적응의 효용성으로 이해해야 하는 것이다.

한편, 인지적 복잡성은 당면 환경 자극을 '경험(사고와 감정)의 재료'로 얼마나 많고 다양하게 사용하는가에 달려 있으며 사용한 자극이 많고 다양할수록 개인의 투사내용이 많이 반영되는 경향이 있다. 만약 일반적인 자극에만 관심을 가지고 일반적인 생각과 느낌만 얻게 된다면, 단순한 상호작용, 경제적인 상호작용을 하고 있다는 것을 의미한다. 이러한 단순하고 경제적인 상호작용은 적응요구에 대해 최소한의 노력에 머무르는 것이기에 적응하는 데에는 문제가 드러나지 않을 수도 있다. 이뿐만 아니라 압도적으로 높은 스트레스

환경에 처했을 경우 오히려 이들이 보이는 간명한 대처가 생존에 도움이 되기도 한다. 하지만 인간 삶에서 압도적인 적응요구를 받는 일은 흔치 않기에 개인적 경험의 복잡성은 적절한 수준이 유지되어야 적응에 도움이 된다.

인지적 복잡성은 지적 능력, 지적 호기심, 지각적 민감성 등에 영향을 받으며 모호한 자극을 자신의 사전경험 정보를 참조하여 분명한 자극으로 지각할 수 있는 능력이기도 하다. 시간적 제약에서 현시점의 모든 일은 이 순간 처음 발생한 사건이기에 모든 경험에는 불확실성이 잠재되어 있고 이러한 불확실성을 자신의 사전경험을 통해 모호한 현시점을 얼마나 분명하게 인식할 수 있는가가 적응에 중요한 기준이 된다. 인지적 복잡성이 높은 사람들의 강점은 같은 시간을 보내고 같은 경험환경에 처했을 때도 좀 더 풍성한 아이디어를 만들어 내고 주체적이고 창의적인 경험을 할 수 있다는 것이다. 다만, 높은 복잡성은 다양한 요인들의 조합방식에 의해 적응의 가치가 결정된다. 만약 압도적 적응요구를 받는 상황에서 충분한 해결방법을 알지 못하고 정서조절 문제가 발생할 때 높은 인지적 복잡성은 오히려 스트레스를 키우는 데에 일조할 것이다. 이 경우 합리적 의사결정이 필요한 경우가 많은데 합리적 의사결정에는 완결성이나 온전성을 유지하려는 태도와 타협이 필요하다. 인지적 복잡성이 높은 사람들은 적절한 수준에서 타협하는 것을 상당히 어려워하는 경향이 있다. 반면, 낮은 인지적 복잡성 수준을 지닌 사람들은 주위환경과 상호작용을 최소화해 두는 경향이 있는데 주체적으로 자신의 성장을 위해 더 넓은 범위의 주위환경에 관심을 가지거나 탐색하는 경우는 드물다.

　복잡성에 영향을 주는 또 한 가지 요인에는 정의적(情意的) 특성과 같은 비인지적 요인도 관련이 있다. 정의적 특성에는 의도, 태도, 정서, 동기, 기질, 심리 역동, 사고방식 등이 포함된다. 이러한 정의적 속성들은 해당 상황에서 우연히 반응하게 되는 것보다 더 오랜 시간 누적된 경험으로 형성된 것들이다. 개인이 가진 정의적 속성은 현재의 경험에 영향을 주면서도 앞으로의 경험의 기초가 되는 연속적이고 누적되는 특징이 있다. 여기서 분명히 구분해야 할 것은 '주위환경의 복잡성'과 '개인적 경험의 복잡성'이다. '주위환경의 복잡성'은 개인이 살아가는 현실에서 부여받은 스트레스의 양이나 난해함과 관련 있으며, '개인적 경험의 복잡성'은 외부현실의 자극과의 접촉 또는 내부세계의 자극에 대한 '개인의 최종적인 주관적 경험'과 관련된다. 이러한 '개인적 경험의 복잡성'은 개인의 기질이나 성격 역동 및 성격 특성으로 안정적인 모습을 보인다. 기질을 포함하여 현시점까지 누적된 경험으로 인해 개인의 성격 구조가 형성되어 현재 순간의 상호작용에서 자동으로 작동하는 것이다. 의도한 것은 아니라 해도 복잡성이 높은 기질, 성격을 갖추고 있는 사람은 같은 주위환경에서라도 복잡하게 경험하기가 매우 쉽다. 이와 반대로 기질과 성격적 복잡성이 낮은 사람이라면 최소한의 또는 최적화된 수준의 경험에 그칠 가능성이 크다.

　복잡성은 자신의 최종 경험이 어떠한 방식으로 자극을 활용한 것인지에 따라 달라질 수 있다. 높은 복잡성 수준일 경우 두 가지 방향의 이해가 필요한데, 한 가지는 경험환경에 포함된 여러 가지 자극

특징을 주체적으로 사용하여 지각할 때이고, 다른 한 가지는 단순한 자극과 상호작용이 요구되는 상황에서 원치 않게 불필요한 세부 자극들이 지각의 전경으로 올라오려는 것을 적절히 막지 못했을 때이다. 두 경우 모두 복잡성이 높아지지만 후자의 경우에는 의도치 않은 경험들로 인해 심리적 혼란감이 커지게 된다. 의도치 않게 복잡성이 높아진 경우라도 주위환경의 적응요구에 대처하고 방어하기 위한 반응으로 볼 수 있다. 그렇기에 주위환경이 복잡한 업무처리나 과제수행을 해야만 할 상황이라면 원하지 않더라도 살기 위해 해당 상황을 자세히 파악하려고 복잡한 인지적 능력을 발휘해야만 한다. 반면, 기상하여 씻고, 식사하고, 일하고, 학교에 가고, 사람들을 만나는 등의 일상적 활동에서까지 높은 복잡성이 나타난다면 상당한 주관적 스트레스를 경험할 가능성이 크고 어떤 경우에는 신경증적인 행동 증상으로 드러날 수도 있다.

결국 복잡성은 당면한 적응 장면에서 그 정도면 충분한 복잡성이 필요하며 그 이후에 자신의 성장과 풍성한 삶의 경험을 원한다면 좀 더 높은 복잡성이 요구되는 것이다. 로르샤흐에서 복잡성은 반응영역의 선택, 발달질/대상질, 반응내용, 결정인 정보를 모두 고려하여 통합적으로 결정된다. R-PAS에서는 'complexity' 점수로 전반적인 복잡성 수준을 확인할 수 있지만, 이 점수를 산출하는 데에 사용된 구성성분 변수들을 개별적으로 분석하는 것이 필요하다.

동기 수준 '동기 수준'은 로르샤흐에 포함된 모든 결과값을 해석할 때 고려해야만 하는 속성이다. 동기 수준은 실제 삶을 살아가는

태도와도 직접적인 관련이 있는데 로르샤흐에서 요구사항을 얼마
나 충분히 수용하고 해당 요구에 알맞게 주체적으로 생산적 활동을
할 수 있는가를 결정한다. 일반적으로 '동기/동기화' 또는 '동기부여'
라고 할 때의 '열의'나 '하고자 하는 의지'로 이해하기 쉬운데, 이뿐만
아니라 로르샤흐에서 설명되는 '동기 수준'은 주위환경과 상호작용
하는 과정에서 정신적 작동이 실제 외부로 드러나는 수행 행동이기
도 하다. 인간의 모든 수행은 동기 수준을 고려하여 이해돼야 하며
개인의 의도적 · 비의도적 동기를 모두 살펴봐야만 한다.

　일반적으로 '동기 수준'이 높을수록 긍정적 가치가 커지긴 하지만
이 역시 당면한 외부환경의 자극속성과 내부세계의 자극속성이 어
떠하냐에 따라 긍정성과 부정성의 가치가 달라질 수 있다. 예를 들
어, 정규 학업 및 직업 수행 등 외부환경의 속성이 적응에 필수적인
것이라면 그에 적합한 높은 동기 수준을 잘 유지할 수 있어야 한다.
반면, 안정적이고 규칙적인 삶을 영위하고 있는 상황에서 과도한 동
기 수준은 실제 수행결과에 비해 낮은 성과물을 얻을 가능성이 크다
는 점에서 심리적 불편감을 발생시키는 잠재적 요인이 될 수도 있
다. 한편, 내부세계의 자극속성이 자신의 성취 욕구 등 개인적 바람
과 삶의 목표를 채워 가고자 하는 생산적인 욕구와 관련이 되어 있
다면 높은 동기 수준은 자신의 꿈을 이루는 데에 필수적인 연료가
될 수 있을 것이다. 반면, 망상 등 매우 개인적이고 공상적인 주제에
몰두되어 있는 경우 높은 동기 수준은 증상을 더욱더 키우는 불쏘시
개가 될 수 있다.

　동기 수준을 고려할 때 참고할 수 있는 변인은 반응 수, 복잡성 및

단순성, 통합적 대상질, 카드를 다루는 방식 등이며 해당 변수 간의 일치성을 우선 검토한 뒤 불일치할 경우 실제 검사 상황에서의 요인이나 카드 속성에 따라 동기 수준의 변화를 추가 검토해 볼 수 있다. 일례로, 높은 반응 수와 함께 Pu가 존재하고 복잡성 점수 및 Sy 점수가 높다면 상당히 높은 동기 수준을 갖고 있다고 볼 수 있을 것이다. 이러한 가설은 반드시 개인이 당면한 실제 적응 상황에서 적응적인 모습으로 드러나는지 부적응적인 모습으로 드러나는지 확인해야 하며 과도하고 신경증적인 방어의 모습은 아닌지도 검토해야 할 것이다.

적응 능력 로르샤흐에서 적응 능력은 외부현실 및 내부세계의 자극과 상호작용에서 발생하는 '느낌을 적절히 조절'하면서 자신의 경험에 '긍정적인 활력과 생산적 사고를 부여'할 수 있는 능력을 말한다. 구체적으로, 당면 상황에서 문제해결을 위한 '합목적적 사고가 잘 작동되어야 한다는 것'과 당면 문제를 해결하는 과정에서 '불편감을 유발하는 자극들을 잘 처리할 수 있다는 것'을 전제하고 있다. 즉, 스트레스 상황에 닥치더라도 자신의 사고를 백분 이용하고 자극적인 느낌을 잘 조절하는 사람은 적응 능력이 탁월한 사람이라 할 수 있다. 대부분 사람은 적응에 필요한 적당한 수준의 적응 능력을 발휘하고 살고 있지만 어떤 사람은 자신의 능력으로는 감당하기 어려운 정도의 삶의 요구를 받기도 한다. 적응을 결정짓는 것은 '주위환경의 적응요구 수준'과 자신의 삶을 자신의 의도대로 살아가고 있다는 '자율성' 또는 '자신의 삶에 대한 통제감'의 함수관계이다.

우선, 적응요구의 수준과 관계없이 주어진 요구를 해결할 수 있는 노력은 항상 필요하며 노력을 철수하거나 지연시킬 때 적응상 문제가 발생한다. 최종적인 적응은 요구받은 문제를 해결할 수 있을 정도의 능력만 발휘하는 것으로도 충분하다. 일상생활 장면에서는 일상적 활동을 할 수 있는 정도의 노력이면 충분하고 전문 직업 장면에서는 업무를 해결할 수 있는 고급 능력이 필요하다. 주위환경의 적응요구는 개인이 조작할 수 없기에 당면 환경에 적합하고 적절한 해결력 및 자기통제력을 키우는 것이 요구된다. 한편, 적응 능력은 '주어진 적응요구를 해결할 수 있는 능력'이면서도 '삶을 더 풍성하고 다채로운 경험을 갖게 해 줄 수 있는 도구'이기도 한데, 주어진 요구를 해결하는 것을 넘어서 주체적으로 경험 자극에 개인적 의미를 부여하고 경험환경 내의 정서적 자극을 편하게 느끼고 표현하는 능력을 아우른다. 다만, 삶의 경험을 풍성하게 해 주는 도구로서 적응 능력은 현실감이 잘 유지될 때만 긍정적인 도구라 할 수 있다. 특정 상황에서 많은 이들이 굳이 그러한 생각과 느낌을 경험하지 않는데, 왜곡하여 생각하고 불쾌감을 느끼는 사람은 자신의 적응 능력을 잘못된 방식으로 사용하고 있는 사람이다.

경험과 행동의 주체로서 자기감(Personal agency, 개인 대행)

'Personal agency'는 개인 대행, 개인 행위 주체성, 주체성, 개인적 행위자, 개인적 선택의지, 사적 행위 주체성 등의 여러 용어로 번역되고 있다. 이 책에서는 로르샤흐 수행절차에서 드러나는 주체성을 좀 더 적합하게 설명하기 위해 Personal agency를 하나의 개념으로 직역하지 않고 '경험과 행동의 주체로서 자기감'으로 기술하였다. 삶의 장면에 적응하는 과정은 매 순간 접촉하는 자극을 정확하게 '인식한' 또는 '인식된' 자극을 적절히 처리하여 생산적인 방식으로 의미를 부여하고 최종 합목적적 행동으로 드러내는 일련의 과정이다. 건강한 과정이 되기 위해서는 개인의 동기, 태도, 문제해결에 필요한 실제적 지식을 갖추고 있어야 하며, 자신의 수행을 실시간으로 검열하고 좀 더 나은 방향으로 수정해 나갈 수 있는 인지적 능력도 필요하다. 상호작용 과정은 두 자극이 서로에게 관여되어 특정한 영향을 미치거나 영향을 받는 것이라 할 수 있는데, 한 개인의 상호작용은 경험과 행동의 주체로서 '나'가 또 다른 객체로서 '대상(자극)'을 개인의 상황에 적합하게 선별하여 경험하는 것이 필요하다. 상호작용에서 주체로서 자기감은 자신의 적응에 도움이 되는 결정을 스스로 내리고 의식적으로 선택적 행동을 할 수 있다는 것을 말한다. 반면, 주체적인 상호작용이 어려운 경우에는 주위환경에 압도되어 버리거나 아니면 주위환경을 전적으로 거부해 버릴 수도 있고 반대로 환경에 과도하게 순응해 버릴 수도 있다. 자신이 왜 그렇게 느끼고 생각하는지도 모르고 주위환경에 자신이 왜 그렇게 반응을 하게 되는지도 알 수 없게 되는 것이다. 그래서 예측 불가능한 자신의 경험에 혼란스러워지기도 하고 예측 불가능한 행동을 하게 되면서 현실에서 구체적인 적응상 문제를 겪게 될 가능성이 크다.

상호작용 과정에서 드러나는 '주체로서 자기인식의 건강성'은 당면 상황에서 자신이 주체적으로 선택한 방식과 내용으로 사고할 수 있게 한다. 적응에 도움이 되는 합목적적 사고가 가능하기 위해서는 당면 상황에 대한 정보 파악이 필수적이다. 만약 당면 상황이 낯설고 그러한 상황에서 적절히 대처했던 직간접적인 학습경험이 없었다면 해당 상황을 더욱더 모호하게 인식할 가능성이 클 것이고 주체적인 사고가 어려울 것이다. 이러한 주체적 사고는 잉크 반점에 반응할 때 인간 표상의 움직임을 보고하는 것(M)으로 드러나는데, 이는 구조화되지 않고 애매하고 모호한 상황에서 적응하기 위한 주체적인 사고의 작동을 지적하며 문제 인식과 문제해결력을 발휘하고 있다는 것을 의미한다. 경험환경의 자극을 인식하는 과정에서 이러한 주체적인 사고를 만들어 낼 수 있다면 내적 심리상태를 불안정하게 하는 자극에 자극당하기보다(FM+m) 적응에 필요한 자극을 스스로 찾아 인식하려고 할 것이다. 다만, 이러한 적응성을 가정하기 위한 필수조건은 사고를 만들어 가는 과정에서 적절한 현실감 수준이 보장되어야 한다. 현실성이 유지되지 못한 사고를 지적하는 'M-' 반응이 많아질 경우 상호작용 과정에서 발휘되는 사고 재료가 현실적 자극이 아닌 내부세계의 주관적 경험내용을 출처로 하고 있기에 이러한 주체적 경험은 오히려 위험한 상호작용의 신호가 될 수 있다.

한편, 경험을 인식하는 과정에서 주체적 사고가 어려워지는 경우는 자동 발생(spontaneous)하는 느낌(YTVC')을 제대로 다루지 못할 경우이며, 당면 상황에서 요구되는 지식을 충분히 가지고 있다고 하더라도 순간의 느낌을 적절히 조절하지 못한다면 주체적인 경험이 어려워질 수 있다. '느낌'이 특정 자극 경험으로부터 자동 발생하는 특성을 갖지만 그러한 느낌을 어떻게 그리고 얼마나 경험할지는 의미부여 작업을 통해 개인이 조절할 수 있다. 예상치 못한 상황에서 특정 느낌이 발생했다 해도 해당 느낌에 어떠한 의미를 주체적으로 부여하는가에 따라 느낌을 외부로 표출하는 방식과 내용은 달라진 다. 현실 장면에서 느낌을 표현하는 것이 적응의 의무를 다하는 데 에 부정적 영향을 미치지 않으려면 우선 그러한 느낌을 날것 그대로 드러내서는 안 되며 그렇다고 과도하게 억제하지도 말아야 한다. 경 험된 느낌은 당면 환경이 수용 가능한 수준과 적절한 방식으로 적당 히 표현되어야 할 것이다.

'경험과 행동의 주체로서 자기감'은 적응 장면에서 자신이 주체적 으로 관여를 하고 자유 선택의 의지를 가지고서 생각하고 느끼는 것, 그리고 자신이 주위환경을 활용하고 변화시킬 수 있음을 인식하 는 감각이라 할 수 있다. 결국 이러한 주체적 상호작용은 개인의 삶 을 스스로가 살아가고 있다는 자기주도성(self direction)을 갖추도록 하며 안정감 있는 정체성을 유지할 수 있을 뿐만 아니라 스트레스 상황에서도 회피하거나 맹목적 순응으로 대처하지 않고 자신의 역 할과 기능을 주체적으로 발휘할 수 있게 할 것이다.

경험의 유연성　경험의 유연성은 복잡한 속성을 포함하고 있는 경험환경을 얼마나 알뜰하고 다양하게 경험할 수 있는가에 대한 태 도와 능력을 의미한다. 대부분 삶의 장면은 다양한 속성이 혼합된 장면인데 단맛, 짠맛, 신맛, 쓴맛, 감칠맛 등 풍미 가득한 음식과 같 다. 어떤 상황은 불쾌함을 느끼면서도 인생의 의미를 생각하게 만 들기도 하고, 무엇을 하고자 하는 욕구가 샘솟으면서도 불안한 감정 이 함께 올라오기도 하고, '웃픈' 상황일 수도 있고, 우울하면서 자괴

감도 들고 동시에 화가 나면서 앞으로 어떻게 살아갈지에 대한 현실적 아이디어를 떠올릴 수도 있다. 아주 복잡 미묘한 속성을 지닌 상황에서는 하나하나 곱씹으며 느끼고 생각하여 경험해야 하는데, 적응을 위해서는 그럴 만한 가치가 있다. 풍미 가득한 김치를 먹고 나서 맛이 어떠한가를 물었을 때 '짜네요' '달아요' '맛있어요' 등의 말만 하는 것은 복잡하고 깊은 김치의 맛을 충분히 경험했다고 볼 수가 없다(단순한 평가가 잘못이라는 것이 아니다). 여기서 중요한 것은 '충분한 경험이 되었으나 말을 잘하지 못해서 그 정도밖에 표현이 안 된 경우'가 있는데 이때는 진짜 단순한 경험만 한 것인지 복잡하게 경험은 되었으나 그에 적합한 단어를 몰라서 표현하지 못한 것인지, 깊이 있게 경험을 하고 적합한 단어도 알고 있지만 개인의 성격적 또는 신경증적으로 단순하게 표현해 버린 것인지를 신중히 검토해야만 한다. 이렇듯 경험의 유연성이 높다는 것은 경험환경이 가진 다양한 속성을 충분히 경험하려 하는 태도와 다양하게 경험할 수 있는 능력에 영향을 받고 있다.

각 카드의 잉크 반점은 저마다 고유한 형태나 채색, 음영 등을 포함한 다양한 물리적인 속성을 가지고 있다. 경험하려는 동기가 높은 사람은 편안하게 잉크 반점의 속성을 탐색하는 시간을 가지면서 정보를 처리하는 사람일 수도 있는데 이러한 과정을 보내면서 잉크 반점이 가진 갖가지 속성을 활용하여 경험의 풍부함을 만들 수 있을 것이다. 한편, 특정 속성은 불쾌하게 만들고 마음을 혼란스럽게 하기도 하는데 이러한 상황이라도 건강한 수준의 유연성을 가진 사람은 부정적인 속성을 가진 자극을 과도하게 회피하고 왜곡하지 않고 자신이 어떤 속성으로 인해 그렇게 경험하게 되었는지를 잘 파악하여 내적 안정성을 유지할 수 있다. 부정적 속성까지도 풍부하게 경험하려는 태도가 자칫 과도한 스트레스 경험을 하게 만들 수도 있지만 적절한 수용은 생각과 느낌을 조절하고 성찰하면서 당면 상황의 변화에 민감하게 반응하여 자신의 행동을 조절할 수 있도록 하는 데에 도움이 된다. 그렇기에 일반적으로, 자극의 일반성이나 부정성 수준을 구분하지 않고 다양한 자극에 대한 개방성을 가지면서 경험 자극에 얼마나 적응적인 의미를 부여하는가가 아주 중요한 것이다.

3 지각 및 사고 문제

지각   실재하는 대상의 속성이 감각기관으로 인식할 수 있는 역치 이상으로 자극된 감각을 유기체가 알아차리는 것이 지각이다. 감각과 지각은 다분히 자극에 대한 생물학적 과정이지만 개별 유기체의 조건에 따라 그 양상이 조절될 수도 있다. 특히, 로르샤흐 상황처럼 모호한 주위환경에 당면했을 때 감각과 지각의 수준은 수검자의 개인성에 따라 달라질 수 있는데 개인의 당시 신체적 상태, 욕구, 기대, 바람 등에 영향을 받는다. 예를 들어, 실재하는 자극이 없지만 배고픈 사람에게는 음식이 눈앞에 아른거리기도 하고, 아주 극단적 상황이지만 자신의 손을 음식으로 지각하여 씹게 되는 일도 벌어진다. 로르샤흐 잉크 반점을 지각할 때 실재하는 자극속성이 개인에게 어떻게 경험되느냐에 따라 현실적 속성과 동떨어진 것으로 지각될 수도 있다. 이는 지각 수준에서도 투사가 일어날 수 있다는 것이다.

로르샤흐에서 지각을 측정할 때는 질적으로 구분되는 위계를 가정한다. 주위환경의 속성을 있는 그대로 정확하게 지각하는 수준에서부터 현실에 실재하지 않는 속성을 지각하는 수준까지의 범위이다. 정확하게 지각한다는 것을 존재론적 설명에 초점을 두고 설명할 수도 있지만(절대적으로 정확한 순수지각은 존재하지 않는다) 로르샤흐에서는 지각 주체의 경험에 초점을 둔 현상학적 접근으로 설명하고 있다.

지금 눈앞에 있는 교재가 '책'으로 보이는가? 아마도 대부분 '책'으로 보일 것이다(실제로, '아마도'일 수 있다). 이러한 분명한 자극을 지각할 때는 '책'의 형태적 속성이 무엇인지 알고 있는 사람은 거의 자동으로 책으로 '지각되어 버린다.' 이러한 외부현실에 존재하는 많은 물리적 자극은 그에 대한 형태적 정보만 있다면 손쉽게 정확한 지각을 할 수 있다. 다행히도 외부현실에 실재하는 자극이 가진 속성을 정확하게 지각하는 것은 개인이 살아오면서 많은 반복경험을 통해 자극에 대한 정보를 알고 있는 경우가 많기에 자극을 정확하게 지각하는 것은 크게 부담되지 않는다. 하지만 경험 자극에 대한 사전정보가 없다면 당면 현실의 자극을 지각하기 위해 복잡한 심리적 작업이 필요하다. 그렇기에 현실에 존재하는 분명한 자극을 있는 그대로 정확히 지각하지 못한다는 것은 심각한 문제를 일으킨다. 정확한 지각이 되지 않은 영향 요인은 환각 관련 증상, 강한 비의식적 억압, 압도적 스트레스 경험, 높은 수준의 성격적 경직성, 복잡한 경험환경 등이다. 로르샤흐에서 이처럼 다양한 지각적 문제가 어느 요인으로 인한 결과인지 직접 알려 주는 지표는 없으며 해당 지각 상황에 관여된 여러 조건을 고려하면서 개인의 실제 삶 속에서 드러나는 적응 행동을 참조하여 이해할 수 있다.

지각대상, 즉 경험 자극이 외부현실에 존재하는 것이라면 비교적 쉽게 그로 인한 문제점이 확인될 수 있겠지만, 내부세계에 존재하는 자극이라면 복잡한 처리과정을 고려해야만 한다. 내부세계의 생각과 느낌은 주관적인 경험이기에 지각 수준의 정확성을 섣불리 결정할 수는 없다. 하지만 내적 자극은 대부분의 경우 외부현실과의 상호작용으로부터 생성되고 '사고'와 '느낌'의 형태로 드러난다. 즉, 지각은 사고와 느낌 형태에 담겨 표현될 수 있다는 것이다. 자극대상에 대해 생각과 느낌이 없다는 것은 현상적으로 경험의 주체로서 개인에게서는 지각이 되지 않은 것과 같다. 이러한 경우는 단순한 반사적 행동에 그치는 경우가 많으며 이는 개인성이 결핍된 행동 그 자체이며 감각적 처리에 불과한 반응이라 할 수 있다. 예외로, 경험은 하였으나 그 경험의 정보가 생각이나 느낌의 형태로 만들어지지 못하고 순수 경험으로 인식될 수도 있는데 이 경우는 생각과 느낌을 만들 수 있는 능력이 부족해서일 수도 있다.

일단 사고나 느낌이 만들어졌다면 해당 생각 및 느낌과 관계된 실제 외부현실 자극 간의 수반성을 파악하는 것이 먼저다. 예를 들어, 내부세계에서 '짜증'이 경험되었다면 짜증에 수반된 외부현실의 조건을 검토하면 되고, 당면한 업무를 마무리하기 위해 효율적 절차와 방법을 구상하는 '사고'가 일어났다면 그 사고에 수반된 외부현실의 조건을 검토하면 된다. 실제 자극과 개인 경험 간의 불일치가 심해진다면 이후 정보처리 과정에서 문제가 발생한 것일 수도 있지만, 지각과정에서부터 발생한 문제가 아닌지 먼저 검토해 봐야 할 것이다.

먼저, 외부현실과 내부세계를 아우르는 전체 주위환경에서 지각의 정확성은 보편성에 따른다고 하였는데, 특정 상황에서 그럴 만한 것이라 양해 가능한 수준에서 '무엇'인가를 보고, 생각하고, 느끼는가와 관련된 문제라는 것이다. 대부분 사람이 특정 상황에서 그 상황을 어떻게 생각하고 어떻게 느끼는가는 지각의 적절성을 가늠하는 중요한 기준이 될 수 있다. 즉, 해당 상황에서 충분히 예상 가능한 생각과 느낌 그리고 행동을 말한다. 예를 들어, 누군가의 좌절을 목격했을 때 그 좌절이 생기게 된 원인을 추론해 볼 수도 있고, 좌절감이 전해져 함께 아파할 수도 있으며, 위로를 전할 수도 있다. 여기서 정확한 지각이라는 것은 특정 환경에 유일한 정답이 있는 것이 아닌 그 정도면 충분히 양해 가능한 지각범위에 있는 것이다. 그 범위의 경계는 분명히 구분되지 않지만 이러한 특징은 실제 삶에서도 같은 특징을 갖고 있다. 개인의 행동이 당면 장면의 맥락과 의도 등에 따라 수용되기도 하고 거부되기도 하는 것과 같다. 그래서 부정확한 지각 여부를 구분 짓는 것이 목적이 아니라 특정한 부정확한 지각이 나타났다면 해당 장면에서 어떠한 요인이 영향을 미친 것인지를 파악하고 그 부정확한 지각의 가치를 이해해 봐야 할 것이다.

요약하면, 로르샤흐 과정에서 지각은 주위환경의 자극과 접촉이 일어난 잉크 반점을 맞닥뜨린 순간에 일어난다. 최종 반응은 복잡

Q 생각 상자

정확한 지각은 무엇을 말하는 것일까요? I번 카드에서 반점 전체 영역을 많은 사람이 '박쥐'로 본다고 해서 '깻잎전'으로 본 개인이 이상한 것일까요? 지각의 정확성과 현실 장면에서 적응은 어떤 관련이 있을까요?

한 인지 과정의 결과로서의 선택된 행동이며 지각 순간의 경험은 직접 측정하지 못한다. 직접 측정을 하지 못했다고 해서 이것이 로르샤흐 기법만의 한계점이나 문제점이 아니며, 실제로 지각 순간의 고유한 주관적 지각 경험을 직접 측정할 수 있는 검사는 없다. 지각이 일어나는 순간의 질적 수준은 보편성의 기준에서 적절성을 가늠하고 현재 시점에서 개인이 가진 경험이 어떠한가에 따라 다양한 지각 수준이 결정된다. 그 개인적 경험은 특정 사고와 느낌의 방식을 결정짓고 지각의 내용을 담는 틀이 된다. 지각 이후 인지적 정보처리 과정에서 발생한 문제는 다음의 '사고' 개념으로 설명될 수 있다.

관념과 사고 그리고 아이디어   로르샤흐에서 다루는 '관념 (ideation)' 개념은 특히 어려운 개념인데 '관념'을 이해하기 위해서는 먼저 '관념'이 작동되는 사고과정 및 사고내용 그리고 사고형태를 이해해야 한다. 단순히 말하면, '사고와 관련된 정신적 활동 및 현상'을 아울러 '관념'이라 할 수 있다. 관념은 경험에 대한 '생각(thinking/thought)의 총체'이다. 관념을 구성하는 것에는 외부현실 및 내부세계의 자극에 대해 이미 알고 있는 '정보 덩어리(사고내용)'도 포함하며 자극과 접촉이 일어나는 해당 순간 시점에서 형성되는 '사고의 기능'이기도 하다. 관념은 출생 후 언어 체계를 활용한 소통이 시작되는 순간부터 관념적 활동도 시작되고 삶이 끝날 때까지 작동하게 된다. 이후 관념은 궁극적인 목적을 달성하기 위해서가 아닌 경험의 주체로서 개인이 생존과 적응을 위해 자동적이고 목표지향적으로 작동되는 것이다. 생애 초기 감각을 통해 외부현실과 내부세계의 자극들과 접촉은 언어 체계가 만들어짐과 동시에 그 경험된 자극에 대한 관념이 양적으로 증가하고 질적으로 선명해진다. 이러한 관념의 확장 및 정교화는 주위환경과 상호작용의 양만큼 전 생애에 걸쳐 누적된다. 관념 작업방식이 다양해지고 정교해질수록 앞으로 경험하게 될 주위환경의 자극들을 인식하고 처리하는 능력도 함께 향상되는 것이다.

그런데 실체가 없는 관념은 무엇으로 이루어질까? 관념을 공장에 비유해 보면, 공장에서 물건을 만드는 데 사용한 재료는 관념을 만들어 내는 '개념(concepts)'이라 할 수 있으며 그 재료로 만들어 낸 상품이 '아이디어(ideas)'라고 할 수 있다. 그리고 '사고'는 재료를 사용하고 물건을 만드는 수행이며, '관념'은 이상의 작업이 이루어지는 공장이자 공장에서 벌어지는 작업을 총칭하는 것이다. 정리해 보면, 개념은 언어 형태로 존재하며 관념을 구성하는 원재료로 쓰인다. 하나의 개념은 그 자체로 특별한 의미가 없으며 일개의 현상을 가리키는 이름에 불과하다(적어도 형태적으로는 그렇다). 개념은 사용 목적에 맞게 쓰일 때 구체적으로 의미 있는 역할을 할 수 있다. 그리고 특정 관념을 위해 기꺼이 사용될 때 가치가 빛난다. 건물을 지을 때 필요한 철근은 자체만으로는 생산적인 의미가 없으며 건물의 구성요소로 사용될 때에야 그 가치가 생기는 것이다. 개념의 중요성은 이미 목적된 관념 형성에 얼마나 부합하는 개념인가에 따른다. 예를 들어, 건물의 구조를 세울 때 적재적소에 철근이 필요하고 콘크리트가 필요하듯 '가족관'의 관념을 만들 때 '가족' '소속감' '부모' '형제' 등의 다양한 가족관과 관련된 개념들이 사용되어야 한다. 만약 목적하는 관념과 거리가 멀거나 부적합한 개념을 사용한다면 의사소통이 장면 전반에서 구체적인 문제를 겪을 가능성이 커질 것이다.

한편, 관념의 재료가 되는 '꿰어진 구슬'이 아이디어가 된다. 한국어로 'Idea'를 번역하는 것은 상당히 어려운데 여러 장면에서 보통 '관념' '생각' '사고' 등으로 다양하게 번역하고 있기에 정확한 개념이해에 어려움이 있다. 이 책에서는 온전한 의미 전달을 위해 'Ideas'를 별도로 번역하지 않고 한글 발음 표기를 그대로 사용하고 있다. 아이디어는 특정된 의미의 응집성을 가진 개념들의 집합이며 관련 개념들이 응집성을 갖추게 된 것이다. 개념이 언어적 형태를 띠고 있기에 아이디어 역시 언어적 형태를 가진다. 지금 기술되는 문단의 시작인 '한편, ~'부터의 문장들은 '아이디어' 개념을 설명하기 위한 100개 이상의 개념들로 이루어져 있으며, '아이디어'라는 아이디어를 응집력 있게 진술하고 있다. 아이디어가 구체적이고 조리 있고 논리적일수록 좀 더 분명하고 세밀한 관념이 형성된다. 분명한 아이디어를 만들기 위해서는 구체적이고 다양한 개념들을 다룰 수 있는 능력이

Q 생각 상자

주위환경을 경험하는 방법은 어떤 것이 있나요? 아름다운 자연을 온전히 경험하기 위해 어떤 심리 작동이 이루어질까요? 관념적 경험뿐만 아니라 느낌 자체를 온전히 경험할 수 있을 것입니다. 경험의 양태를 구분한다는 것이 낯설 수도 있지만, 특정 현상들에 대해 관념을 만들어 보기도 하고 느껴 보기도 하면서 그 경험을 언어로 표현해 보세요.

필요하다.

경험 자극에 대한 정확하고 충분한 개념과 아이디어가 양질의 관념을 만들 수 있지만, 주위환경과 상호작용에서 '충분히 예상 가능한' 개념과 아이디어를 사용할 수 없다면(현실 자극과 거리가 먼 개념과 아이디어를 사용한다면) 심각한 적응상의 문제를 발생시킨다. 당면 상황이 가진 뉘앙스와 분위기를 잘 파악하고 합리적인 적응 기준에 따라 소통을 할 수 있어야 건강한 적응이 가능할 것이다. 외부현실의 자극은 비교적 분명한 속성을 가지고 있어서 그 자극에 상응하는 분명한 개념을 사용하여 아이디어를 만들어 낼 수 있는 반면에 내부세계의 자극들은 모호한 정서적 경험 등을 포함하고 있기에 분명한 개념을 사용하는 것이 상대적으로 어렵다. 오랜 시간 반복적으로 충분한 정서적 경험을 하고 그 경험을 정확하게 표현해 온 사람들은 자신의 정서적 경험을 표현할 수 있는 능력이 자연히 길러져 왔을 것이다. 한편, 정확한 정서적 경험의 인식과 정서표현이 충분히 이루어지지 않았을 때는 표현되지 못한 정서적 경험이 심리적 혼란감을 높여 문제해결을 위한 관념의 작동을 방해할 수 있다. 외부현실이든 내부세계이든 경험된 자극을 개념과 아이디어로 만들어 내야만 자신의 경험을 분명하게 인식할 수 있고 타인에게 자신의 경험을 분명하게 이해시킬 수도 있을 것이다.

비교적 분명한 '외부현실에서의 경험'이라 할지라도 낯선 상황에 닥치게 되면 경험 자극과 상응하는 개념이 무엇인지 쉽게 떠올릴 수 없게 된다. 이뿐만 아니라 해당 상황에서 자극된 내적 경험을 어떤 개념과 연결해야 할지도 알 수 없게 된다. 실제 삶에서 매 순간의 적응 상황은 어느 정도의 새로움과 친숙함의 속성을 함께 포함하고 있다. 그렇기에 매번 새로운 상황에 적합하게 완전히 새로운 개념을 찾아야 할 필요는 없고 이미 알고 있는 개념들을 활용하여 해당 상황과 가장 근사하게 이해하는 것으로도 충분하다. 가끔 지금까지 한 번도 경험해 보지 못한 경험이라면 새로운 개념을 사용해야만 그 상황을 인식할 수 있고 타인에게 표현할 수 있을 것이지만, 학습을 통해 습득된 기존 개념체계에 또 한 가지 개념을 추가하는 정도로도 해당 경험을 이해하고 소통하는 데에 충분할 수 있다. 만약 새로운 상황과 적합하지 않은 개념을 의도적으로 사용하거나 고수하는 모습은 성격적 문제를 드러내는 것일 수도 있다. 또는 오랜 시간 다양한 경험을 하지 못하여 해당 상황을 파악하는 능력을 기르지 못했을 수도 있으며 경험했다 하더라도 경험을 통한 학습이 되지 않아서일 수도 있다. 이상의 경험 여부와 관계없이 고집스럽게 자신만의 개념을 사용하려고 한다면 낯선 당면 상황의 자극들을 정확하게 이해하지 못할 것이며 다른 사람들과의 소통에서도 구체적인 어려움을 겪게 될 것이다.

당면 상황의 자극을 이해하는 데에 그 정도면 충분한 양과 질의 개념을 갖추고 있다면 이제 해당 개념을 사용하여 현실적인 아이디어로 만들어 가는 것이 중요해진다. 이 과정에서 논리적이고 조리 있는 사고 능력이 필요한데 이는 건강하고 적응적인 관념을 형성하는 데 필수적인 기능이라 할 수 있다. 사고력은 경험 자극을 정확히 인식하는 데에 필요한 정확한 개념을 식별해 내어 합리적인 아이디어를 만들어 낼 수 있는 능력이라 할 수 있다. 사고력이 발휘되는 사고의 기능은 사고과정과 사고내용으로 구분해 볼 수 있다. 사고력이 강하면 평범하고 일상적인 아이디어를 만드는 것을 뛰어넘어 추상적이고 상징적인 수준의 아이디어를 만들 수도 있을 것이다. 반면에 약한 사고력은 구체적인(concrete) 특정 수준에서 아이디어를 만들어 가는 것조차도 불가능할 것이며 가능하다 하더라도 복잡한 당면 자극을 처리하기 위해서는 세부적으로 구분하여 한 단계 한 단계 차근히 아이디어를 쌓아 가야 하는 수고가 필요하다.

사고력은 기본적으로 지능과 같은 개인의 기질적인 능력에 영향을 받기도 하지만 주위환경의 요구에 따라 달라질 수도 있다. 열악한 날씨에서는 최고의 전문가와 장비가 있다 하더라도 작업이 더디어지거나 불가능한 것처럼 당면 환경의 복잡도에 따라 생산적인 사고의 질이 달라진다. 그리고 사고력은 훈련을 통해 대안적 사고방식을 배움으로써 발달되기도 하며 좀 더 효율적인 사고 전략을 습득하면서 키울 수 있다. 한편, 건강한 사고기능은 항상 충분한 논리성을 전제하며 논리의 근거는 현실적 속성이나 관습적 속성에 기반해 있어야 정확한 아이디어를 만들어 낼 수 있다. 현실적인 논리적 사고가 가능한 사람들은 자신의 아이디어가 만들어진 이유를 현실적 근거에 맞게 정확하게 인식하고 있는 사람이라 할 수 있다. 그 논리성이 현실적 속성에 근거하지 않고 개인의 내적 경험에만 근거할 때 자신의 관념이 형성된 과정을 논리적으로 설명할 수 있다 하더라도 그 논리가 맞는 것이라 인정하기란 어려울 것이다. 개인적 경험을 출처로 논리를 만들어 낸 것을 양해해 주지 않는 상황에서는 보편적 근거를 통해 자신의 경험을 표현할 수 있어야 할 것이다. 그리고 사고의 조리성은 아이디어의 응집력이 높은 관념을 만들어 내는 데에 필수조건이다. 현실적인 근거를 바탕으로 특정 아이디어를 만든다고 해도 정보 활용의 순서가 자연스럽지 않고 사용 맥락에 적합하지 못한 방식으로 전달이 된다면 아이디어를 정확하게 전달할 수 없을 것이다.

로르샤흐에서 관념은 개념과 아이디어를 만드는 양상, 즉 사고의 기능과 내용을 측정하고 있다. 사고는 개념과 아이디어를 이용하는 것이기 때문에 로르샤흐 과정에서 드러나는 수검자의 개념 사용 방식과 아이디어를 만들어 나가는 방식을 이해할 수 있다. 이를 통해 전체적인 관념의 모습을 그려 볼 수 있는 것이다. 개념과 아이디어는 언어화되어 있기에 수검자가 표현한 말에 신중한 관심을 두는 것이 중요하다. 수검자가 사용한 개념과 그 개념들을 어떻게 응집성 있게 아이디어로 만들어 나가는지 세심하게 검토해야만 한다. 그래서 로르샤흐 실시과정에서 벌어진 모든 언어화된 정보를 반응한 그대로 기록하는 것이 아주 중요하다. 언어화하는 방식과 함께 드러나는 행동과 표정 또한 중요하며 이후 관념을 만드는 과정에서 관련 행동의 역할을 이해할 수 있다. 수검자가 사용한 개념과 아이디어는 그에 상응하는 기호로 변환되며 이 기호들을 사용하여 산출된 구조변인들로 사고의 논리성과 조리성 그리고 응집성, 건설적인(생산적인) 사고, 다양한 상황마다 그에 적합한 대안적 사고를 활용할 수 있는 능력 그리고 적응요구 수준에 넘치지도 모자라지도 않은 적당한 사고 작동 등을 검토할 수 있다.

끝으로, 관념의 질은 지각한 내용의 현실성에 따라 달라진다. 그

렇기에 관념을 평가하는 과정에서 반드시 지각의 문제를 함께 고려
하게 된다. 현상학적으로 로르샤흐 과정 간 수검자의 행동에서 사고
와 지각의 문제를 구분하여 관찰하는 것은 어려우며 최종적으로 반
응한 언어화된 자료를 바탕으로 지각과 사고를 추론해 나가야 한다.
사고가 일상적이지 않기 때문에 주위환경의 비일상적 자극에 좀 더
주의를 빼앗기게 되거나 관심을 가질 수 있으며(사고가 지각에 영향)
결과적으로 낮은 수준의 형태질로 나타날 수 있다. 반대로, 애초에
왜곡된 지각으로 인해 비일상적인 자극들이 입력되어 이러한 왜곡
된 지각 정보를 사용한 사고로부터 비일상적인 관념이 형성될 수도
있다(지각이 사고에 영향). R-PAS에서는 '지각 및 사고 문제' 영역에
포함된 지표들을 검토한 후 통합적인 가설을 만드는 과정을 거친다.

자아 손상   로르샤흐에서 자아 손상(ego impairment) 개념은 '성격
구조로서 자아'와 '기능으로서 자아'를 모두 아우르는 의미로 사용되
고 있다. 구체적으로, 자아는 주위환경과 상호작용하는 경험의 주체
이며, 주위환경과의 상호작용, 즉 '접촉' '주의' '지각' '검열' '정보처리
(의미부여)' '의사결정' '선택'을 거치는 일련의 과정을 조절하고 관리
하는 주체인 것이다. 로르샤흐 수행에서 '자아 손상'의 평가는 수검
자의 수행 행동을 관찰하여 각 과정에서 자아 손상의 단서를 찾아보
고 분석해 보는 과정을 거친다.
    자아 손상에 영향을 미치는 요인은 우선 현실검증력의 저하라고
할 수 있다. 자신과 타인 그리고 현상을 있는 그대로 인식하기 어렵
기에 자아 손상이 생긴다. 그리고 사고방식과 사고내용에서의 문제

가 자아 손상에 영향을 미쳤을 수 있는데 이 경우 다른 사람들과 소통에서 구체적인 문제를 발생시킬 가능성을 키운다. 또 한 가지로는 생애 초기부터 안정적인 관계 경험이 부재했기 때문에 현재 적응 시점에서 건강한 방식으로 인간 대상을 분별하여 관계를 맺는 것이 어려워질 수 있다.

인간 삶의 장면은 인간 대상과의 관계 경험이 기본적인 적응요구의 내용이며 매일 매 순간 다른 누군가와 상호작용하며 서로 적응에 필연적인 영향을 주고받게 된다. 적응적이고 건강한 인간으로 살아간다는 것은 다른 인간과의 상호작용을 필요 이상으로 불편해하지 않으면서도 회피하지 않고 예측 가능한 방식으로 호혜적 관계를 형성, 유지하는 것이라 할 수 있다. 이렇듯 자아 손상이 심한 사람이라면 일상생활에서의 대인관계상의 어려움을 겪을 가능성이 크며 기본적인 삶의 요구를 해결하는 것조차도 어려울 것이다. 다만, 살아가면서 누구나 우연히 심각한 수준의 스트레스를 겪게 될 수도 있는데 이는 스트레스에 대한 정상적 반응으로서 전반적인 적응력이 한꺼번에 저하될 수 있다. 이 경우에는 자기표상 및 타인표상의 왜곡이나 대인관계상에서 소통의 어려움도 동시에 발생하게 된다. 또한 이러한 전반적인 적응상의 문제가 오랜 시간 유지되어 온 사람이라면 적응을 해칠 정도의 심각한 성격적 문제가 반영된 것일 수도 있다.

현실성과 초월성: 현실적 지각 현실성은 로르샤흐에서 핵심적인 개념이다. 모든 인간은 시간 및 공간 차원 위에 얹힌 현실 장면에

3. 지각 및 사고 문제   263

서 살고 있다. 연속된 시간 차원에서 지금 순간의 지점에 존재하는
갖가지의 자극들은 실존하는 대상들이며 특정할 수 있는 현상들이
다. 해당 순간의 특정 장면에서 접촉한 자극들은 분명한 현실적 속
성을 가지고 있는데 그 속성을 있는 그대로 지각하는 것이 현실적
지각이라 할 수 있다. 현실성의 범위는 객관적으로 관찰 가능한 명
백한 지각 경험에서부터 경험환경의 자극속성을 심각히 훼손할 정
도의 지각 경험까지 포함한다. 실제 지각된 자극 경험이 명백한 현
실적 속성과 정확하게 일치할수록 지각의 현실성 수준이 높아지며,
실제 자극속성과 경험된 지각 경험이 불일치할수록 초월성 수준은
높아지게 된다. 초월성 수준이 높아진다는 것은 현실의 자극을 왜
곡하여 지각하고 있음을 의미한다. 로르샤흐 잉크 반점은 기본적으
로 초월성이 높은 자극들이지만 10개의 잉크 반점은 실제 자극과 유
사한 현실적 속성을 담고 있다. 대표적으로 V번 카드 전체 반점 영
역과 Ⅷ번 카드의 양쪽 날개 영역은 각각 현실 장면의 '나비'나 '박쥐'
그리고 네발 달린 '동물'을 비교적 쉽게 지각할 만한 수준의 현실적
속성을 가지고 있다. 나머지 카드들 역시 현실의 대상과 어느 정도
유사한 현실적 속성을 가지고 있으며 동일 카드 내에서도 특정 영역
은 또 다른 영역보다 비교적 현실성이 높은 속성을 가지고 있다.

   현실성이 높은 잉크 반점의 특정 영역을 지각할 때는 좀 더 쉽게
현실적 지각이 가능하며 초월성이 높은 잉크 반점의 특정 영역에서
는 왜곡된 지각을 할 가능성이 커진다. 대부분 사람은 적응요구를
받았을 때 그 순간을 극복하거나 해결하기 위해 또는 상황을 회피하
고 모면하기 위해 자연스럽게 자신이 당면한 경험환경 내의 현실적

> **Q 생각 상자**
>
> 현실적 지각은 현실성이 높은 자극을 있는 그대로 지각하는 것입니다. 이뿐만 아니라 현실성 높은 자극과 초월성 높은 자극을 구별하여 웬만하면 현실성 높은 자극과의 상호작용을 선택하는 의사결정 능력이 현실적 지각에 영향을 줄 수 있습니다. 이상한 것을 이상하게 보고 건강한 것을 건강하게 볼 수 있으면서 주어진 상황에서 충분히 양해될 수 있는 정도의 지각을 말합니다.
>
> 현실적 지각이 절대적으로 좋은 것이며 왜 곡된 지각이 절대적으로 나쁜 것일까요?

속성을 우선하여 파악하려고 한다. 로르샤흐 상황에서도 마찬가지로 자연스럽게 카드 내에서 가장 현실성이 높은 영역을 먼저 식별해 내려고 한다. 이러한 자연스러운 시도는 현실에 존재하는 대상으로 지각하는 데에 도움을 주며 주관적 판단을 최소화하여 타인과 보편적인 소통을 할 수 있도록 도움을 준다. 하지만 개인이 속한 경험환경의 여러 조건에 의해 현실성이 높은 자극과 접촉할 때도 현실적이지 못한(주관적인) 지각 경험을 할 수 있으며, 애초에 현실성이 높은 영역에 쉽게 주의를 두지 않고 초월성이 높은 자극 영역이나 개인적이고 임의로 구성한 영역에 관심이 끌리기도 한다. 대부분 사람은 새롭거나 모호한 환경에서는 자극의 정체를 분명히 확신할 수 있는 자극을 먼저 찾게 되며 그러한 자극에 끌리거나 의지하게 되는 자연스럽고 효율적인 대처 전략을 보일 것이다. 만약 혼자서 처음 접해 보는 곳으로 여행을 하는 상황이라면 이미 자신에게 익숙한 물건이나 노래, 지인 등을 만나는 순간 한결 마음이 편해질 수 있다.

현실적으로 지각한다는 것은 실제로 존재하는 특정 대상이나 현상, 즉 현실성 수준이 높은 자극을 있는 그대로 정확하게 지각할 수 있다는 것이며, 동시에 외부현실의 경험 자극으로부터 이끌린 생각과 느낌들의 출처를 현실 장면에서 찾을 수 있다는 것이다. 내적 경험을 말하는 후자의 경우 현실적 지각의 가치가 절대적으로 좋고 나쁜 기준으로 구별되는 것이 아니다. 부정적인 경험이라 볼 수 있는 외부현실에서 공포 자극에 대해 실제로 부정적인 느낌인 '공포심'을 느끼게 되는 것은 너무나 온당하고 적합한 경험인 것이다. 이러한 공포 등의 부정적 가치를 가지는 경험도 실제 자극속성과 일치한다면 현실적 지각이라 할 수 있다. 강도가 칼을 들고 위협하는 상황에서 즐거움, 쾌락을 느낀다면 좋은 느낌이라 할지라도 왜곡된 지각을 한 것이다. 하지만 이러한 불편한 경험들이 온당하고 적합한 것과 관계없이 불쾌한 경험의 양이 많아지면 현실에서의 적응에 상당한 위협이 된다. 반대로, 현실을 왜곡하여 적응 수준을 높일 수 있다면 왜곡의 가치를 새롭게 이해해야 한다. 하지만 이러한 적응이 과연 합리적인지는 여전히 확신하기 어렵다. 아빠의 폭력을 지켜본 아들이 아빠를 대신해 엄마를 감시하는 역할을 기꺼이 도맡아 하는 '공격자 동일시'를 이해할 때는 단순한 기준으로 아들의 심리를 충분히 이해할 수 없다. 이렇듯 실제 삶에서 관찰 가능한 최종적인 결과를 바라볼 때는 다양한 관점과 요인들을 고려하여 복잡한 의사결정을 내려야 한다. 우리의 관심은 절대적 가치를 구분하려는 것이 아니라 개인이 살아가는 경험환경 내에서 벌어지는 개인의 심리적 현상을 이해하는 것이다.

초월성이 높은 자극을 지각하고 관심을 두는 경우를 이해할 때도 복잡한 가치를 고려해야만 한다. 어떤 사람들은 현실성이 높은 잉크반점 영역에서 분명하게 지각할 수 있는 속성을 지각하지 '않거나/못하고' 쉽게 지각하기 어려운 초월성이 높은 속성에 이끌릴 수도 있다. 그리고 현실성이 아주 낮은 영역에서 개인적 의미를 부여하여 특정 대상을 지각하기도 한다. 먼저, 현실성이 높은 잉크 반점 영역에서 왜곡된 지각의 예로는 V번 카드에서 전체 영역을 '장어'로 지각하거나 VIII번 카드 D1 영역(주로 동물로 지각)에서 '굴착기'를 지각하는 경우를 들 수 있다. 한편, 현실성의 수준이 낮은 잉크 반점 영역에서 개인적으로 특정 속성을 부여하여 반응한 예로는 I번 카드의 D2 영역의 안쪽(중심) 면을 지각하거나 IX번 카드 D1 안쪽(중심) 면을 지각하는 등 특정 영역의 형태와 관계없이 반점 안쪽 면에서 임의로 형태 윤곽을 설정하고 사람의 얼굴이나 특정 대상을 지각하는 것이 대표적인 예가 될 수 있다. 어떤 경우이든 왜곡된 지각의 예가 될 수 있으며, 그 왜곡된 지각의 이유와 의도는 의식적일 수도 있고 비의식적일 수도 있다. 일반적이지 않지만, 전자의 경우는 의식적으로 미개척 영역에서 의미 있는 무언가를 발견해 내려는 노력의 결과일 수도 있다. 후자는 현실성이 높은 자극속성에 이끌리지 않는, 즉 CARD PULL에 반응하지 못할 정도로 주위환경의 현실적인 자극속성이나 자극강도를 변별할 수 없는 불안정한 정신상태를 지적할 수도 있다. 이렇게 당면 상황에서 현실 자극을 중요하게 고려하지 못하고 우선순위에 두지 못하는 이유는 압도적인 스트레스 상황을 당면했을 때 자연히 겪을 수 있는 현실검증력의 저하로 인한 것일 수도 있다. 이러한 낮은 현실검증력이 오랜 시간 유지되어 온 것이라면 현실 장면에서 실제 대상 및 현상과의 상호작용 경험이 부족했기 때문에 경험의 출처를 내부세계의 개인적 경험에서 참조할 수밖에 없어서일 수도 있다. 어떤 경우이든 현실검증력이 저하되기 때문에 경험환경에

서 현실적 자극대상을 쉽게 지각할 수 없으며 상당히 주관적인 내부
세계에 관심을 두고 몰입할 가능성이 커질 것이다.

　'현실적 지각의 어려움' 양상을 살펴보는 것은 개인의 적응방식을
이해하는 데에 아주 유용하다. 삶의 적응영역 전반에 만연되어 있을
수도 있지만, 누군가는 특정 적응영역에서만 특별히 현실적 지각이
어려울 수도 있다. 예를 들어, '대인관계 장면'에서만 유독 현실검증
이 어려운 모습이 나타날 수 있다. 또한 '사고를 생산하는 과정' 아니
면 '정서적 상황'에서 느낌을 포함하는 내적 경험을 생산해 내는 각
과정에서 현실성 수준이 저하되기도 한다. 현실검증력의 저하는 사
고와 정서조절 기능에 영향을 주기 때문에, 특히 대인관계에서 충동
적 또는 과도한 자기주장 및 감정표현, 공감 및 상대의 의도 추론과
관련된 문제와 함께 드러나는 경향이 있다.

관습성과 개별성: 관습적 지각　관습성은 오랜 시간 동안 누적된
주위환경과 상호작용의 결과로서 최종 상호작용의 양만큼 관습성의
수준이 정해지며 현재 문화의 특성으로 수용된다. 이러한 관습성은
현재 적응 장면에서의 지각과 경험 그리고 반응방식에 영향을 미친
다. 관습성은 의식적/비의식적 학습과정으로 만들어지는 것인데 같
은 적응 장면의 대부분 사람이 공유하는 암묵적인 적응방식으로 자
리 잡게 된다. 개인은 자신이 속한 문화집단의 영향을 벗어날 수가
없는데 이러한 집단에는 인종, 성별, 국가, 사회, 가정, 또래, 학교,
집단적 재난, 세대 등이 포함된다. 관습성은 주위환경을 간편하고
효율적으로 지각하는 데에 도움을 주고 대부분 사람이 가지고 있는

방식으로 안정적인 사고와 느낌을 만들 수 있도록 도와준다. 하지만 경직된 관습적 경험 경향성은 고유한 자기다움이나 개인적 정체성을 가지는 것을 어렵게 할 수 있다. 건강한 적응을 위해서는 관습성이 없어서는 안 되며 동시에 어떤 방식의 경험과 행동이 당면 집단에서 관습적인지 잘 알고 있으면서 해당 상황에 적합한 모습을 보이는 것이 필요하다.

자극을 지각하는 과정에서 관습성이 적응적일 수 있는 이유는 현시점까지 수용되었던 수많은 반복경험을 기초로 당면 자극을 지각하기 때문이며 이러한 특징은 자극을 지각하는 데에 소요시간을 확실히 줄여 줄 수 있다. 다시 말해, 개인이 속해 왔던 적응 장면에서 자주 접해 왔기 때문에 해당 대상을 지각하는 데에 큰 노력이 필요하지 않다는 것이다. 자주 접해 왔다고 해서 다른 사람들보다 더 전문적이고 세부적으로 지각하게 된다거나 더 깊이 있고 의미 있는 무언가를 지각해 낸다는 것은 아니다. 단지 익숙하고 자연스럽게 경험하고 행동할 수 있다는 것을 의미한다. 반면에 접촉빈도가 드물었던 자극들은 낯선 정도에 따라 지각하기 위한 개인의 노력이 더 많이 필요해진다. 개인의 삶에서 갑작스러운 트라우마나 새로운 경험이 많을 경우, 일반적이고 보편적인 적응 장면에서 예상 가능한 관습적 경험과 행동을 보이기가 어려울 것이다. 이 경우라면 오히려 개별성 수준이 커진다. 마찬가지로 개별성 수준이 높다고 해서 이상하거나 문제가 된다고 직접적인 해석을 할 수는 없으며 관습성은 얼마나 깊이 있고 전문적인 경험을 하는지를 말하는 것이 아니라 보편적인 다양한 경험을 지적할 뿐이다. 그 경험 장면이 얼마나 건강한(상식적인) 장면이냐에 따라 그리고 그에 따른 개인의 경험이 얼마나 적응적이냐에 따라 개인적 지각의 긍정과 부정의 가치는 달라지는 것이다. 나쁜 일을 작당하는 집단 속에서 요구하는 관습적 경험과 행동의 가치는 긍정적인 평가를 받기 어려울 것이다.

건강한 관습성은 자신이 소속되어 있거나 앞으로 소속되어야 할 집단의 관습적 사고·정서·행동 양식을 갖추고 있으면서 자신의 개인적 사고·정서·행동을 편하게 경험하고 행동할 수 있는 모습으로 드러난다. 적응 장면의 관습적 기준에만 맞추게 될 경우, 안정적인 적응은 가능하겠지만 당면 환경의 의미 있는 세부사항이나 또다른 측면을 경험하고 수용하기는 어려울 수 있다. 이러한 모습은 새로운 자극을 정확히 인식하고 의미를 발견할 수 있는 개인의 잠재능력이 절대적으로 부족해서일 수도 있다. 결국 충분한 관습적 특징을 잘 파악하고 있으면서 자신의 개인성을 해치지 않는 방식으로 새로운 경험을 추가하여 다양한 관점의 확장을 추구하는 것이 건강한 적응의 모습이다. 예를 들어, 건강하고 적응적인 사람들은 자신의 소속 집단의 가치를 충분히 이해하고 사람들과 소통을 하면서도 혼자서 새로운 장소로 여행을 가기도 하고 세상에 대한 새로운 지식을 접해 보는 등의 경험을 자연스럽게 할 수 있을 것이다.

이와 다르게 건강하지 못한 수준만

Q 생각 상자

성인은 자신의 과거 시절을 회상하고 추억하며 그 시절의 향수에 젖기도 합니다. 많은 사람은 당시 유행했던 대중문화나 사회적 이슈를 쉽게 떠올려 편하게 이야기를 나눌 수 있지만 어떤 사람은 그 시절 개인적으로 몰두했던 생각과 감정을 강하게 떠올릴 수도 있습니다.

보편적이고 대중적인 기억의 존재 여부나 기억의 정도와 개인성, 관습성은 어떤 관련이 있을까요?

큼 낮은 관습성을 보일 수도 있는데, 예를 들어 어떤 사람은 감금과 폭력, 성적 유린 등의 경험으로 인해 추후 보편적인 경험을 할 기회를 안정적으로 갖지 못하게 될 수도 있고 해당 경험에 몰두되어 오랜 시간 동안 헤어나지 못할 수도 있다. 만약 그 상황에서 현실적인 적응도 대처도 할 수 없게 되면 초현실적 현상에 관심을 두거나 내부세계로 회귀하여 내부세계를 더욱더 정교하게 확장시키는 등 정신적으로 철수된 모습을 보일 수도 있다. 이런 경우, 관습성은 제대로 갖춰지지 못한 채로 굳어져 보편적인 소속집단에서 예상 가능한 지각 및 행동을 하기 어려워져 버릴 수 있다.

한편, 관습성이 가진 또 다른 특징은 개인이 속한 집단범위가 개인의 관습성에 영향을 준다는 것이다. 인간은 출생과 동시에 어른에게 보살핌을 받게 되며, 기저귀를 사용하고, 젖이나 분유 그리고 이유식을 먹고 자라며, 장난감을 가져 노는 경험을 하곤 한다. 대한민국에서 태어난 아이라면 한국 사람이 경험할 만한 상황에 자주 노출될 것이다. 외부현실의 실재하는 경험뿐만 아니라 경험 자극에 대한 '생각' 및 '정서'도 한국 사람이 할 법한 내용과 방식으로 경험하게 될 것이다. 또한 대도시냐 시골이냐에 따라, 3대가 함께 사는 가족구조이냐 한 부모 가정이냐에 따라 해당 집단문화의 자극에 빈번히 노출될 것이다. 이러한 집단의 범위가 좁아질수록 일반적인 인간의 적응 장면에서 요구되는 관습성은 낮아지고 개별성의 수준이 높아지게 된다.

극단적인 경우에서는 폭력 등의 외상 경험이나 고립된 환경에서 오랜 시간 적응하게 된 경우일 수 있는데 이로 인한 개별성은 보편적인 적응 장면에서 도움이 되지 않고 오히려 문제시될 가능성이 커진다. 높은 개별성 수준에 영향을 준 경험이 다양하고 건전하다면 현재의 다양한 적응 장면에서 적응을 도와줄 수도 있지만, 편향되고 특수한 상황에서 제한되고 부정적으로 극단적인 경험은 다양한 적응 장면에서 적응을 해치는 '이상(abnormal)'한 '경험 및 행동'의 특성을 갖게 된다. '이상'의 가치는 단일 기준으로 구분되는 것이 아니라 적응 장면의 특성에 따라 달라질 수 있는데, 극단적인 예로 인신매매와 연쇄살인을 자행하는 집단에 납치된 상황에서 벗어나기 위해 살아남기 위한 방어적 살인과 폭력은 그 집단에서 벗어나는 데에 큰 도움이 될 것이다. 이런 극단적인 상황이 아니라도 연속선상에서 자녀의 건강한 심리적 독립을 거부하는 양육이 있을 수도 있고, 상대를 상습적으로 무시하는 파트너와의 연애 관계를 강요받는 상황일 수도 있고, 상대를 비난하여 불안을 조성한 뒤 자신의 통제에 따르게 만드는 상황일 수도 있고, 잘못된 믿음을 강요하는 정치, 종교 등을 포함한 특정 신념으로 통제를 할 수도 있을 것이다. 이러한 상황에서 개인이 자신의 건강을 위해 도전적인 생각을 하려고 하거나 해당 상황의 부적절함에 대해 불편함을 느끼고 건강하게 해결하기 위해 적극적으로 행동하려는 모습은 '이상'에서 벗어나려는 노력인 것이다(그 집단에 속한 사람들에게는 이상하게 비칠지라도).

　이뿐만 아니라 관습성의 또 다른 특징은 당면 상황에 대해 다른 사람들과 유사하게 사고하고 느낄 수 있도록 하여 소속집단 내에서 친밀함을 가지고 안정감을 유지하는 데에 도움을 줄 수 있다는 것이다. 여럿이 함께 뉴스를 보며 범죄자를 함께 욕하고, 운동선수가 몇

년간 흘린 피와 땀의 결실을 보았을 때 함께 감동하고, 수험생일 경우 같은 수험생의 입장으로 생각하고 느끼는 것을 공유할 수 있을 것이다. 하지만 이러한 관습성은 안정성을 얻을 수 있는 반면에 당면 상황을 인식할 때 다양한 관점으로 현상을 인식하는 것을 방해할 수도 있으며 자기 성장의 기회를 만들어 갈 시도조차 못하게 할 수도 있다. 관습적인 관점을 가진 삶을 선택한 것을 덜 가치 있다거나 부족한 삶이라고 단순히 구별할 수 없는 문제이기 때문에 개인이 선택한 관습적 삶에 대해 옳고 그름의 기준으로 가치를 부여하기에 앞서 개인의 고유한 인생관으로 존중되어야만 할 것이다.

관습성이 높은 사고와 느낌은 안정적이고 편안한 행동으로 드러날 수 있다. 누군가의 생일이면 축하를 해 주고, 누군가가 명예를 얻었을 때 존중과 축하를 표하고, 기념일이면 안부를 전하는 등의 행동을 하는 것은 충분히 자연스러운 관습적 행동이다. 이러한 관습적 상호작용에서 서로가 예상하는 관습성의 수준과 관습적 행위의 양태가 서로 상당히 다른 경우 갈등이 발생할 수 있다. 왜냐하면 관습성은 절대적인 답이 있는 것이 아니고 각각이 가지고 있는 관습적 경험을 얼마나 공유하고 있는가가 중요하기 때문에 관습적 경험의 양이 많은 쪽이 그렇지 못한 상대를 미숙하게 여기게 되는 경향이 있다. 마찬가지로 관습적 수준이 낮고 적합한 관습적 행위를 모르는 상대 또한 스스로가 경험의 양이 부족함을 인정하는 경우가 많다. 이러한 관습성의 차이를 잘나거나 못난 개인의 인간성이나 능력/무능력으로 생각하며 비난하면서 관계상의 갈등을 키울 것이 아니라 수용과 친절하고 상냥한 안내와 교육이 우선시되어야 할 것이다. "넌 어찌, 왜! 그런 것도 모르냐?"라며 윽박지른다거나 심지어 상대의 동기를 악의적인 것으로 투사하는 일은 없어야 할 것이다.

어느 소속집단에서 한 회원이 이사로 선출되어 중책을 맡게 되었다. 해당 집단의 시스템과 분위기가 낯선 사회 초년생이 그에게 축하 인사를 전했다. "이사를 맡으신 것 축하드려요……"라고 하며 해맑은 표정과 진심 어린 태도로 축하를 전했는데, 축하를 들은 회원은 그 말에 언짢은 표정을 지으며 답을 했다. "이게 축하받을 일이라고 생각하는 거냐? 그러면 안 돼. 그건 아니지!"라고 단호한 말투로 꾸짖었다.

이 경우에서 관습성에 대해 어떤 고민을 해 볼 수 있을까? 사회 초년생은 해당 사회적 상황에서 어떻게 반응을 해야 하는지 다양한 경험을 하지 못했을 것이다. 자신이 가진 지식으로는 '명예나 권위가 있는 자리에 올랐다는 것은 인정을 받은 것이며 그러한 사람에게 진심을 담아 축하를 하는 것은 마땅한 일이다'라는 개인적 경험에 맞는 관습적 사고가 최선이었을 것이다. 반면, 이사직을 맡은 사람은 그 집단에 오랜 시간 경험이 있기에 이사의 역할이 명예나 권위의 의미보다 희생, 봉사 또는 억지 감투, 귀찮음 등의 부담스러운 역할임을 알고 있었을 뿐이다. 하지만 어린 시절부터 앞의 상황과 관련된 다양한 환경에서 자라고 교육을 받은 경험이 있었다면 사회 초년생일지라도 상대의 관점에서 충분히 관습적으로 자연스러운 반응을 할 수 있었을 것이다. 이러한 문제는 사회적 구조나 개인적 삶의 구조 등 다양한 요인으로 인한 것이기에 개인적인 무지함으로 보는 것은 위험하다. 다시 말하지만, 관습성의 차이나 부족으로 인한 문제는 다그치며 가치판단을 할 것이 아닌 교육이 우선시되어야 한다.

이상에서 알 수 있듯이 관습적 사고와 느낌 그리고 최종적 행동은 적응 장면에서 심리적 복잡성을 최소화할 수 있으며 자신의 내면을 굳이 드러내지 않아도 된다는 안정감을 느끼게 해 준다. 관습적 소통이 필요한 장면에서 사적인 주제로 소통을 원할 때 누군가는 사회적 거리를 넘어서는 불편감을 느낄 수도 있지만, 상대에게 친밀하게 공감할 수도 없고 좀 더 깊은 정서적 관계로 발전하는 것은 어려울 수도 있다. 대인관계에서 서로가 관습성 수준을 낮추고 개별성 수준을 높여 서로의 경험을 공유하고 수용한다면 서로에 대해 좀 더 깊은 이해를 하게 되면서 친밀함은 깊어지는 것이다. 만약 친밀한 관계를 불편해하는 사람이라면 더욱더 높은 관습성을 고수하려고 할 것이다. 이는 '보상적 친밀함'이라 할 수도 있는데 개인성을 나누며 친밀해지는 것은 부담스러워하면서 특정 집단의 사람들과 피상적인 '관계행위'의 양만 채워 가는 '유사 친밀함'을 느끼기도 한다. 예를 들어, 관습성이 고상한 집단문화의 상징이 되는 경향이 있는데, 사회적 위계를 위시하여 높은 위계에 속해 있음을 비의식적으로 남으로부터 인정 및 찬미 받으려는 도구로 사용되기도 한다. 이야기하는 고상한 스포츠, 거주 지역, 취미의 종류, 사용제품, 사회적 관심 영역, 고급스러운 서비스 체험 등이 예이다. 사실, 스포츠, 지역, 취미, 제품, 관심 영역 등은 아무런 죄도 없고 나쁜 가치를 갖고 있지도 않다. 비의식적이고 암묵적이라 할지라도 그것들을 누리지 못하는 대상들과 관습적으로 익숙하게 경험하고 있는 자신을 위계상 높은 지점에 두는 것으로 구분을 지어 상대를 무시하려는 비의식적 태도가 문제가 될 수 있음을 인식하고 있는 것이 중요하다. 이런 무시는 암묵적인 특징이 있기에 스스로 인식하지 못한 경우가 많으며 이러한 특성에 대해 직면하게 되는 경우 상당한 모욕감을 느끼고 자연히 관계가 단절되는 경향이 있다.

이상에서 알 수 있듯이 높은 관습성은 자극 경험에 안정감을 주기도 하고 대인관계의 친밀 욕구를 암묵적으로 보상해 주기도 한다. 하지만 높은 관습성을 고집하게 되면 진정한 자기다움과 정체성 그리고 자기실현을 위한 노력의 기회를 잃게 될 때가 있다. 관습적 사고와 느낌의 종류 및 범위를 잘 알고 있으면서 개인성을 위한 노력을 꾸준히 지속하는 성향을 '관습에 대한 저항성'이라고 한다. 현상학적 이론에서 말하고 있는 자기실현자의 특징 중 '관습에 대해 저항적이어야 한다'라는 말을 사회에서 정해진 윤리와 정의에 저항하는 것으로 오해하여 나쁜 반항적 성격 특성인데도 불구하고 자신의 반사회적 행동을 합리화하는 사람도 있다. 이러한 오해는 주위환경의 자극에 합리적인 검열과 의미부여 없이 반사적으로 거부해야 한다는 것으로 받아들였거나 사회적 관습을 따른다는 것을 굴욕적으로 응종하고 순종하는 것으로 잘못 받아들인 것이라 할 수 있다. 관습에 저항적이라는 의미는 주위환경과 상호작용에서 주체적으로 사고하고 느끼고 행동하는 고유한 심리적 존재로서 기능해야 한다는 것을 강조하는 것이다.

> **Q 생각 상자**
>
> 개별성 수준을 높일 방법은 무엇이 있을까요? 일상생활에서 익숙한 경험들에 대해 자신만의 생각을 만들어 보고 느껴 보는 것이 좋은 시작일 수 있습니다.

관습성 수준이 높은 사람은 여러 상황에서의 자극에 자신만의 의미를 충분히 고려하지 못하고 의사결정을 내리게 될 수 있는데, 특히 결핍이 아닌 풍족한 환경에서 살아왔다면 개인적 삶의 의미상실로 인해 감당하지 못할 수준의 허망함을 겪기도 한다. 또 다른 예로써 주체적으로 세상을 살아가는 방법을 배우지도 못해 왔고 이 순간까지 와서 배우려는 것도 마땅치 않다고 생각하여 허망한 봉사 또는 약물이나 범죄 행동 등 원초적 자극에 몰입하기도 하고 우울감을 느끼면서 사회로부터 철수되려는 행동을 보이는 일도 있다. 다만, 높은 관습성을 지니고 살아오다가 삶의 어느 시점에서 자기실현의 동기가 일어날 때도 있는데 풍족한 환경이 이제는 가치 있게 느껴지지 않고 지금까지의 삶과는 확연히 다르게 자신의 고유한 행복을 위한 삶을 살아가려고 할 수 있다. 반면, 삶의 환경이 빈약하고 결핍이 있는 경우 관습성이 높은 사람은 먹고사는 생존 문제에 몰두하는 경우가 많다. 어쩔 수 없이 생존해야 하기에 더욱더 경직되고 관습성이 강해질 수 있으며 개인주의나 소속 집단주의가 강해질 수도 있다. 같은 상황이라 하더라도 이와 다르게 소소한 개인적 행복을 삶의 가치로 여기며 자신만의 주위환경에 머물러 안정적으로 살아가기도 한다. "돈은 안 되지만 한적한 이곳에서의 삶이 정말 내가 행복해지는 삶이라고 생각해요".

환경의 풍족과 빈약의 정도와 관련 없이 관습성 수준에 따라 선택한 삶의 방식에 대해 누구도 비난할 수는 없다. 비난을 빙자한 개인적 부러움, 자존감 저하, 풍족함을 잃어버릴 것 같은 불안 등을 투사하여 관계적 갈등이나 집단 갈등을 발생시킨다면 건강한 적응이 아니다. 반대로, 개별적 존재로서 자기 자신이 자기다워지는 삶이 무엇인지 찾아 나가고 온전한 자기감, 통합된 정체성을 갖고 살아가는 삶을 지향하는 사람에게는 응원과 지지가 필요할 것이다.

4 스트레스 및 심리적 불편감

자극 민감성 자극 민감성은 경험환경 내의 다양한 자극속성에 영향을 받거나 관여하는 정도를 말한다. 대부분 경험환경에는 다양한 속성을 가진 자극들이 복합적으로 포함되어 있는데 적응을 위해서는 '당면 환경의 요구를 잘 해결하는 데에 도움이 될 수 있는 정도'의 자극 경험이 중요하다. 당면 상황에서 유발되는 정서적 자극을 정확하고 적절하게 조절하면서 적응에 도움이 되는 자극으로부터 생산적인 관념을 만들어 낼 수 있다면 적절한 자극 민감성 수준을 가졌다고 볼 수 있다. 반면, 아무리 현실적인 자극이라 할지라도 적응에 굳이 필요하지 않은 불특정하고 불확실한 자극까지 다루려고 한다면 적응적 수행에 불필요한 에너지를 써야 할 수도 있다. 높은 자극 민감성이 가진 긍정적 가치는 삶을 더 풍성하고 깊이 있게 경험하게 해 주지만 부정적 가치는 불필요한 스트레스와 심리적 불편감을 키우게 된다는 것이다.

다시 말해, 로르샤흐에서 높은 자극 민감성의 긍정성은 개인의 성격적 자원과 관련이 되며 부정성은 개인의 심리적 불편감의 출처와 관련이 있다. 경험환경 내의 불특정한 자극에 주의를 둔다는 것은 당면 환경의 적응요구를 해결하는 데에 방해를 받는다는 것이기 때문에 그러한 자극에 관심을 두지 않고 관여하지 않는 것이 좀 더 적응적이다. 하지만 매 순간 안정적으로 성공적인 적응 노력을 발휘하는 것은 어려울 뿐만 아니라 주위환경의 자극 수준을 예상하여 미리 통제하는 것 또한 쉽지 않다. 사실, 경험환경에는 언제 어디서나 불명확한 자극이 존재하며 이러한 자극에 초점을 두고 관여하게 되는 데에는 다양한 요인이 영향을 미친 것일 수 있다. 그 요인은 다음과 같다.

첫째, 당시 개인의 심리적 상태, 특히 정서적 상태가 불편하고 불안정하다면 평소 잘 억제하고 검열해 낼 수 있던 자극들까지도 예민하게 경험되어 버려 심리적 불편감을 키우게 된다. 이러한 경험은 의식적으로 인식하지 못하는 경우가 많고 주위 사람에게 심리적으로 불편해하고 있는 사람으로 비치거나 성마르고 까탈스러운 사람 또는 정서가 가라앉아 있으면서 깊은 고민거리가 있는 사람처럼 보이는 경향이 있다. 이와 반대로 너무 민감한 자극 경험의 불편감을 차단하여 의식적으로 인식하지 않으려는 사람은 로르샤흐 과정에서 불특정하고 불확실하고 불필요한 자극속성(YTVC′)을 지각하지 못하는 경우가 있다.

둘째, 인간 삶에는 항상 만족스럽고 분명하고 긍정적인 속성만 담겨 있는 것은 아니다. 행복한 하루를 보내도 불편하고 불만족스러운 일들은 있기 마련이다. 대부분 사람은 불쾌감이 없는 안정적인 심리적 상태를 유지하기 위해 의도적·비의도적으로 노력하고 있는데, 이를 다른 측면에서 이해해 보면 삶 속의 불편한 자극들은 자신의 삶을 정비하고 성찰하고 경험 속에 숨어 있는 삶의 철학을 깨닫게 해 주는 노력일 수도 있다. 만약 즐겁고 유쾌하고 만족스러운 삶만 추구하고 바라보며 살아간다면 삶 속에 작은 쓴맛이 다른 경험의 가치를 더 깊고 높인다는 것을 알지 못한 채로 살아갈 수도 있다. 삶의 쓴맛을 알아야만 할 당위성은 없으나 항상 안정적이고 만족한 경험을 하며 사는 것이 더 어렵고 사실 불가능에 가까운 일일 것이다. 이렇듯 개인의 의도와 관계없이 경험환경 내의 불완전하고 불확실한 자극과도 필연적으로 상호작용을 하게 된다. 일단 그러한 자극과 직면하게 될 때 자신의 자극 수용 능력을 넘어서지 않는 수준에서 조절할 수 있다면 심리적 안정감을 유지하는 데에 도움이 될 수 있다. 특별히 대인관계 장면은 아주 복잡한 뉘앙스를 인식하고 상호작용을 해야 하는 장면인데 미묘하고 세부적인 뉘앙스를 인식하지도 못하고 고려하지도 못한다면 대인관계상의 불편감이나 갈등을 초래할 수도 있다. 이 과정에서 갈등이 아주 미묘하고 암묵적인 속성을 가질 경우, 서로 무엇 때문에 불편함이 느껴지는지 명확히 이해할 수도 없고 소통할 수도 없게 되어 관계가 교착상태에 빠지거나 단절될 수도 있다. 이러한 불편한 결과를 대처하기 위해 누군가는 상황의 관습적 기준에 최대한 맞추어 경험하고 표현하기도 하는데 결국 피상적인 관계에 머물게 되는 경향이 나타날 수 있다.

　어떤 경우든지 주어진 상황에서 요구되는 적응적 경험과 문제해결 및 대처에 필수적이지 않은 자극에 쉽게 휩쓸리거나 깊이 관여가 되어 버린다면 적응상 문제가 발생할 가능성은 커질 수밖에 없다.

자극 통제감　자극 통제감은 개인이 의도를 갖고 '원하는 생각'을 만들고 자신의 감정을 불쾌하게 만들지 않는 범위 내에서 '원하는 느낌'을 가질 수 있는 주체적 경험을 말한다. 자극은 '내부세계'와 '외부현실' 두 영역의 주위환경에 존재하는데, 자극 통제감은 경험의 주체로서 개인이 경험 자극들의 양과 질, 특성 등을 스스로 조절할 수 있다는 감각을 의미한다. 그리고 외부현실의 자극을 통제하는 것은 적응에 도움이 되는 방향으로 경험 자극을 합목적적으로 선별하여 지각하거나 자신의 소망, 포부, 욕구 등을 이루는 데에 도움이 되는 경험으로 조절하는 것이다. 이러한 자극 통제감이 낮을 경우, '외부현실의 경험 자극'과 '내부세계의 관념 및 감정'에 위압당하는 경향이 있으며 의도치 않은 생각과 느낌에 몰두되어 버리거나 괴로워할 수 있다. 이러한 상태에서는 경험 자극에 정신적으로 압도될 것 같은 무력감을 느끼게 된다. 만약 내적 불편감이 어렴풋한 잠재적인 긴장으로 경험되고 있다면 주관적인 불편감을 인식하지 못하는 채로 안절부절, 초조 등의 느낌을 가질 수도 있다.

낮은 자극 통제감은 높은 자극 민감성과도 관련이 있는데, 저하된 통제감이 '정신적 소란함'과 '현실적 정보처리' 간의 연속선상에서 어느 위치에 있는지 실제 생활에서 적응 수준을 고려하여 검토해야 한다. 즉, 외부현실과 내부세계의 자극들이 통제되지 않아 큰 심리적 불편감을 경험하게 되면서 자극 민감성도 함께 커진 것일 수도 있다. 예외의 경우는 내·외적 주위환경의 세부적이고 불명확한 자극에 관심을 가지고 분명히 이해하려는 '세심하고 정교한 정보처리 양상'을 보이는 사람은 낮은 자극 통제감을 가지고 있는 것처럼 비치기도 하는데, 현실적인 지각이 적절히 유지되고 있다면 긍정적 적응력이 반영된 결과일 수 있다. 이처럼 긍정적인 특성을 고려하기 위해서는 실제 삶에서의 적응 능력과 성취 수준이 반드시 보장되어야 한다. 이와 더불어 높은 자극 통제감과 낮은 자극 민감성을 보이는 사람은 경험환경 내의 두드러지고 분명한 자극에만 반응하고 있을 가능성이 크기에 자신의 내적 관념이나 감정적 경험을 인식하는 것이 어려울 수 있다. 특히, 부정적이고 불편하고 복잡한 경험을 타인에게 충분히 이해시키는 것이 어려워져 대인관계상의 어려움을 겪는 경향이 있다. 이들은 복잡한 내적 경험을 하게 될지라도 단순한 방식으로 해결하려고 하여 경직되고 고집스러운 인지 양상 및 행동을 보일 수도 있으며, 이러한 자신만의 방식을 타인에게 강요한다면 관계상의 문제가 더 분명해진다. 이와는 다르게 복잡한 경험을 비의식적으로 억제 및 억압함으로써 대인관계적 상호작용에서 정신적 철수를 선택할 수도 있으며 신체적인 증상으로 표현될 수도 있다.

감정과 느낌   감정과 관련된 다양한 개념들이 있지만 각 개념을 명확하게 구분하는 것은 쉬운 일이 아니다. 단어 자체의 개념적 구분은 이상적 설명에 그칠 수 있기 때문에 그러한 개념이 표현하는 '실제 현상학적 경험'이 어떤 것인지를 잘 알고 있어야 한다. 감정과 관련된 용어들이 다른 언어로 번역되면서 의미가 서로 중첩되기도 하고 원래 의미와 다르게 번역되어 혼선이 생기기도 하기에 번역된 글자 너머에 있는 실제 현상을 알아보려는 노력이 필요하다. 이 책에서는 다음과 같이 감정(emotion), 정서(affect), 기분(mood), 느낌

(feeling)으로 구분하여 사용하고 있다. 이상 개념들은 모두 개인의 주관적인 경험을 말하는 것이고 로르샤흐에서는 주로 '감정' '정서' '느낌'을 주요 개념으로 사용한다. 일반적으로 사고와 대응하는 내적 경험을 이를 때는 '감정'으로 기술하고 있다.

인간을 포함하여 넓은 범위로 동물에 해당하는 모든 대상은 주위 환경의 특정 자극과 접촉함으로써 '느낌'이나 '정서'를 경험하게 된다. 특정 자극과의 접촉은 생존과 사멸을 가르는 경험이 될 수 있으며 이 경우에 발생하는 감정은 보통 생존에 도움이 되는 방향으로 행동하도록 촉발시킨다. 인간의 경우 생존과 사멸의 갈등을 일으키는 상황이 실제로 목숨을 잃거나 유지하는 직접적 경험으로 느껴지기보다 다양한 형태로 전치되고 분화되어 있는 경우가 많다. 예를 들어, 친구와의 싸움, 가족들의 지지, 직업 생활에서 스트레스 등 아주 현실적이고 일상적인 상황 전반에서 경험 가능한 것들이다. 그 상황에서 강한 감정 경험은 한 개인의 외적 행동을 유발시킨다. 그러한 감정적 상태가 외부로 충분히 표현되지 못하고 내적 경험에 머물게 되면 심리 내적 상태가 안정적으로 유지되는 경향이 있다. '기분'은 특정 조건에 의존한 개별 감정들이 하나의 큰 물길을 만들어 특정한 감정적 기후 상태를 갖추게 된 것이다. 이러한 기분은 당면한 현재의 자극들에 영향을 받아 변하기도 하지만 극단적인 자극들이 아닌 이상 자리 잡힌 기분의 방향을 바꾸기란 쉽지 않다.

관념을 형성하는 데에 재료가 있듯이 감정의 형태와 방향을 만드는 데에도 정서적 경험의 재료가 될 만한 주위환경 내의 자극이 필요하다. 정서적 자극은 인간이라면 누구나 경험하게 되는 공포, 불안, 손상의 위협을 느낄 수 있는 자극 등이 있으며, 이외에도 다양한 특정 자극마다 개인적인 고유한 정서적 경험을 하게 만드는 자극들이 있다. 특정 자극이 누군가에게는 정서적 자극을 불러일으키지만, 누군가에게는 아무런 자극이 되지 않는다. 정서적 자극은 재난이나 강도, 사기, 법적 문제 등 보편적으로 충분히 예상 가능한 정서적 상황에서부터 한 개인이 특별히 경험하는 정서적 상황까지 다양하다. 일단 개인에게 정서적 경험을 유발할 수 있는 자극과의 접촉은 특정 정서 경험의 강도를 갖게 된다. 특정 자극이 정서적 강도의 수준을 얼마나 갖게 되느냐는 현재까지 누적되어 온 개인의 사전경험 역사에 따라 결정될 수 있다. 높은 정서적 자극들이 많은 주위환경에서 살아온 사람은 다른 사람들보다 높은 수준의 정서적 경험을 하게 되고(민감화) 이전 개인의 역사에서 그 감정은 어떤 방식으로든 처리되어야만 생존할 수 있었을 것이다. 감정이 처리된다는 것은 유발된 정서적 자극을 덜 느끼려고 하거나 이미 경험한 정서를 충분히 표현한다는 것이다. 전자는 애초에 정서적 자극의 양을 줄이는 것이며 정서적 자극 상황과 접촉 자체를 회피하고 관여하지 않는다는 것인데, 어떤 상황에서는 회피가 불가능할 수도 있다. 결국 경험된 자극 수준에 상응하는 정도의 표현이 필요하며 이러한 경험과 표현의 균형을 잡으려는 '감정조절' 노력이 중요해진다. 만약 경험된 자극과 표현된 자극의 양적 불일치가 일어나면 안정적으로 감정을 유지하는 것이 어려워져 구체적인 문제를 발생시키고 관념적 활동에도 영향을 미치게 된다. 반대로, 경험된 정서에 비해서 과도하게 표현한다면 대인관계적 상황에서 양해받기 어려워질 수도 있다.

한편, 정서조절의 전 과정에서 주위환경의 정서적 자극을 알아차리는 순간이 아주 중요한데 이때의 경험을 '느낌'이라 할 수 있고, 느낌은 정서적 자극과의 접촉의 결과물이라고 할 수 있다. 다시 말해, 느낌은 '정서가'를 가진 자극을 지각하는 순간의 경험이자 경험의 결과이다. 관념을 형성하는 과정에서 사고의 역할처럼 느낌은 감정을 형성하는 과정에서 자신의 실제 경험을 인식하는 역할을 하며 느낄 수 있는 능력의 실제이기도 하다. 주위환경에 아무리 많고 다양한 정서적 자극이 있다 하더라도 느낌을 경험하지 않고서는 감정이 일어날 수 없다. 이러한 점에서 인간의 생존과 사멸의 상황처럼 개인성과 관련 없는 원초적인 극단적 자극들에 대한 느낌은 기본적인 생물학적 반응이라 할 수 있지만, 개인마다 고유한 '느낌'을 경험할 수 있는 것은 '느낄 수 있는 능력'에 따르기도 한다. 예를 들어, 같은 주위환경에 당면해 있다 하더라도 누군가는 풍성하게 느낄 수 있지만, 누군가는 기본적이고 원초적으로 단순하게 느끼는 것에 그칠 수도 있다.

CS에서는 감정 관련 현상을 별도의 평가 영역으로 인정하고 있으며 주위환경의 자극과 개인의 감정 경험 및 표현을 기술하는 주요 영역(section)으로 설정해 두었다. 이는 유용한 구분이기도 하지만 인간의 수행은 현실 장면에 드러나는 최종적인 문제해결 행동으로 규정되기에 그 과정에서 감정 관련 경험이 실제 발현되는 행동에 어떤 영향을 미쳤는지를 통합적으로 이해하는 것이 더 중요하다. R-PAS에서는 '주위환경을 지각하고 지각된 경험에 의미를 부여'하고 의미가 부여된 경험에 '적절한 정교성을 갖추면서' 당면 상황에

'적합한 방식과 강도로 표현'하는 일련의 과정에서의 감정조절 역할
을 총체적으로 검토하는 것이 중요하다고 본다.

감정 경험과 표현 자체는 다분히 개인의 내적 경험이며 삶과 죽음
의 문제가 산재한 현실을 살아가는 데에 커다란 영향을 미치고 있
다. 감정 자체가 모든 적응 상황에서 생존하는 데에 핵심이 되는 것
이 아니지만 상황에 따라 감정조절이 아주 핵심적인 역할을 하기도
하고 좀 더 풍성한 삶을 채워 주는 기능을 할 수도 있다. 이러한 관
점에서 감정의 역할을 검토할 때 R-PAS의 M/MC를 우선 참조할 수
있는데 주위환경의 요구에 합치되는 문제해결적 사고 수행에 정서
적 경험이 어떤 역할을 하는지 살펴보는 것이다.

사실, 내적 경험으로서 정서적 경험은 외부로 드러나는 것이 아니
라 언어적 표현, 표정이나 행동으로
드러나게 된다. 이 모든 정서 표현의
형태를 넓은 범위에서 '행동'으로 볼
수 있다. 삶의 경험이 쌓이면서 언
어적 방식으로 감정을 표현할 수 있
는 능력이 향상되는 경향이 있고 상
대적으로 사적 상황보다 사회적 상

> **Q 생각 상자**
>
> 느낌을 반드시 명확히 인식하고 전달하는
> 것이 필수일까요? 아니면 명확히 하지 않아
> 도 되고 전달하지 않아도 될까요? 주위환경
> 의 자극을 느낌을 명확하게 인식하고 타인
> 에게 그 느낌을 있는 그대로 전달할 수 있다
> 는 것은 적응에 어떤 가치가 있을까요?

황에서는 언어로 감정을 표현하는 훈련을 비의식적으로 자연스럽게
받게 된다. 그렇기에 자신의 정서 경험을 현실적 자극에 적합하게
경험하면서 그에 상응하는 '개념'을 알맞게 찾아 표현할 때 충분하고
적응적인 감정조절이 될 수 있다.

정리해 보면, 적응적 감정조절은 ① 정서적 상황에 적합하고 충분

히 정교하게 '느낌'을 가질 수 있어야 하며, ② 다양한 느낌에 상응하는 다양한 '개념(언어)'을 갖추고 있어야 하며, ③ 실제로 경험된 느낌과 최대한 일치하는 개념을 찾아낼 수 있어야 하며, ④ 당면 상황에서 수용 가능한 방식과 강도로 표현하는 것이 가능하다는 것을 의미한다. 만약 당면 상황이 개인의 정서 표현을 수용해 줄 수 있는 수준이 넓고 허용적이라면(언어화되지 않은 행동 등) 굳이 부가적인 언어적 개념을 사용해야 한다는 심리적 부담을 갖지 않고 직접적인 행동으로 표현해도 된다. 이렇듯 주관적으로 건강한 정서조절은 당면 상황에서 수용 가능한 수준을 정확히 파악한 다음, 그에 적당하고 적합한 방식과 강도로 표현하는 것이 가능하다는 것이다.

반면, 개인의 정서적 표현에 대한 해당 상황의 수용 수준이 보수적일 경우 세련된 사고기능을 통해 감정을 표현하는 것이 필요하다. 어떤 경우에는 그 정교한 언어적 표현이 큰 감동을 주기도 하며 관계를 좀 더 풍요롭고 깊이 있게 만들어 주기도 한다. 이러한 면은 상대에 대한 배려로 드러날 수도 있다. 반대로, 어떤 경우에는 정서적 경험을 있는 그대로 느끼지 못하고 변명을 하는 것처럼 느끼게 하여 상대에게 심리적 거리감을 느끼게 할 수도 있다. 이러한 경향은 '주지화'나 '정서의 고립' 등의 방어적 행동으로 설명될 수 있을 것이다.

5 자기표상 및 타인표상

의존성과 자율성 정서적으로 친밀한 관계는 생애 초기 '정신화 과정을 통해 형성된 관계방식'이 재현되는 것으로서 성인기의 관계 형성 및 유지에도 비의식적 소통이 중요한 역할을 한다. 주요 대상과의 반복적인 관계 경험으로부터 형성된 자기와 타인에 대한 심적 표상은 현실 장면에서의 지속적인 새로운 경험을 통해 더욱더 공고해지기도 하고 조절되기도 한다. 언어 발달이 진행되면서 관계 형성을 위해 언어기능을 사용할 수 있게 되면서 자연스럽게 언어사용을 통한 상호작용으로 옮겨 가게 된다. 생애 초기 주 양육자와의 관계에서 정신화 과정은 무엇보다 표정, 몸짓 등의 비언어적 정보가 핵심 정보로 쓰이며 성인기의 대인관계 소통에서도 큰 영향을 미친다. 하지만 언어를 습득한 후의 소통에서는 언어를 사용한 소통의 중요성이 커지고 사회적 약속으로 만들어진 관습적 언어사용이 적응에 아주 큰 영향을 미치게 된다. 사회적 대인관계 장면에서 언어사용은 '가정(假定)적 약속'이라는 특징을 갖고 있는데 반복된 언어적 소통 경험을 통해 암묵적으로 특정한 언어사용 방식이 결정되는 특징이 있다.

'의존성'과 '자율성'은 대인관계 상호작용의 대표적인 두 가지 태도이며 생애 초기부터 자신과 타인과의 누적된 관계 경험으로 만들어진 것으로서 자동적이고 비의식적인 관계 행동으로 드러난다. 현재 삶에서 자신과 관계를 맺고 있는 대상들은 자신이 가진 의존성 또는 자율성의 패턴에 맞춰 주고 있는 경우가 많고 자신의 관계 패턴에 응해 주지 않은 대상과는 친밀한 정서적 관계를 갖는 것을 어려워한다. 만약 서로의 대인관계 패턴이 달라도 현실에서 관계가 이루어지고 있다면 피상적 수준에서의 관계일 가능성이 크며 관계 장면이 가

진 관습적이고 형식적인 서로의 역
할을 하는 것으로 관계가 유지되는
'가성 친밀함(pseudo-closeness)'을
유지하는 경우가 흔하다.

대인관계 장면에서 개인의 다양한 관계방식 중에서도 의존성은
타인에 대한 '잠재적 의존 욕구'를 반영하고 있으며 상대가 자신에게
돌봄을 제공해 줄 수 있는 대상이 되게끔 관계방식을 조종하려는 경
향을 띠기도 한다. 의존성이 가진 잠재적 대인관계상의 부적응은 자
신이 상대에게 미칠 수 있는 영향(자신이 원하는 관계형태가 되도록 하
려는 목적에서)에 예민하다는 것이며 이러한 자신의 의존적 대인관
계 추구에 대한 의도는 비의식 수준에서 억압된 경우가 많다. 특정
상황에서 이들의 예민성은 일상적이고 형식적인 관계 상황에서 상
대의 암묵적 의도나 세부적인 뉘앙스를 알아차리고 그에 민감하게
반응해 줄 수 있는 섬세함으로 나타날 수도 있다. 그리고 다른 사람
들과 관계를 지속하기 위해(의존을 위한 관계) 공동작업 상황에 머물
고자 하는 비의식적 행동을 보일 수도 있으며 다양한 일상적 행동
으로 드러나기도 한다(예: 습관적 팔짱 끼기, 타인의 시선에 머물기, 식
탐을 표현하기, 아기 말투, 습관적 도움 요청하기 등). 로르샤흐에서는
수검자가 사용하는 의존적 언어를 식별하여 'ODL(Oral Dependent
Language)'로 채점하고 있다.

한편, 자율성은 타인에게 서로의 관계를 이끌어 주길 요구하기보
다 자신의 신념, 감정, 행동을 주체적이고 독립적으로 유지하려는
관계 특징을 말한다. 대인관계에서 의사결정의 근거는 보통 자신

이 가진 기준에 따라 이루어지고, 관계 상황이나 관계 대상에게 의
지하며, 쉽고 편하게 적응해도 되는 상황이어도 해당 주위환경이 가
진 기준을 세심히 따져 보고 자신만의 의미를 찾아내려고 하는 경향
이 있다. 이러한 적응방식은 주위 사람들에게 주체적으로 살아가는
사람이라 존중받기도 하지만 어떤 경우에는 자기중심적이거나 얽매
이는 상황을 과하게 불편해하는 사람으로 비칠 가능성도 있다. 하지
만 이들의 자율성을 반항이나 저항으로 설명하기보다 '주어진 삶의
조건과 요구를 따져 보지 않고 그저 있는 그대로 순응하려는 것'에
대한 '반향(反響)적' 태도로 이해할 수 있다. 하지만 자율성이 적응
에 방해될 정도로 강하다면 사적인 대인관계에서도 상대로부터 받
게 되는 일상적인 소통 시도에서조차도 편히 수용하는 것이 어렵게
된다. 상대가 보이는 자연스럽고 호의적인 관계 요구조차도 불편해
하며 상대의 영향에 자신의 자율성을 침해당한 것 같은 관계에 대해
강요받는 것처럼 경험할 수도 있다. 그래서 공적이든 사적이든 공동
작업을 하는 것은 선호되지 않는 경향을 보이며 이로 인해 정서적으
로 친밀한 관계를 형성하고 유지하려는 상대의 접근에 거리를 둘 수
있다.

　자율적 상호관계　　자율적 상호관계(mutuality of autonomy)는 각
관계 구성원의 '개별 주체로서 개인'이 '상대하는 관계 대상'과 상호
작용하는 방식의 질적 측면을 가리킨다. 여기서 개별 주체로서 개
인은 독립적인 '경험과 행동의 주체'로서 개인이며, 관계 대상은 인
간 대상뿐만 아니라 자연재해, 재난, 위압적인 분위기 등 당면 환경

의 물리적 조건도 포함하는 주위환경의 다양한 자극이 될 수 있다.
자율성(Autonomy)은 자기 자신이 경험대상과 '분리-독립된 주체'로
서 경험하고 행동할 수 있는 특성이다. 자율성을 충분히 가진 개인
은 해당 관계 대상에게 맹목적으로 순응하지도 과도하게 거부하지
도 않으면서 타인과 자신이 독립된 개체임을 안전하게 경험하고 행
동할 수 있다. 그리고 자신의 대인관계상의 경험에 어떤 자극들이
중요한 요인이 되는지 알아차릴 수도 있다. 예를 들어, '화'를 경험하
였다면 그 화가 자신의 내부세계에 존재하는 사고나 느낌으로 발생
한 것인지 경험대상이 객관적이고 보편적으로 자신을 화나게 한 것
인지 분별할 수 있다는 것이다. 이러한 경험 출처를 정확하게 인식
하는 과정에서 개인의 현실성 및 관습성 수준이 커다란 영향을 미치
는데 낮은 수준의 현실성과 관습성을 가졌다면 대인관계상에서 경
험의 출처를 오인할 가능성이 크다. 경험의 현실성이 어떻든지 자율
성이 높은 개인은 경험대상의 영향에 쉽게 휩쓸리지 않는 경향이 있
기에 개인이 위치한 특정 방향의 현실성 수준을 증폭시킬 수 있다.

상호관계(mutuality)는 경험 자극과 상호작용하는 과정에서 자신
의 주체성을 해치지 않으면서 관계 대상의 존엄성 및 개별성을 침해
하지 않는 '건강한 관계방식'과 자신이나 관계 대상의 존엄성과 주체
성을 해치고 개별성을 침해하는 '병리적인 관계방식'의 극단 사이의
연속적인 특징을 가진다. 개인의 상호관계 방식은 여타의 성격 영역
중 하나로서 안정적인 특징을 갖는다. 이러한 안정적 관계방식은 생
애 초기의 주요 대상과의 관계 경험으로부터 형성되는 것이라 보며
개인의 '내적 대상관계'의 질적 측면을 드러내고 있다. 상호관계는

최소 양자 이상의 관계를 가정하고 있으며 대상 간의 상호성 개념에는 긍정과 부정의 가치를 포함하지 않는다. 관계가 이루어지는 현상 자체를 일컫는 개념이며 개인의 상호성 가치는 '발현된 실제 관계 양상'을 확인하여 건강한 수준에서 병리적 수준까지의 가치를 검토해 볼 수 있다.

로르샤흐에서 자율적 상호관계에 관심을 가진 Urist는 Mutuality of Autonomy(MOA) 척도를 개발하였고 자율적 상호관계의 성숙도를 7단계로 구분하여 관계방식을 이해하는 데에 중요한 척도로 사용했다. R-PAS에서는 MOA 척도를 기초로 하여 MA 척도로 재구성하였으며 건강성(Healthy) 'MAH'와 병리성(Pathology) 'MAP' 두 가지 유형으로 구분하였다. '건강한 자율적 상호관계'는 자신의 자율성과 독립성 그리고 경험대상과 관계에서 성숙하고 발전적인 관계를 형성, 유지할 수 있는 상호관계이다. 반면, '병리적인 자율적 상호관계'는 자신과 타인에 대한 표상이 빈약하거나 왜곡되어 있음을 의미하며 이러한 특징은 대인관계 상황에서 자신의 경험을 억압하거나 타인에게 응종 및 순종의 방식으로 관계가 형성되어 있을 가능성이 크다는 것을 지적한다. 특히, 경험 상대의 의도를 불순하고 악의적이고 상대가 자기중심적인 방식으로 자신을 조종하려는 의도가 있는 것으로 오해하게 될 가능성이 크다.

관계 경험의 분별력 로르샤흐에서 관계 경험은 인간 대상 간의 관계 경험을 말하고 있으며 '경험의 주체'와 상대하는 '경험의 대상'이 필수적인 관계구조가 된다. 건강한 관계를 위해서는 정확한 개별 관계구조에 대한 인식을 전제할 수 있어야 하고 정확하게 인식된 개별 관계구조가 합리적이고 현실적인 방식으로 관련되어 있어야 한다. 여기서 개별 관계구조에 대한 인식의 적절성은 개인이 '자신에 대한 표상' 그리고 '관계 대상에 대한 표상'을 정확하고 건강하게 가지고 있는가에 따라 달라진다. 자신과 타인에 대한 표상은 강한 트라우마 사건 등의 경험으로 인해 형성될 수도 있지만 많은 경우 어린 시절부터 누적된 현실의 관계 경험에 영향을 받는 경우가 많다. 자신과 타인에 대한 표상은 실제 현실에서 대상과 '관계 맺음' 전체 과정에서 기능하게 되며 실제 맺어진 관계 경험은 기존 가지고 있던 자신과 타인의 표상에 덧대어져 강하게 굳어 가거나 수정된 표상으로 변화시킬 수도 있다.

 '자기표상' 및 '타인표상'의 정확성은 현실에서 객관적으로 확인 및 추론할 수 있는 자신과 대상의 특징에 얼마나 부합하는가에 따라 달라진다. 특정 인간 존재의 개인성에 대한 절대적인 현실적 인식은 불가능하다고 할지라도 사회적 보편성을 기준으로 가늠해 보는 것은 자기표상 및 타인표상의 적절성을 이해하는 데에 유용하다. 예를 들어, 신장이 190cm에서 200cm의 집단에서만 살아가는 개인에게 190cm의 신장이 '큰 신장'이라는 표상은 그 집단 내에서는 적합하지 않은 것일 수 있지만, 전체 집단에서 보편적으로 190cm의 신장이 '큰 신장' 표상을 가지는 것은 충분히 적합한 표상이라 할 수 있다. 개별 표상의 정확성은 보편성의 기준을 참조하면서 동시에 개인이 속한 주위환경의 조건에 따라 정확성 수준은 달라질 수 있는 것이다. 로르샤흐에서 관계구조 표상의 정확성은 대부분 사람이 지각하는 보편적인 인간상을 자신도 그에 적합하게 지각할 수 있는가를 검토하는 것으로 확인할 수 있다.

　개인이 지금까지 경험한 대인관계의 역사가 보편적인 양상이라면 보편적인 관계구조의 표상으로 현재 대인관계 상황에서도 적응적인 모습으로 재현 및 발현될 것이고, 심리적 외상이나 건강하지 못한 관계 경험의 역사가 인간 표상에 주요한 영향을 미치고 있다면 현재 구축된 관계구조의 표상이 정확하지 못하여 대인관계상의 문제를 겪게 될 가능성이 커진다. 건강한 대인관계가 가능해지려면 우선 자기와 타인에 대한 표상이 현실적 속성에 충분히 부합해야만 하고 관계 경험의 트라우마나 부정적 경험이 최소화될 때 현재 적응 상황에서의 분별력 있는 대인관계가 가능해질 것이다. 로르샤흐에서는 개인이 가진 '타인에 대한 표상의 정확성'과 관계의 질적 측면을 반영하는 '자율적 상호관계의 수준'을 모두 고려하여 대인관계 방식을 통합적으로 평가할 수 있다.

10

로르샤흐와
방어기제

1 방어와 방어기제

넓은 의미에서 방어기제 개념은 '위협적인 상황을 모면하기 위한 심리적 작동'을 의미하며 일상 장면에서는 자신의 곤란한 입장에 핑계를 대고 부정하는 상황에서 종종 사용된다. 하지만 방어기제의 정확한 개념을 알기 위해서는 정신역동적 이론의 설명을 이해하는 것이 필요하다. 많은 이들이 방어기제에 대해 깊이 이해하지 못하는 경우가 있고 종종 방어기제의 정확한 개념을 정리하지 않은 채로 잘못된 설명에 익숙해져 버리는 경우도 종종 있다. 방어기제의 본질을 잘 이해한다면 현실에서 개인의 적응방식을 개별 특수적으로 이해하는 데에 큰 도움이 될 수 있다.

방어는 생존을 위한 본능적 반응으로서 반사적이고 자동적인 특징을 갖는다. 유기체의 가장 원초적인 방어방식은 '생존에 위협을 가하는 실제 상황'이나 '위협이 예상되는 상황'에 당면할 경우 '싸우거나 도망가기' 반응을 보이는 것이라 할 수 있다. 이 두 가지 선택 사항은 특정 환경 조건과 반복되는 상호작용을 통해 오랜 세대를 거치며 특정한 반응방식 및 반사행동으로 자리 잡게 된 것이다. 정교한 보호색을 갖추거나, 포식자에게는 관심을 끌지 못하는 존재로 여겨지기 위해 죽은 듯 시늉하거나, 고약한 냄새를 풍기는 등의 다양한 반응유형을 갖추게 되는 것이다. 세대를 관통하는 이 진화 과정에서 아주 다양한 방어방식을 탁월하게 내려받은 존재가 인간이라 할 수 있으며 인간은 강력한 방어무기인 정교한 언어 능력과 학습 능력을 갖추게 되었다. 인간의 삶에서는 생존에 직접적인 위협 상황보다 생존의 위협과 연합된 다양한 양태의 스트레스 조건들로 존재한다. 동시에 인간은 이러한 다양한 스트레스 조건만큼 다양한 대처 및 적응방식도 함께 학습해 왔다. 인간의 다양한 방어기제는 한 개인이 주위환경과 상호작용하는 과정에서 관찰 가능하며, 최종 드러난 방어기제의 모습은 해당 종의 '보편적 경험'과 함께 개별 개체가 경험한 '개별 특수적인 경험'의 결과물이다.

인간의 삶에서 일차적인 '싸우거나 도망가기'의 직접적 방어 행동이 적응적이거나 성공적인 경우는 그리 많지 않다. 강조했듯이 인간의 삶의 방식이 다양해진 만큼 그에 따른 위협 상황도 다양한 조건을 가지게 되었고 그에 상응하는 방어방식도 다양하게 발달해 온 것이다. '싸우거나 도망가기' 행동이 필요한 대부분 상황은 실제로 생명의 위협을 당하는 순간일 것이며 이 상황에서는 '싸우거나 도망가기' 행동은 합리적인 행동이라 할 수 있다. 하지만 공부를 하거나 친구를 만나는 등의 일상적인 상황에서 불안해졌다고 해서 친구에게 폭력을 쓰거나 무작정 도망가 버린다면 해당 상황에서 그러한 행동은 부적응적인 것으로 보일 것이다. 그래서 복잡한 인간의 적응 장면에서는 '싸우거나 도망가기'의 방식이 아닌 다양한 전략이 필요한데 개인의 삶의 경험에 따라 자신에게 좀 더 자연스럽고 유용했던 방식이 방어기제로서 자리 잡게 된다.

특정 방어기제의 작동 양상이 가진 '성숙도'와 관련 없이 모든 개인의 방어 작동은 내적 불안을 감소시키고 해소하는 데에 큰 도움이 될 수 있다. 자신의 불안을 억압하거나 불안한 현실을 왜곡할 수도 있고 불안의 의미를 새롭게 부여할 수도 있고 또는 불안을 일으키는 조건을 물리적으로 없애 버리거나 피해 버릴 수도 있다. 다만, 자신의 내적 불안을 감소시킴으로써 개인적으로 얻게 되는 결과가 현실에서는 오히려 일을 더 복잡하게 만들 수도 있는데 대인관계상의 갈등을 키울 수도 있고 소속 환경 내에서 적응력을 떨어트릴 수도 있다.

한편, 위협적인 주위환경에 반응하는 인간행동은 '방어'와 '대처' 행동으로 구분해 볼 수 있다. '방어'는 실제적이든 잠재적이든 자신에게 가해지는 공격에 대응해 나타나는 반사적인 행동으로 볼 수 있는 반면에 '대처'는 예상되는 공격을 사전에 방지하기 위한 준비 행동이다. 이렇듯 인간의 행동은 주위환경에 방어적으로 나타나기도 하며 동시에 주위환경을 조절하고 변화시키기 위해 먼저 대처하기도 한다. 실제 현실 장면에서 방어와 대처를 분명하게 구분하기 어렵고, 구분하는 것이 유용하지 않을지라도 이러한 행동의 구분을 통해 개인의 행동에 대한 개별 특수적인 이해를 할 수 있다. '방어적 행동'은 자동적이고 습관적이며 살아남기 위한 회피적인 태도와 관련되며 '대처 행동'은 주체적이고 잘 통제된 보상적 태도와 관련이 있는 경향이 있다. 이 두 가지 행동유형이 쉽게 구분되지 않는 이유는 방어와 대처가 외부로 표현되는 양상이 같은 '행동'으로 나타나며 그렇게 행동하게 된 이유가 방어인지 대처인지는 개인이 당면한 환경을 분석하고 그에 수반된 개인의 주관적 경험을 통해 추론할 수밖에 없기 때문이다. 로르샤흐에서 드러난 행동 또한 방어와 대처 중 어떤 방식의 표현인지 직접 구별할 수 없으며 수검자의 실제 삶에서의 모습을 통합하여 검증하는 과정에서 수검자 자신의 행동의 출처를 알아차리도록 안내하는 작업을 함께 해 볼 수 있을 것이다.

이상에서 설명한 방어기제가 가진 중요한 특징은 방어의 작동이 비의식적이고 습관적이고 자동적이라는 것이다. 많은 경우 '방어기제를 사용한다.'라고 표현하고 있는데 이는 방어를 수행하는 '행위자로서 개인'에게 드러난다는 것에 중점을 둔 기술이다. 그러나 사실, 방어기제의 작동은 현실의 경험 세계에 '깨어 있는 주체로서 개인'이 인식하지 못하는 비의식적 정신구조에서 '작동되는 것'이다. 이는 정신역동적 이론에서 설명하듯, 방어기제의 작동이 '비의식 정신 수준에 있는 자아'에 의한 것이며, 이 '비의식 수준의 자아'가 외부현실의 조건과 원자아, 초자아와 관계하면서 발생하는 내적 불안을 해소 및 감소시키기 위한 것이다. 그래서 정신역동적 입장에서는 개인이 자신의 방어 작동 과정을 현상적으로 인식할 수 없으며 방어 작동으로 드러난 최종 행동의 모습을 통해 추정할 수밖에 없다고 설명한다. 개인의 내성(內省) 능력을 높임으로써 내부세계의 불안 신호를 빨리 알아차리고 내적 방어 작동의 과정을 인식할 수도 있지만, 동시적인 자극-반응의 과정으로 작동하는 방어기제를 통제하는 것은 여전히 어려운 일이다. 사실, 방어 작동 자체가 개인에게 부적응적이고 역기능적 기능을 지적하는 것은 아니기에 방어가 작동되지 않게 하는 것이 권장되어야 할 것도 아니며 정답도 아니다. 방어기제가 제대로 작동되지 않을 시에는 오히려 생존을 해칠 수도 있다. 결국 방어기제의 작동은 적응하고 살아 있다면 '자연스럽게 작동되는 심리적 현상'인 것이다. 외부현실로 드러나는 자신의 행동을 정확하게 탐지하여 해당 방어가 작동한 과정을 합리적으로 추정해 나가면서, 자신의 적응전략이 무엇이고 왜 이러한 방어기제가 구축된 것인지 알아 가는 과정은 자신에 대한 이해에 큰 도움이 될 것이다. 수행을 평가하는 로르샤흐 절차에서는 수검자의 언어적·비언어적 행동 전반에 방어 작동의 결과물이 담겨 있기에 수검자의 행동에 세심한 주의가 필요하다.

로르샤흐 결과에는 다양한 방어기제의 흔적이라 여길 만한 많은 단서가 있는데 이 단서를 검토하는 것으로 수검자의 적응방식을 이해해 볼 수 있다.하지만 로르샤흐 결과에서 방어기제의 작동을 반영하고 있는 결과라 하더라도 개별 행동지표만으로 직접적 가설을 만들지 말아야 한다. 그리고 당연히 방어기제 자체가 부정적인 심리 작동이 아닐뿐더러 표현된 행동이 개인이 속한 삶의 장면에서는 건강한 대처와 적응적인 심리적 기능으로 나타날 수 있다는 것을 잘 알고 있어야 한다. 정신역동적 이론에서 설명하는 방어기제의 몇몇 종류뿐만 아니라 개인마다 고유하게 나타날 수 있는 구체적인 실제 행동에 담긴 방어적 기능에 초점을 두고 기술하는 것이 유용하다. 로르샤흐 절차에서 관찰되는 방어기제의 작동 모습은 실제 수검자가 살아가고 있는 삶의 장면에서의 행동이라고 횡단적 추정을 할 수 있다. 우선, 주위환경과 상호작용하는 과정에서 드러나는 방어기제를 점검하는 것으로부터 시작해 볼 수 있다.

2 억압 및 과잉표출

정신역동적 이론에서 억압은 완전한 비의식 수준에서 작동하는 기제이다. 의식 수준의 자아는 억압이 일어나는 현상을 인식할 수 없으며 구체적으로 무엇을 억압하고 왜 억압하게 되는지도 인식하지 못한다. 그래서 의식적 개인의 내성(內省)적 보고로는 억압의 현상이나 억압된 내용을 확인할 수가 없고 실제 살아가고 있는 맥락에 맞추어 외부로 드러난 행동으로 추정해야 한다. 로르샤흐에서 나타나는 억압의 행동은 검사 수행 모습과 언어적 보고의 불일치로 나타날 수 있다. 예를 들어, 무엇을 보라는 검사지시에 별 특이점 없이 카드를 다루고 편안하게 반점을 주사(走査, scanning)하면서 동시에 평범한 목소리 톤과 크기, 속도로 "보이는 게 없는데요." "음… 뭘까?"라고 하면서 해당 카드에 오래 머물고 있을 수도 있다. 모든 카드에서 일관되게 나타날 수도 있지만, 특정 카드의 CARD PULL에 의해 나타날 수도 있다.

주위환경과 상호작용 상황 전반에 억압 방어가 만연되어 있다면 삶의 대부분 상황에 깊이 관여하지 않는 태도를 보이는 경향이 있다. 그리고 전반적 행동이 소극적일 수도 있고 당면 상황 및 관계 대상에게 눈치를 많이 보는 모습이 나타날 수도 있다. 특히, 자신이 처한 상황이 충분히 불편하고 부정적인 느낌을 경험하게 하는 상황이라 하더라도 억압 방어기제는 그 상황을 아주 편안하게 별다른 의미가 없는 것이라 여기면서 내적 안정감을 유지하도록 도와줄 수 있다. 이 과정에서 일반화, 긍정화, 유머, 추상화 등의 방어기제가 함께 작동되기도 한다. 결국 억압은 자신이 억압하고 있긴 한 건지, 억압한다면 무엇을 억압하는지 스스로 알아차리기가 어렵다. 하지만 억압의 내용은 개인 삶의 역사에서 중요한 경험을 검토하는 과정에서 억압 방어를 구축하게 된 이유와 억압이 만연되게 된 이유가 밝혀질 수 있을 것이고 현 순간에서 억압 방어의 '개인의 고유한 가치'가 드러날 수 있을 것이다.

한편, 억압만으로 충분한 내적 안정을 유지하는 것이 어려울 때 내적 경험을 과도하게 표출할 수도 있다. 억압하고자 하는 핵심 내용과 관련이 없는 내용의 과잉표출은 과도한 양의 경험을 '일방적으로' 표현하면서 상호 소통할 기회를 만들지 않으려 하는 것이다. 이때 억압을 위해 과도하게 언어를 사용함으로써 심적 에너지를 과도하게 소모하게 된다. '말이 많으면 쓸 말이 없다'라는 말처럼 억압 후 돌려받게 될 주위환경의 상호작용 요구를 원천 봉쇄할 수 있는 방식으로 기능하는 것이다. 내부세계를 불편하게 하는 특정 자극에서 벗어나는 일반적 의미에서, 회피와는 다르게 과잉표출은 주위환경의 모든 자극에 대한 소통 거부의 적극적이고 능동적인 행동을 말하는 것이기에 '억압'과 함께 이해해 볼 수 있다.

억압으로 파생된 과잉표출이 실제 삶의 거의 모든 장면에 만연되어 있는지 특정 영역에서 나타나는지에 따라 자신이 취약한 자극속성이 무엇인지 구체적으로 확인해 볼 수도 있다. 특정 영역에 나타난다는 의미가 한 차례의 상황에서 드러나고 없어진다는 것은 아니다. 예를 들어, 열등감에 취약한 사람은 자신의 수행에 대한 주위 사람들의 평가 및 시선에 쉽게 불안해지는 경향이 있는데 업무 장면에서 일방적인 과잉표출을 통해 상대의 피드백이나 소통을 원천적으로 막아 버리는 모습을 보일 수 있다. 만약 이러한 행동이 억압의 표현이라면 자신의 '열등감에 대한 취약성'과 '과잉표출 행동'의 관계를 통합적으로 이해하지 못할 것이다.

로르샤흐 절차에서 과잉표출은 '반응 단계'보다 '명료화 단계'에서 드러날 가능성이 더 큰데 어떤 점에서 그것을 볼 수 있었냐는 질문을 받으면서 촉발되는 경향이 있다. 수검자의 내적 경험에 한발 더 들어가려는 검사자의 질문이 수검자에게 어떠한 불편감을 경험하도록 했는지 추가 탐색이 필요하다. 불편감이 자극된 이유에는 전반적인 소통과 거리를 두려는 경향, 핵심적 자기개념으로서 열등감, 수치심, 트라우마를 포함한 개인적 경험과 관련된 이유가 발견될 수도 있다.

3 억제와 내면화

억제는 주위환경과 상호작용에서 유쾌하지 않은 경험을 만드는 특정 자극과 접촉하고 의식하였지만 표현하지 않는 것을 말한다. 이 역시 다른 방어기제들과 마찬가지로 다분히 오랜 시간 반복된 학습의 결과이기에 자동적이고 습관적인 특징을 갖고 있다. 억제는 자신의 경험을 의식하고 있거나 의식할 수 있기에 억제 내용과 연합된 정서가 동반된다. 억제 후의 상호작용 행동은 아주 세련되어 주위환경에 대한 배려로 비치는 경우에서부터 스스로 감정조절이 되지 않아 당혹해하는 표정이나 불편한 신체 반응으로 확장될 수도 있다. 이와 유사한 방어기제로서 부정은 외부현실에 반향적인 반응이지만 억제는 오롯이 자신의 주관적 경험 내에 머문 상태로 작동된다. 억제가 상호작용 과정에서 배려와 소속감을 돈독히 하는 기능을 할 수 있지만, 좀 더 병리적으로 작동되는 억제는 양이나 강도에 있어서 과도한 억제를 말하며 만성적인 욕구불만으로 발전할 가능성이 크다. 그리고 억제로부터 초래된 내적 경험의 과도한 누적은 우울의 구성요소가 될 수도 있고 어떤 경우에는 평범한 상황에서 양적으로나 질적으로 예상 불가능한 감정 표출로 나타날 수도 있다. 억제의 내용이 정서적 경험을 특징으로 한다면 현재 시점의 정서를 유발하는 상황에서 다양한 정서적 경험을 표현하기보다 내적 경험에 머무르려는 경향을 보일 수도 있는데 이를 '내면화'라고 한다.

　로르샤흐 절차에서 억제를 탐지하기 위해서는 반응시간과 반응과정에서 수검자의 표정을 잘 관찰하는 것이 필요하다. 반응시간이 길어질수록 자극적 경험을 다루는 시간이 늘어나게 되는데, 경험한 것을 표현하지 못할 때 내적 긴장도 함께 증가할 가능성이 크다. 그러면서도 최종 반응은 단순성이 높은 반응으로 나타난다면 억제 방어의 단서를 의심해 볼 수 있을 것이다. 그리고 불쾌함을 불러일으키는 분명한 CARD PULL을 경험한 상황에서도 신체 반응과는 다르게 언급하지 않는 양상으로도 나타날 수 있다. 예를 들어, 빨간색 속성을 가진 반점 영역에서 불, 피, 토마토 등의 대상을 보고하면서도 빨간색 속성으로 보게 되었다고 설명하지 않을 때 억제의 단서가 될 수 있다. 이 경우 R-PAS에서는 '유채색 수렴원칙'에 따라 C/CF/FC 중 한 가지로 기호화해야 한다. 그렇기에 C를 포함하는 결과가 나타난 경우에도 실제 반응 행동을 참고하면서 억제방어의 작동 가능성을 고려하여 감정조절과 관련된 가설을 검토하는 것이 필요하다. 억제 방어 작동의 단서는 R8910%(CS의 Afr)와 반응기록의 양상을 통해 검토해 볼 수 있다. 예를 들어, R8910%가 '낮음' 또는 '매우 낮음' 수준에 해당하면서 Ⅷ번, Ⅸ번, Ⅹ번 카드에서 Pr이 나타났고 일관적으로 인지적 복잡성이 높은 반응을 보였다면, '멍석을 깔아야 놀 수 있는' 것과 같이 주위환경과 상호작용 상황이 자신의 심리적 안정을 얼마나 잘 유지해 주고 있느냐에 따라 주관적 경험에 대한 표현의 양과 질이 달라질 수 있음을 시사한다. 하지만 여전히 개인이 왜 억제 방어기제를 갖게 되었고 현재에도 작동되는가는 밝혀지지 않았기에 수검자가 당면한 상황 및 개인력 그리고 함께 실시한 다른 검사결과와 통합하여 검토해야 할 것이다.

4 회피

회피의 기본적 의미는 불쾌한 상황에서 벗어나려는 행동을 말하는데 물리적 단절뿐만 아니라 다양한 양상의 행동으로 나타날 수 있다. 회피 역시 비의식적이고 자동적인 '방어기제'이며 가장 흔한 행동 양상은 특정 대상이나 환경에서 공간적으로 벗어나려는 행동을 보이는 것이지만 불편한 내적 경험을 직면하지 않으려는 비의식적 의도를 갖는 광범위한 행동(사고와 정서조절의 양상)을 모두 아우른다. 일반적인 회피의 의미는 물리적 환경과의 관계에서 드러나는 것으로 기술되고 있지만 로르샤흐에서는 주관적인 자극 경험에 대한 정신적 회피에 관심을 두고 있다. 회피하려는 대상은 외부현실의 상황만이 아니라 자극으로부터 경험하는 개인적 생각이나 느낌들도 포함된다. 로르샤흐 과정에서는 '잉크 반점 내의 속성에 반응하지 않는 것'으로 실제 회피 행동을 할 수도 있고 자신의 내적 경험을 새롭게 환기하기 위해 정교하고 다양한 방식의 회피 양상으로 드러날 수 있다.

회피 행동이 내담자의 삶의 맥락에 따라 자연스러운 대처인 경우도 있지만 그러한 행동이 드러나게 된 개인적 의도를 추론하고 가설을 만들어 보려는 시도는 해당 회피 행동 기저에 있는 방어적 특징을 이해하는 데에 도움이 된다. 예를 들어, 심리검사 일정을 확정한 후 예약 당일에 약속을 연기하거나 취소할 수도 있는데 만약 약속을 지키지 못할 만한 충분히 양해 가능한 상황이 있는 경우라면 예약을 취소한 행동은 자연스러운 행동이라 할 수 있다. 하지만 이러한 행동에 현실적이고 합리적인 근거가 없이 다분히 심리적 불편감에 대한 방어적 회피라면 약속 지연 및 취소 행동은 자신의 내부세계에 대한 임상가의 개입을 거절해 버린 회피 행동으로 볼 수 있다. 방어적인 회피라면 검사 사전에 내담자의 평가 맥락을 고려하여 충분한 협의가 이루어지지 않았거나 라포가 충분하지 못하여 발생한 것이 아닌지 검토해 봐야 한다. 평가과정에서 심리검사가 진행되어야 한다면 검사를 받는 것이 내담자 자신에게 도움이 되는 과정임을 충분히 이해한 후 진행될 것이며 이러한 안내가 잘 전달되었다면 검사 수행에 대한 회피적인 태도를 보일 가능성은 줄어들 것이다. 매우 드문 일이지만 수검자와 검사시행에 대해 협의를 한 후에 검사가 진행되었지만 예상하지 못하게 적극적으로 검사를 거부할 수도 있다. 이러한 회피 양상을 보인다면 검사절차에 포함된 특정 속성(지시방식, 반응방식, 자극유형 등)에 대한 반응일 가능성이 크며 해당 행동에 좀 더 개인적인 심리적 특징이 반영되었을 것이다.

　로르샤흐 과정에서 수검자는 검사자의 요구에 반응해 주기는 하지만 최대한 자신의 개인성을 드러내지 않는 방식으로 정교하고 다양한 패턴으로 '회피'할 수 있다. CS의 실시방법에 따르면 수검자에게 카드당 반응 개수의 기준을 엄격하게 제한하지 않기에 반응 수에 개인 특성이 충분히 반영될 수 있다. 첫째, 회피적 태도를 보이는 경우라면 반응 수가 규준에서 벗어나게 되는데 두 가지 양상으로 나타날 수 있다. 적거나 부족한 반응 수는 ① 환경과 상호작용을 줄임으로써 내적 경험 자체를 의식적으로 회피한 결과일 수 있고, ② 이미 불편한 경험이 되어 버린 후 비의식적으로 표현하는 것을 단념한 결과일 수도 있다. 의식적으로 표현하지 않으려는 경우라면 반응을 할 수 있는 능력과 욕구가 있긴 하나 의도적으로 반응을 참은 것일 수 있는데 이때 수검자가 '표현함으로써 예상되는 처벌적 결과'가 있었는지 과거력을 검토해 보는 것이 도움이 된다. 적거나 부족한 반응 수와 마찬가지로, 많거나 과한 반응 수도 회피적 특징을 반영할 수 있는데 이는 적은 반응 수를 보일 때보다 교묘한 방식이라 할 수 있다. 이 경우 투사가 반영될 가능성이 아주 낮은 단편적 반응을 하면서 자신의 내적 경험으로 초점이 옮겨 가는 것을 회피하는 것이라 할 수 있다. 결국 지각, 관념, 정서적 경험을 포함한 대부분 반응에 단순성이 높은 프로토콜 특징이 나타난다. 규준에서 벗어나는 반응 수와 함께 상승한 F 반응은 기존 회피적 태도에 대한 가설을 지지하는 강력한 근거가 된다. CS에서는 F 반응의 비율을 'L'로 확인할 수 있고 R-PAS에서는 'F%'를 활용해서 회피적 태도를 검토해 볼 수 있다. 이와 함께 카드를 회전시키는 행동은 회피적 행동의 추가적 증거가 되며 F 반응을 만들면서 최종 반응 소요시간이 길어질수록 또는 "안 보여요" 등으로 반응을 마무리 짓는 언급을 한다면 상호작용 과정에서 유발된 내적 경험을 인정하는 것을 어려워하는 경향이 있음을 시사한다.

그리고 주위환경과 전반적인 상호작용에서 나타나는 회피 행동이 아니라 특정된 상황이나 자극에서만 회피 행동이 나타날 수도 있다. 일례로, 특정 카드에서만 드러나는 회피 반응이 있는데 카드가 지닌 속성, 즉 'CARD PULL에 이끌리는 경험'에 대한 불편감을 회피하는 것이다. 그런데 특정 상황에서는 다소 회피적이거나 덜 관여하는 태도가 적응적인 경우가 있다. 예를 들어, 처음 당면하게 되는 상호작용 상황인 I번 카드에서 단조롭고 평범한 반응은 회피적 경향이 있는 사람에게서도 나타날 수 있겠지만 많은 사람이 일상에서 빈번히 관찰될 수 있는 합리적 경계를 반영한다. 그래서 I번 카드에서 [Do Fo A], [Wo Fo A], [W A o F], [D A o F] 등의 단조로운 반응을 보였다 하더라도 회피 반응이라 성급하게 결론 내려서는 안 된다. 하지만 이후 제시받게 되는 특정 카드에서 단조로운 반응이 나타난다면 해당 카드가 가진 고유한 속성과의 상호작용에 대한 불편감을 회피한 것일 수도 있다. 예를 들어, III번 카드는 인간 대상의 상호작용과 관련된 주제에 강한 지각을 유발하는 속성이 있는데 이에 대해 수검자가 불편감을 경험한다면 구조 변인, 행동 변인, 주제 변인 모두에서 회피적인 특징이 나타날 가능성이 크다. 주위환경과 상호작용하기를 체념하게 되면서 의식적으로는 특별히 불편감을 느끼지 못하는 상황이라면 회피 반응을 보이지 않을 수도 있고 실제 불편감을 경험하고 있으면서도 회피하기 위해 단조로운 반응이 아닌 지엽적인 영역에 쉽게 주의를 뺏기거나 아주 개인적이고 특이하게 반응할 수도 있다. 그리고 Dd 영역을 빈번하게 지각하는 경향을 보이기도 한다.

한편, 각 잉크 반점이 반응하도록 이끄는 주제적 속성뿐만 아니라 외현적 속성에 따라 개별적인 회피 반응이 나타나기도 한다. 대표적으로 유채색과 무채색 속성이라 할 수 있는데 I번, IV번, V번, VI번, VII번 카드는 완전히 무채색으로만 구성되어 있고 II번, III번 카드는 기본적인 무채색에 빨간색이 부분적으로 포함되어 있고 VIII번, IX번, X번 카드는 유채색으로만 구성되어 있다. 이러한 속성과 함께 각 카드는 저마다의 고유한 '명도'를 가지고 있다. 일반적으로 무채색과 음영 속성은 슬픔, 무기력, 혼란감, 허무감 등의 부정적인 불편한 느낌을 유발하는 속성이며 유채색은 열의, 생동감, 의욕, 기쁨 등의 긍정적인 활동적 느낌을 유발한다. 이러한 색채와 음영 속성과 함께 개인이 지닌 정서적 특성 및 상태에 따라 두 가지 반응 조건으로 다르게 나타날 수 있다. 첫 번째, 개인의 '안정적이거나 상황적인 정서적 상태'가 긍정적인 느낌들로 만연해 있는 경우 유채색 속성이 가진 자극가(價)에 좀 더 쉽게 이끌리게 된다는 것이다. 두 번째, 개인의 '안정적이거나 상황적인 정서적 상태'가 부정적인 느낌들로 만연한 경우 무채색 속성이 가진 자극가에 보다 쉽게 이끌리게 된다. 한발 더 나아가 이상의 두 조건을 고려하여, 유발된 경험을 실제 반응으로 표현했는가를 점검해야 한다. 부정적인 정서 경험을 했어도 이 불편한 부정적 정서를 유발한 무채색 속성을 회피하려고 했다면 실제 반응으로 언급하지 않거나 단순한 반응을 할 수도 있고 사고를 활용하여 다소 과할 수 있는 정교한 반응으로 만들어 갈 수도 있다. 긍정적인 정서 경험도 주관적으로는 불편하게 느껴질 수 있는데 우선 자신의 수행을 최소화하는 패턴을 보이면서 이미 해 버린 반응에 대해서는 최종 반응을 결정하는 데에 유채색 속성에 이끌렸다는 근거를 언급하지 않을 수 있을 것이다.

5 주의분산

주의분산은 불편한 당면 상황에 더 깊이 관여하고 초점을 두지 않도록 다양한 내외적 환경 자극에 주의를 돌려 버리는 행동이다. 외부현실의 자극들에 주의를 분산시킬 수도 있고 내적 아이디어나 느낌에 주의를 분산시킬 수도 있다. 어떤 주위환경이라 하더라도 최종적으로 주의가 분산되어 나타나는 실제 행동은 개인마다 다양한 양상으로 나타나며 서로 반대 유형의 행동으로 나타나기도 한다. 부산하게 행동할 수도 있고 전반적으로 행동이 감소할 수도 있다. 말을 많이 할 수도 있고 이와 반대로 말을 전혀 하지 않을 수도 있다. 말을 많이 한다면 단순하게 말을 할 수도 있고 아주 복잡하게 말을 할 수도 있다.

　로르샤흐 상황에서 주의분산은 아동의 경우에는 보통 편안하게 좌석에 앉아 있는 것을 힘들어하고 검사실을 나가 버리는 등의 '행동화'의 형태로 나타나기도 한다. 실제 로르샤흐 상황에서는 로르샤흐 카드 다루기를 거부하거나 흔치 않은 경우지만 검사실을 뛰쳐나가는 모습을 보이기도 한다. 대부분 성인의 경우는 관련 자극에서 물리적으로 이탈하는 것보다 무엇인가를 봐야 한다는 합목적적 수행에서 벗어날 수 있는 소소한 내적 경험으로 주의를 흩어 버리곤 한다. 이러한 주의분산을 통해 자신을 불편하게 만드는 로르샤흐 과제에 깊이 관여하지 않을 수 있고 해당 자극을 처리하지 않음으로써 불안 및 불편함을 통제할 수 있게 된다.

　주의분산의 결과로서 산만한 행동은 많은 반응 수와 관련되고 내적 경험에 실속 없는 초점화는 적은 반응 수와 관련된다. 그리고 불편감에 대한 회피의 의미로 깊이 있는 정보처리를 하지 않은 낮은 관여 수준은 F%(CS의 L, Zd) 등과 관련될 수 있다. 또한 높은 수준의 내적 혼란함에 대응하는 '적응에 위협적인 주의 결핍'은 높은 수준의 complrxity, Blends로 드러날 수 있다. 한편, 주의분산을 이끄는 관념적 또는 정서적 혼란함은 언어적 표현으로 드러나며 영역, 결정인, 내용 등 핵심항목에서는 기호화가 불가능한 부연 설명이 많아지면서 결국에는 DR로 채점되는 경우가 많다(예: 빠르거나 아주 느린 말하기 속도). "이게 그닥 동물같이 생기진 않긴 했는데…… 왜 나는 자꾸 동물로만 보이는 건지 모르겠네요." "박쥐네요. 박쥐가 좀 좋지 않은 상징이 있는 동물이잖아요. 이번 코로나도 그렇고…… 이 박쥐도 그렇게 깨끗하지는 않은 것 같아요. 그냥 그래요." "이걸로 뭘 보는 사람이 있긴 해요? 나는 아무것도 안 보이는데……."

6 주지화

주지화(Intellectualization)는 지식화, 지성화, 이지화 등으로 번역되고 있으며 정서적 불안을 정서적 경험으로 내부세계에 담아 두지 않고 개념적 지식 및 논리적 근거를 참조하여 관념의 형태로 표현함으로써 내적 안정을 유지하기 위해 작동한다. 보통 주지화는 로르샤흐 잉크 반점과 같이 '모호한 상황'에서 쉽게 작동하는 경향이 있다. 로르샤흐 과정에서 현실과 정확하게 일치하지 않는 잉크 반점 형태에 자신이 주체적으로 의미를 부여해야 한다는 점이 자신에게 과도한 심적 부담, 즉 주체적 반응선택에 대한 불안을 느끼게 할 때, 최종적 반응에 당위성을 부여하는 과정에서 지식 근거를 참조하려고 하는 것이다. 이러한 주지화 경향은 개인적 경험 및 습득된 지식을 참조하여 잉크 반점을 지각하는 방식으로 PER 반응으로 나타날 수 있다. 그리고 유채색 자극을 지각한 후 정서적 자극 경험에 대한 이유를 부연할 때가 있는데, 긴장 수준이 높아지면서 신경증적인 태도로 산만하게 이유를 드는 모습을 보일 수도 있다. 이러한 부연이 'M'으로 기호화되는 반응으로 나타난다면 주지화 경향의 증가가 될 수 있다. 반대로, 정서적 자극 경험을 했음에도 경험의 출처를 '형태 속성(F)'에 제한하여 언급하면서 그러한 자신의 반응이 이상할 게 없는 자연스러운 모습이라 여긴다면 '정서고립' 방어의 표현일 수도 있다.

CS에서 주지화 지표 산출에 포함된 기호는 Art, Ay, AB 세 가지인데 이들 기호로 변환할 수 없는 반응에서도 주지화 방어의 특징이 나타날 수 있다. 실제로, 이와 관련된 연구 결과 및 평가 상황에서는 이상의 세 가지 반응이 주지화 방어의 근간이 된다는 안정적인 근거가 부족하다. 예상되는 대표적인 이유로는 첫째, 수검자의 반응양상을 고려하지 않은 부정확한 채점, 둘째, '주지화 현상'과 '지각적 정교성'을 구분하지 않은 불명확한 기호화, 셋째, '관습적 지식 참조'와 '방어적 지식 참조'를 구분하지 않은 해석 등이 있을 수 있다. 기호화와 관련된 오류는 CS의 기호화 조건의 기술문과 단순하게 비교하여 결정해 버린 경우를 들 수 있다. 예를 들어, Art 기호에서 중요한 핵심은 경험 자극을 인식하는 과정에서 보편적이지 않은 보다 섬세하고 정교한 지각 경험을 묘사한 경우에 기호화하게 되는데, 보통 자신이 가진 '경험치나 지식'이 현상을 섬세하게 지각하도록 자동적이고 습관적인 반응양상으로 드러나야 한다는 것이다. 예를 들어, 기계 개발 연구원이 직업인 사람이 특정 잉크 반점 영역을 기계에 적용되는 부속품으로 지각한 경우나 특정 식물을 연구하는 직업을 가진 사람이 특정 품종의 꽃을 지각한 경우 등이 있을 수 있다. 이러한 과정에서 나타난 Art 반응은 실제 '개인이 가진 능력'과 관련된 것이기에 주지화 방어로만 보긴 어려우며 수검자가 주지화 방어의 반응 특성을 가졌다 하더라도 그 자체가 부정적인 것으로 보긴 어렵다. 이뿐만 아니라 Art 반응과정에서 보편적인 묘사 이상의 심미적 수준에서 설명하려는 노력이 있는 경우가 포함될 수 있는데 이 경우 자존감을 유지하려는 시도이거나 자신이 타인보다 더 수준 높은 존재로 여겨지기 바라는 자기애적인 속성이 반영되었을 수도 있다. 이에 해당하는 사람이라면 일반적이고 보편적인 것은 '없어 보이는 것'으로 여기기 때문에 그와는 다른 특별하고 고상한 방식으로 타인에게 비치고자 하는 비의식적 욕구가 반영되었을 수도 있다. Art 채점 시 반드시 점검해야 할 사항이 있다. 먼저, 예술작품 관련 반응이 관습적이고 보편적으로 흔히 볼 수 있는 대상인지 비일상적인 개별적 경험과 지식에 근거한 개인적 반응인지 살펴봐야 한다. 예술작품이 아닌 경우 해당 반응이 지각대상을 설명하는 데에 보편적 수준을 넘어 심미적 정교성을 갖춘 반응이거나 새로운 관점이나 조망 위치에서 다각적인 지각 경험을 설명하고 있지 않은지 확인해 봐야 한다.

한편, 주지화 방어의 양상으로 보일 수도 있으나 방어적 의도가 아닌 자연스러운 지적 능력의 표현인 경우도 있다. 주위환경을 단순하게 경험하는 사람도 있으며 복잡한 경험환경에 당면했다 하더라도 '좋다' '나쁘다' '재미있다' '흥미롭다' '신기하다' '느낌 있다' 등으로 구체성 없이 표현하는 사람들이 있지만 정교한 지각이 가능한 수검자는 같은 주위환경이라도 좀 더 세부적으로 주위환경을 인식하고 경험환경이 가지고 있는 다양한 자극을 충분히 복잡하게 지각할 수 있

을 것이다. 이러한 정교한 지각은 현상에 대한 다양한 지식을 가지
고 있거나 환경이 가진 다양한 속성을 알아차릴 수 있는 능력이 있다
는 것을 반영하고 있다. 예를 들어, RP에서 '코알라'를 반응한 후 CP
에서 "코알라가 유칼립투스 나뭇잎을 먹고 있네요."라고 정교한 반
응을 만들어 낸 경우나 고양이 혀의 돌기와 물을 먹을 때 혀가 뒤로
말리는 형태를 상세히 묘사하는 경우는 불안을 최소화하기 위해 작
동하는 주지화 방어이기보다 해당 현상에 대한 풍부하고 세부적인
지식 내용을 가지고 있기에 발휘되는 정교한 지각 능력의 표현으로
보는 것이 적합할 것이다. 그렇다 하더라도 대부분의 실제 적용 장
면에서 이러한 정교성이 만연된 소통을 고집한다면 적응에 문제가
되는 주지화 경향이 있는 것으로 보는 것이 바람직할 것이다. 어떤
경우이든 높은 수준의 지각적 정교성을 발휘할 수 있고 다양하고 구
체적인 개념을 활용 가능한 사람이라 하더라도 해당 반응을 보이게
된 개인적 이유를 충분히 검토한 후 주지화의 적응적 가치를 살펴봐
야 할 것이다.

  주지화 방어로 이해하기 어려운 경우 중에서 관습적 지식에 의
한 습관적 반응일 경우도 있다. 이는 보편적이고 관습적인 언어사
용은 지적 노력을 기울이지 않아도 쉽게 떠올릴 수 있는 표현인 것
이다. 관습적인 표현이라 할지라도 개인적인 의식적/비의식적 의
도가 좀 더 자신의 가치를 돋보이게 하려고 사용된 언어일 경우 주
지화의 근거가 될 수 있겠지만 관습적 반응일 때는 낮은 수준의 '유
사-주지화'로 보는 것이 적합한 경우가 많다. 낮은 수준의 '유사-주
지화'는 세련되게 꾸며져 있지 않고 자신이 돋보이고자 하는 의도

가 쉽게 드러날 수 있으며 '잘난 척하며 있어 보이려는' 미숙한 시도이다. 이 경우 표정이나 머쓱한 말투 등이 함께 나타날 수 있다. 예를 들어, X번 카드에서 '에펠탑' 반응을 하고 머쓱하면서도 무심한 표정과 말투를 보일 수도 있다. II번 카드에서 '샹들리에' 반응을 할 수도 있고 I번 카드에서 '예수님' 반응을 할 수도 있다. 이상 예에서 '무엇을 보았냐'가 주지화를 가늠하는 데에 핵심적인 요소가 아니라 반점 속성에 의해 손쉽게 보편적으로 떠올릴 수 있는 그럴듯한 대상을 보려고 한 동기가 중요하다. 그리고 해당 반응을 할 때 나타난 수검자의 표정이나 말투 등의 행동 정보에 세심히 주의하고 반응의 가치를 결정하는 데에 통합하여야 할 것이다.

이렇듯 주지화 지표에는 다양한 반응 특징이 포함되어 있다는 점 때문에 천편일률적으로 주지화 방어의 근간이라 여기는 것은 과잉해석의 가능성이 있으며, 수검자의 주지화 방어 특징을 이해하고자 한다면 실제 수검자의 반응과정을 추적하며 방어로서 주지화 작동을 추론해야만 한다. 이뿐만 아니라 정교한 지각 능력이 발휘된 적응적 반응이든 주지화의 근간이 되는 방어적 반응양상이든 수검자의 적응 장면에서 이러한 반응양상이 적응에 미치는 실제 모습과 통합하여 주지화의 가치를 평가해야 할 것이다.

참고문헌

우상우(2017). 심리치료장면에서의 심리평가. 학지사.

Choca, J. P., & Rossini, E. D. (2018). Assessment using the Rorschach inkblot test (psychological assessment series). American Psychological Association.

Daly, J. (2019). Coding workbook for the Rorschach test. Independently published.

Edwin, L. (2014). *Projective psychology: Clinical approaches to the total personality*. Pratt Press.

Exner, J. E. (2011). 로르샤하 종합체계(*Rorschach: A comprehensive system*, 4th ed.). 윤화영 역. 학지사. (원저는 2003년에 출판)

Groth-Marnat, G., & Wright, A. J. (2016). *Handbook of psychological assessment* (6th ed.). Wiley.

Gurley, J. R. (2016). Essentials of Rorschach assessment: Comprehensive system and R-PAS (Essentials of Psychological Assessment). Wiley.

Lawrence, K. F. (1939). Projective Methods for the Study of Personality. Pages 389-413. Published online: 02 Jul 2010.

Meyer, G. J., Viglione, D. J., Mihura, J. L., Erard, R. E., & Erdberg, P. (2011). R-PAS (Rorschach Performance Assessment System) Administration, coding, interpretation, and technical manual. Rorschach Performance Assessment System, LLC.

Mihura, J. L., Jowers, C. E., Dumitrascu, N., van den Hurk, A. W. V.,

& Keddy, P. J. (2022). The specific uses of the Rorschach in clinical practice: Preliminary results from an international survey. *Rorschachiana, 43*(1), 25–41.

Mihura, J. L., & Meyer, G. J. (2018). *Using the Rorschach performance assessment system*. The Guilford Press.

Tuber, S. (2012). *Understanding personality through projective testing.* Publisher Jason Aronson, Inc.

Urist, J. (1977). The Rorschach test and the assessment of object relations. *Journal of Personality Assessment, 41*(1), 3–9.

Weiner, I., Appel, L., & Tibon-Czopp, S. (2020). *Rorschach assessment of senior adults.* Routledge.

찾아보기

❏ 저자 소개

우상우(Woo Sang Woo)

임상심리학 박사, 임상심리전문가, 푸른숲심리상담센터 부설 임상심리연구소 소
장, 덕성여자대학교 심리학과 겸임교수이다. 경북대학교에서 임상심리학 박사학위
를 받은 뒤, 푸른숲심리상담센터에서 다양한 심리적 어려움을 겪고 있는 분들을 만
나 심리평가와 심리치료 서비스를 제공하고 있으며, 상담심리학 및 임상심리학 전
공 수련생들의 지도감독자로서 역할을 하고 있다. 그리고 덕성여자대학교, 국민대
학교, 삼육대학교 등 여러 대학교와 대학원에서 강의하고 있으며 R-PAS 사용자를
위한 정기 교육 및 특강을 진행하고 있다.

개념으로 배우는 로르샤흐

종합체계에서 수행평가체계로

Rorschach Learning Based on Concepts:
From Comprehensive System to Rorschach–Performance Assessment System

2024년 1월 20일 1판 1쇄 인쇄
2024년 1월 30일 1판 1쇄 발행

지은이 • 우상우
펴낸이 • 김진환
펴낸곳 • (주) **학지사**

04031 서울특별시 마포구 양화로 15길 20 마인드월드빌딩
대표전화 • 02)330-5114   팩스 • 02)324-2345
등록번호 • 제313-2006-000265호

홈페이지 • http://www.hakjisa.co.kr
인스타그램 • https://www.instagram.com/hakjisabook

ISBN 978-89-997-3021-4 93180

정가 18,000원

출판미디어기업 **학지사**

간호보건의학출판 **학지사메디컬** www.hakjisamd.co.kr
심리검사연구소 **인싸이트** www.inpsyt.co.kr
학술논문서비스 **뉴논문** www.newnonmun.com
교육연수원 **카운피아** www.counpia.com